KB021388

최후의 보루,

외화자산이 미래다

양석준 지음

최후의 보루, 외화자산이 미래다

저자 양석준

초판 1쇄 인쇄 2024년 01월 02일
초판 1쇄 발행 2024년 01월 15일

등록번호 제2010-000048호
등록일자 2010-08-23

발행처 삶과지식
발행인 김미화
편집 박시우(Siwoo Park)
디자인 성연우

주소 경기도 파주시 해올로 11, 우미린더퍼스트@ 상가 2동 109호
전화 02-2667-7447
이메일 dove0723@naver.com

ⓒ2024 양석준

ISBN 979-11-85324-73-9   13320

• 가격은 뒤표지에 있으며, 파본은 구입하신 서점에서 교환해 드립니다.
• 이 책은 저작권법에 의하여 보호받는 저작물이므로 무단 전재와 복사를 금합니다.
• 잘못된 책은 구입처에서 교환해 드립니다.

Contents

제2부 외환보유액의 변동

제4장 외환보유액의 증감

제5장 외환보유액의 확충에 따른 비용

제6장 외환보유액 적정수준에 대한 논의

제7장 우리나라의 외환보유액과 환율제도

제3부 중앙은행의 외화자산 운용

제8장 외환보유액의 운용

제9장 외화자산의 통화구성

제10장 외화자산의 상품 구성

제4부 국부펀드와 공적연금펀드의 외화자산 운용

제14장 국부펀드의 의의

제15장 우리나라의 국부펀드

제16장 공적연금펀드의 의의

제17장 우리나라의 공적연금펀드

제5부 글로벌 금융안전망

제6부 원화 국제화

제7부 새로운 여건과 대응

<참고> 차례

<표, 그림> 차례

프롤로그

1997년 12월 18일 우리나라 외환보유액은 40억달러도 채 안되었다. 그로부터 20여년이 지난 지금 외환보유액은 4천억달러를 훌쩍 넘어서 있다. 그 사이 정부는 외화자산으로 장기 고수익을 추구하는 국부펀드를 설립하였고 국민연금 등 공적 연기금들은 보유자산의 상당 부분을 다양한 형태의 외화자산으로 운용하고 있다. 그뿐인가. 기업은 물론 개인들도 달러로 예금을 들고 외국기업 주식이나 외화표시채권을 보유하는 것이 전혀 낯설지 않게 되었다. 겉보기에 우리나라 외환사정은 전혀 문제가 없어 보인다.

그러나 우리 마음 한 켠에는 뭔가 모를 불안감이 도사리고 있다. 외환위기 트라우마이다. 1997년 IMF로부터 구제금융을 받을 정도로 외환보유액이 바닥나는 그야말로 외환위기를 겪었다. 그리고 10년 뒤 2008년에는 국제시장에서의 대규모 금융부실화로 인해 우리나라 내 외화자금이 대규모로 유출되고 환율이 급등하는 위기를 경험하였다. 우리는 이를 외환위기와 구분하여 글로벌 금융위기라고 한다. 그리고 2020년 전대미문의 코로나 팬데믹 사태로 전 세계적인 위험회피현상이 발생하면서 우리나라 금융 및 외환시장도 그 영향권에서 벗어날 수 없었다.

1997년 외환위기를 교훈 삼아 외환보유액의 비약적인 축적이 이루어졌으나 2008년과 2020년 상황에서 우리나라 금융 및 외환시장을 다시 정상적으로 돌려놓은 것은 미국과의 통화스왑계약이라고 해도 과언이 아니다.

　여기에서 몇가지 의문점이 생긴다. 외환보유액은 그동안 무슨 역할은 했는가. 2008년과 2020년에 외환보유액이 더 많았더라면 위기를 피할 수 있었나. 우리가 미국과의 통화스왑계약의 덕을 본 것은 사실이지만 미국이 세계적인 미달러화 유동성 문제를 해결했기 때문에 우리나라도 덩달아 안정된 것 아니었나. 1997년 외환위기와 그 이후의 위기들은 서로 원인이 다른데도 왜 항상 외환보유액 규모를 문제 삼는가. 미국과의 통화스왑계약이 위기해결의 만능키인 것처럼 주장하는데 왜 우리는 미국의 상설적인 계약의 상대방이 되지 못하는가. 위기가 올때마다 외환보유액 규모를 문제삼고 미 연준과의 통화스왑계약 체결을 부르짖는 악순환의 고리를 끊어내기 위해 무엇을 해야 하는가. 내 나름대로 차근차근 그 답을 찾아보고자 이 책을 쓰게 되었다.

　이 책은 크게 7부로 이루어져 있으나 이해의 흐름상 크게 네가지 주제로 구성되어 있다. 첫 번째로 외환보유액 등 우리나라 외화자산에 대하여 무엇보다 제대로 된 이해가 필요하다는 생각에서 많은 부분을 할애하였다. 국제금융관련 여러 교과서들이 있지만 외환보유액에 대해 다소 이론적이고 피상적으로 다루고 있다는 느낌을 받았기에 이 책에서는 보다 실무적이고 현장감 있게 다루고자 노력하였다.

　두 번째로는 필자의 오랜 외화자산 운용 경험을 바탕으로 외환보유액과 그 밖의 공적 외화자산들이 어떻게 관리 운용되고 있는지 소개하였다. 위기 때마다 우리나라 외환보유액이 어디에서 어떻게 관리되고 있는지 의심하는 대중들이 의외로 많다는 것을 알고 이에 대한 제대로 된 설명이 필요하다고 평소 생각했었다.

세 번째로는 외환보유액의 효력을 뛰어넘는 위기 방어 체계로서 통화스왑을 포함한 글로벌 금융안전망에 대하여 그 배경과 과거부터 최근까지의 상황을 소개하였다. 우리나라 금융 및 외환시장이 불안한 모습을 보일 때마다 한미 통화스왑을 왜 체결하지 않느냐고 목소리를 높이는 사람들이 기본적인 이해를 할수 있도록 돕고자 했다.

네 번째로는 외환보유액이나 글로벌 금융안전망 등 방어적 기제도 중요하지만 보다 완성된 외환자유화, 보다 진전된 원화 국제화를 통해 선진국 반열로 과감히 도약할 때가 되었다는 점을 강조하고자 했다. 그리고 변동환율제 국가로서 일시적 환율변동에 의연하게 대처하면서 우리나라 금융 및 외환시장을 더욱 투명하고 접근성이 높은 시장으로 발전시키는 전략적 노력을 경주해야 한다고 주장한다.

한편, 이 책은 개념이나 이론을 설명하는 교과서가 아니다. 그런 만큼 독자들이 마치 신문칼럼을 읽는다는 느낌으로 읽어주기를 바라는 마음으로 내용을 기술하였다. 가급적 쉽게 풀어 쓰고자 했고 표나 그래프, 긴 주석 등은 가급적 지양하고 본문에 모두 녹이려 했다. 그리고 페이지마다 글상자를 삽입하여 중간중간 내용을 정리할 수 있도록 하여 필요시 글상자들만을 읽더라도 전체적인 흐름을 이해할 수 있도록 해보았다. 그럼에도 불구하고 이쪽 분야를 처음 접하는 독자들을 위해 개념들을 좁은 지면에서 쉽게 설명하는 데 큰 한계가 있었다는 점에 대해서는 양해를 구하는 바이다.

우리나라는 외환위기를 극복하고 전 세계에서 열 손가락 안에 들 정도로 외환보유액을 축적했을 뿐만 아니라 글로벌 유동성 문제를 긴급히 해결하고자 하는 미 연준의 통화스왑계약 파트너로서 당당히 이름을 올렸다. 거주자의 해외 증권투자는 더 이상 개인자산의 포트폴리오 구성에서 빠질 수 없는 주요 항목으로 자리잡은 지도 오래되었다. 그동안 점진적으로 추진해 온 국내 외환 자유화의 단계를 뛰어넘어 이제는 보다 높은 단계의 원화 국제화의 단계로 진입했어야 할 때가 이미 지났는지도 모른다.

우리는 국제금융시장상황을 정확히 인지하고 변화하는 새로운 여건에 걸맞는 큰 그림의 위기대응체계를 정착시켜 나가야 한다. 외환보유액에만 의존하고 통화스왑만 주장하면서 체질 개선없이 방어태세만 취하고 있을 수만은 없다. 일단 외환보유액으로 당장의 변동성을 피해 보자는 생각은 오히려 더 큰 화를 불러올 수 있다. 변동환율제 하에서 자신감을 가지고 멀리 내다보면서 금융 및 외환시장의 위상을 높이는 노력을 통하여 세계 속에서 국가의 경제력과 경쟁력을 제고시켜 나가야 한다. 케케묵은 외환위기 트라우마가 웬 말인가.

나는 외환 및 금융시장의 이론과 실제 모습의 간극을 채우고 편향된 인식이나 오해를 해소하기 위해서는 시장 전문가들이 다양한 채널로 대중과 소통하는 활동이 매우 의미있다고 생각한다. 이 책도 그러한 목적으로 쓰여졌고 내가 한국은행 외자운용원장 재직시절에 구상하고 자본시장연구원으로 옮겨서 완성하게 되었다.

끝으로 나의 영원한 조력자, 사랑하는 아내와 어느덧 멋지고 자랑스럽게 성장한 아들 승진에게 이 책을 선물하고 싶다. 그리고 항상 응원해 주시는 아버지와 어머니 그리고 형님 가족에게도 사랑하고 감사하다는 말씀을 지면을 빌어 꼭 전하고 싶다.

2024년 1월
孝思亭을 바라보며

제1부
우리나라의 외화자산

제1장 대외자산과 외환보유액

대외적으로 보유한 외화자산

우리나라의 외환 사정이 괜찮은지 막연히 물어보는 사람들이 꽤 많다. 단순한 궁금증이지만 쉽게 답하기는 개념적으로 만만치 않다. 일단 일상적으로 사용되는 외환이란 용어 자체가 쉽지 않다.

외환은 넓은 의미에서 외화 현금부터 외화로 표시된 증권이나 파생금융상품까지 통틀어 말하는 것으로 외화자산과 같은 의미로 혼용되기도 한다. 다만, 좁은 의미로 보면 외환은 양 통화간의 교환 및 매매의 대상이라는 점에서 특정 외화를 빌려주고 돌려받는 대차의 대상인 외화자금과 구분된다. 외환거래와 외화자금거래가 이루어지는 시장이 각각 존재하는 이유이다.

우리나라에 외환이 얼마나 있는지에 대해 답하기 위해서 우선은 가장 넓은 의미의 대외자산_{external foreign currency denominated assets}의 개념부터 알아볼 필요가 있다. 이는 우리나라 경제주체인 거주자가 해외 경제주체인 비거주자에게 행사할 수 있는 총_{gross} 외화표시 청구권_{claims}이다. 현

> 대외자산은 대한민국 경제주체가 보유하고 있는 모든 외화표시 청구권으로서 외환보유액은 그 일부이다

금, 예금, 대출, 직접투자, 증권투자, 파생금융상품 등 모든 형태를 총 망라한다.

즉, 국내 거주자끼리가 아닌 거주자가 비거주자에 대한 투자의 결과물인 금융자산의 총액이다. 부동산 같은 실물자산도 지분성 직접투자의 형태로서 대외자산에 포함된다.

2022년말 현재 대외자산은 2조 2천억달러 수준으로 1994년말 740억달러보다 어림잡아 30배 수준으로 증가한 것이다. 이는 경상수지 흑자가 오랜 기간 지속된 가운데 이에 기반하여 거주자들이 해외증권투자를 확대한 결과이다. 2012년 이후 10년간 경상수지 흑자 누적액이 거의 8천억달러에 이르렀고 거주자의 해외투자 펀드자금 등이 자산운용사 등으로 크게 유입되었으며 연기금 등의 수지가 큰 폭의 흑자를 기록하였다.

한편, 대외자산과 반대 개념으로 대외부채external foreign currency denominated liabilities가 있다. 이는 외국인 투자자 등이 우리나라에 대해 가지고 있는 자산의 청구권이다. 2022년말 현재 약 1조 4천억달러 수준으로 1994년말 1,100달러의 약 13배 증가했다. 이같은 증가는 주로 외국인 투자자들이 우리나라 주식과 채권의 투자를 크게 늘린 결과이다. 1994년말 각각 154억달러, 196억달러이던 외국인주식 및 채권 투자잔액이 2022년말에 4,454억달러, 3,671억달러로 채권에 비해 주식이 더 크게 증가했다. 대외부채가 국내로 많이 유입되었다는 것은 우리나라 금융경제 및 기업 등에 대한 우호적 전망이 반영된 것이지만 상황 변

대외부채중 외국인의 원화자산투자 비중이 증가하면서 구조면에서 대외취약성이 완화된 것으로 평가된다

화에 따라서는 주식을 중심으로 언제든지 유출될 소지가 있다. 특히 경상수지 적자가 누적되고 있는 상황이라면 해외로부터 지속적으로 부채성 외자가 유입될 경우 외채가 누적적으로 증가할 수 있다. 이는 대외신인도 저하 및 자국통화의 약세를 야기할 것이다. 이런 관점에서 IMF가 대외부문 보고서External Sector Report에서 우리나라의 2022년말 대외부채의 55%가 직접투자와 장기차입으로 구성되어 있고 원화표시부채가 70%를 차지하고 있는 점을 들어 구조상 대외취약성이 완화되었다고 평가한 것은 매우 긍정적이다.

대외자산 및 대외부채는 한국은행이 발표하는 국제투자대조표IIP: International Investment Position에서 매 분기말 통계를 확인할 수 있다.[1] 여기서는 대외금융자산 및 대외금융부채라는 용어를 사용하고 있으며 이는 금융거래를 수반한 결과물이라는 점에서 더 정확한 용어라고 할 수 있다. 다만, 본 책자에서는 이해의 편의상 같은 의미로 대외자산 및 대외부채로 칭하고자 한다.

대외자산의 일부인 외환보유액

역사적으로 볼 때 우리나라 대외자산은 한국전쟁 이후 경제 재건과 1960년대 이후 수출주도의 경제성장 과정을 거치면서 비약적으로 증가했다. 그리고 정부수립 후 경제발전 초기까지만 해도 수출 등을 통해 벌어들인 외환은 모두 한국은행에 의무적으로 집중되었다. 당시 민간에 의한 외환의 보유와 사용이 철저히 통제되고 있었으므로 특별히

---

1) <참고 1-1> 국제투자대조표 참조

외환보유액이라는 개념이 필요하지 않을 정도로 우리나라 대외자산은 바로 우리나라의 최종적인 대외지급 준비금 자체였다.

1960-70년대에는 수출, 차관도입 등을 통해 확보된 대외자산 모두가 대외지급을 위한 준비자산이었다

1970년대에는 국제적인 석유파동 등의 영향으로 국제수지 적자에 시달리면서 우리나라 경제정책의 핵심 이슈는 당연히 대외지급 준비금이 부족해지지 않도록 하는 것이었다. 1980년대 중반 이후 경상수지가 흑자로 전환되면서 선진국들로부터 시장개방 압력이 크게 높아지게 되고 이는 우리나라의 금융산업을 비롯하여 경제 전반에 걸쳐 국제화를 촉발시켰다. 우리나라는 이전까지 IMF 협정 14조를 적용받는 나라로서 전후~post-war~ 과도기인 점을 인정받아 국제수지문제 등으로 곤란한 경우 정부가 경상수지 및 자본 유출입을 제한할 수 있도록 용인되어 왔었다.

그러나 마침내 1988년 국제통화기금~IMF: International Monetary Fund~ 8조에 해당하는 나라로서의 의무~Article VIII: General Obligations of Members~를 부담하게 되었다. 이로써 다른 나라와 무역거래를 하는 경우 경상지급과 관련하여 우리나라에 유리한 방향으로 제한을 둘 수 없을 뿐만 아니라 차별적으로 환율과 관련한 조치를 할 수 없으며 다른 나라가 보유하는 원화에

1988년 IMF 8조국 이행으로 외환 및 금융시장 변화에 새로운 전기가 마련되었다

대해 국제 통화로 교환을 요구받을 경우 이에 응해야 했다. 따라서 IMF 8조국으로의 이행은 우리나라 외환 및 금융시장의 변화를 야기하는 전환점이라 할 수 있다. 즉, 외환거래 자유화를 추진하지 않을 수 없게 되

외환자유화의 진전과
더불어 민간의 보유
외환을 제외한
별도의 공적인
외환보유액의 산출이
필요해졌다

었으며 이로 인해 외화유출입 제한이 완화
됨에 따라 민간의 외환 보유가 예전보다 크
게 확대되고 대외자산이 증가하게 되는 계
기가 되었다. 이 시기에 비로소 우리나라는
대외자산중에서 민간이 아닌 공적기관이
보유하고 있는 외환을 별도로 산출할 필요
가 있었다. 국가가 최종적으로 대외지급을 책임질 수 있는 외환의 규
모를 파악하고 관리하기 위해서이다. 1988년부터 외환보유액을 IMF
의 국제수지 작성 매뉴얼에 기초하여 한국은행과 정부가 가지고 있는
외환만으로 정의하게 되었다. 즉, 외환보유액은 한국은행의 대차대조
표와 정부의 외국환평형기금[2) 대차대조표 상의 자산들에 포함되어 있
다. 국제투자대조표를 보면 대외자산은 직접투자, 증권투자, 파생금융
상품, 기타투자 그리고 준비자산으로 구분되는데 바로 준비자산이 외
환보유액에 해당한다. 2022년말 현재 외환보유액은 대외자산의 약
20% 정도를 차지한다.

외환보유액을 제외한 민간의 대외자산의 증가

민간이 보유하고
있는 대외자산이
외환보유액보다
훨씬 많다

외환보유액을 제외한 대외자산에는 정부의
공적 외화자산 일부와 민간의 대외자산이 포
함된다. 민간의 대외자산에는 공적투자기관의
하나인 국민연금의 외화자산도 포함되어 있

---

2) <참조 1-2> 외국환평형기금 참조

*민간의 외환보유
증가는 정부의
원화강세 대책의
일환으로 해외투자를
장려한 결과이다*

다. 외환보유액을 제외한 대외자산 규모는 국제투자대조표를 편제하기 시작한 1994년말 현재 515억달러에서 2022년말 현재 1조 7천억달러 수준으로 약 34배 증가했다. 그동안 경상수지 흑자가 꾸준히 이어진 데다 경제발전 단계에 따라 자본자유화 및 외환거래 자유화가 지속적으로 추진된 결과이다. 특히 국내 외환시장에서 원화 강세의 분위기가 확산될 때마다 이에 대한 대책의 일환으로 정부가 해외투자 활성화를 추진해 나감에 따라 연기금, 증권사, 자산운용사, 보험사 등 제2금융권과 기업 등의 외화자산 보유가 크게 증가하게 되었다.

특히 2022년말 현재 국민연금의 외화자산총액이 시가로 3천 3백억달러를 상회하며 외환보유액을 제외한 대외자산의 약 20%에 달한다. 외환보유액 이외의 민간의 대외자산 증가는 외환 및 금융시장에 시사하는 바가 크다. 그 규모가 커질수록 공적 외화자산에 못지않게 위기의 충격을 완충시키는 데 큰 기여를 하기 때문이다. 환율이 크게 상승할 경우 민간 보유 외화자산은 차익실현을 위해 자발적으로 국내로 유입될 유인이 생길 수 있다는 점에서 잠재적 시장공급요인이다.[3] 물론 이 자산들이 얼마나 필요한 시점에 유동화될 수 있을지는 별개 사안이지만 그만큼 외환위기 가능성에 대비한 안전망이 두터워졌다는 데 적지 않은 의의가 있다.

*민간이 보유한
유동성 외화자산이
많을수록 대외충격을
완충하는 역할을
할 수 있다*

---

3) 본 장의 민간보유 대외자산이 국내로 돌아올 가능성 참조

대외자산이 대외부채보다 많다는 의미

대외자산에서 대외부채를 차감한 잔액이 플러스인 경우는 순 대외자산 상태이고, 마이너스인 경우는 순 대외부채 상태이다. 단순하게 말해 순 대외자산 상태는 다른 나라로부터 받을 돈이 줘야 할 돈보다 많으므로 대외채권국이라는 의미이다.

우리나라는 순 대외자산을 보유하고 있으며 순 대외채권국 지위에 있다

국제투자대조표 통계가 처음 작성된 1994년말 이후 2014년 상반기까지는 계속 순 대외부채 상태였다. 특히 1998년 이후 2013년까지 경상수지 흑자 누적액이 3,640억달러를 상회하였음에도 불구하고 순 대외부채 상태를 지속하였다. 2007년 9월말에는 순 대외부채가 2,139억달러로 최대규모를 기록하기도 했다. 이는 당시 우리나라에 외국자본의 유입이 크게 확대되었으나 외환당국이 이를 지속적으로 흡수하였고 민간의 대외투자는 부진했던 데 기인한다. 2014년 하반기에 순 대외자산 상태로 전환된 이후 큰 폭으로 증가하여 2022년말 현재 우리나라의 순 대외자산은 7,713억달러에 달한다.

이는 경상수지 흑자 기조가 지속되면서 해외저축 증가로 이어졌기 때문이다. 우리나라 경상수지는 대체로 2012년 이후 반도체 경쟁력이 높아지고 중간재 등의 수출이 확대된 데다 국제유가가 안정세를 보이면서 흑자폭이 확대되었다.

아울러 수익추구 성향_{search for yield}의 확산으로 펀드를 중심으로 거주자의 해외증권투자가 큰 폭으로 증가하면서 대외부채에서 높은 비중을 차지하는 외국인의 국내 증권투자자금 유입폭을 크게 상회한 결과로 해석할 수 있다.

2022년말 현재 세계에서 순 대외자산이 가장 많은 나라는 일본으로 3조달러를 상회하며 그 뒤를 독일, 중국, 홍콩, 대만, 노르웨이, 싱가포르, 스위스 등이 따르고 있으며 우리나라는 9번째로 많은 나라이다. 순 대외자산 중에서 원리금이 확정된 채권과 채무만을 따로 떼어내서 보더라도 순 대외채권 규모가 3,565억달러에 달한다. 이는 순 대외자산 중 지분성 직접투자, 증권투자중 주식 및 관련 펀드, 파생금융상품 등을 제외한 것으로 만기, 금리, 만기 상환 원금 등이 정해져 있는 대출금, 차입금, 채권, 무역신용 등으로 구성된다.

우리나라가 명실공히 대외채권국 반열에 들어선 것은 2014년부터이다. 경상수지 흑자가 지속되면서 외환 순공급이 증가하고 대외자산이 장기적으로 증가함으로써 이자와 배당 수입도 증가하게 되었기 때문이다. 순 대외자산의 증가는 대외건전성 평가에 긍정적으로 작용하며 장기적으로 원화 강세요인으로 작용한다. S&P를 비롯한 국제신용평가사들은 2012년 이후 우리나라의 국가신용등급을 세 차례나 상향조정하여 현재 S&P기준 AA등급 수준을 유지하면서 경상수지 흑자와 순 대외포지션을 대외건전성 평가에서 긍정적 요인으로 언급해 왔다.

IMF도 2023년 대외부문 보고서External Sector Report에서 우리나라의 순 대외자산 포지션이 대외부문의 복원력resilience을 뒷받침하는 중요한 요인이라고 평가하고 경상수지 흑자 지속, 빠른 고령화에 대비한 예비적 저축 증가 등의 영향으로 GDP 대비 순 대외

순 대외자산이 외환보유액을 초과하면 그만큼 민간의 외환수급 자립 정도를 나타낸다고 볼 수 있다

자산의 비율이 중기적으로는 더 높아질 것이라고 예상했다.

2022년말 현재 순 대외자산에서 외환보유액이 차지하는 비중은 약 55% 정도이다. 외환보유액을 제외하더라도 우리나라 거주자가 보유하고 있는 순$_{net}$ 외화청구권이 적지 않음을 알수 있다. 이는 극단적으로 외국인 투자자들이 대외부채에 해당하는 자금을 전액 회수한다 해도 여전히 상당 규모의 외환이 정부와 한국은행 밖에 민간에 남아있으므로 외환보유액 없이도 민간이 자체적으로 외환수요를 어느 정도 충족시킬 수 있다는 의미가 된다. 이를 민간의 외환수급 자립도라 부르기도 한다. 우리나라는 2018년말 처음으로 민간의 외환수급 자립을 이루었다. 대외충격 흡수력이 높아지면서 신흥국형 거시경제 위험에서 벗어나는 모습으로 볼 수 있다.

<그림 1-1>

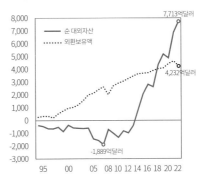

대외자산, 대외부채, 순 대외자산, 외환보유액의 추이

(대외자산과 대외부채 추이)　　(순 대외자산과 외환보유액 추이)

주 : 단위는 억달러
자료: ECOS

민간 보유 대외자산이 국내로 돌아올 가능성

민간의 해외 보유 자산이 국내로 환류할지는 시장상황 및 자산성격 등에 따라 다르기 때문에 사전에 추정하기 불가능하다

정부와 한국은행이 보유하는 외화자산을 공적 외화자산이라 하면 그 외는 민간 외화자산이다. 여기에는 기업, 금융기관 등 민간 투자기관 외에 국민연금과 같은 공적 연금펀드의 보유자산도 포함되어 있다. 민간이 해외에서 보유하고 있는 외화자산은 이론상 환율이나 시장가격의 변동에 따라 우리나라로 다시 유입될 수도 있다. 2008년 금융위기 당시 원화가 미달러화에 대해 큰 폭의 약세를 보였을 때 해외에서 외환이 상당 규모 국내 유입되었을 것으로 추정되기도 한다. 실제로 국제수지표 분석을 통해 2007년중 해외증권투자로 유출된 자금이 564억달러였으며 2008년과 2009년에는 각각 235억달러, 14억달러가 환류된 것으로 보기도 한다.[4] 그러나 이는 사후적 추정에 불과하고 국제금융시장의 여건이 동일하지 않는 이상 미래 예측에 적용될 수는 없다. 게다가 외국인이 일단 투자자금을 회수하여 외환을 유출시키는 움직임이 감지되면 국내 외환 및 외화자금시장의 가격변수가 먼저 반응하여 시장이 불안정해질 가능성이 높기 때문에 외환당국으로서는 외환보유액을 활용하지 않을 수 없는 상황에 봉착할 수 있다.

결국 정부와 한국은행이 아닌 민간의 보유외환은 충분한 차익실현이 예상될 경우에나 본국으로 환류될 것으로 예상되는 만큼 시차를 감안한 가격변수의 움직임을 시장에만 맡겨둘 수 있느냐가 관건이다. 특

---

4) 이창선(2013)

국내기업이 해외
자회사에 보유중인
잉여금을 국내로
송금할 경우 비과세
혜택을 주는 것은
좋은 정책사례로
평가된다

히 우리나라 순 대외자산의 40% 정도를 차지하는 국민연금의 경우 중장기 전략에 따라 투자가 실행되는 데다 대체자산 투자를 확대해 온 점에 비추어 국제금융시장 불안과 같은 단기 여건 변화에 따른 자산운용의 조정폭이 크지 않을 것으로 보여 탄력적으로 환류될 것으로 기대하기는 어렵다.

이와 관련하여 해외 유보된 민간의 대외자산이 국내로 공급될 수 있도록 제도적으로 개선하는 것은 매우 적절한 대책으로 평가받을 만하다. 2021년 기준 국내기업의 해외 자회사가 보유중인 잉여금이 902억달러에 달하는 것으로 추정되는 점을 감안할 때 이는 환율불안 시에 대비한 잠재적 공급요인이 될 수 있다. 이에 2023년 정부는 동 잉여금의 본국 환류를 촉진하기 위해 국내로 송금하는 배당소득에 대해서는 95%를 비과세하는 과감한 세제 혜택을 부여했다. 기존에는 국내기업의 해외 자회사의 배당 수입분을 과세표준에 합산해 과세를 한 후에 이중 과세 방지를 위해 외국납부세액을 빼주는 방식이었다. 다른 나라의 사례를 보더라도 과세방식의 전환 이후 일본은 2010년 해외 유보금의 국내 환류비율이 95%까지 증가했고 미국도 해외유보금의 77%가 국내로 환수된 것으로 알려졌다.[5] 우리나라도 동 제도를 시행한 직후인 2023년 상반기중 해외자회사가 국내 본사로 보낸 배

우리나라도 일본과
같이 소득수지가
경상수지에서
차지하는 비중이
높아질 것으로
예상된다

5) KERI Brief(2022.12)

당금은 290억달러에 달하는 것으로 추정된다. 2022년 전체 규모가 120억달러였던 것과 비교되는 수치로 경상수지 흑자에 상당히 기여한 것으로 평가된다.

이는 우리나라도 점차 경상수지가 본원소득수지 중심으로 흑자구조인 일본과 유사해지고 있다는 것을 시사하는 것으로 보여진다. 본원소득수지는 자국 국민이 해외에서 벌어들인 소득과 외국인이 자국에서 벌어들인 소득의 차액을 나타내는 것으로 우리나라는 2011년부터 흑자로 돌아섰다. 이는 2006년부터 활발해진 해외투자에서 이자와 배당이 본격적으로 발생한 결과로서 2019년 이후 소득수지 흑자가 더욱 두드러지게 되었다. 일본이 상품수지 흑자가 급감하고 있음에도 소득수지 흑자가 큰 폭으로 증가하면서 경상수지 흑자에 큰 버팀목 역할을 하고 있는 점은 우리가 참고할 부분이다.

<참고 1-1>

국제투자대조표

국제투자대조표는 특정 시점에서 우리나라 거주자가 비거주자에 대한 대외투자의 결과로 발생한 금융자산 잔액과 비거주자가 우리나라에 대한 투자의 결과 거주자가 비거주자에 대해 부담해야 하는 금융부채 잔액을 나타냄으로써 한 나라의 인바운드$_{in-bound}$와 아웃바운드$_{out-bound}$의 투자포지션을 표시한다. 이는 저량$_{stock}$ 통계로서 일정기간 동안 발생한 국가간 경제적 거래를 기록한 유량$_{flow}$ 통계인 국제수지와 구별된다.

한편, 항목별로는 직접투자, 증권투자, 파생금융상품 등으로 나눌 수 있으며 청구권과 상환의무가 다소 불확실한 직접투자, 주식 등과 같은 지분성투자 및 파생금융상품 등과 구분하여 기한과 금액이 정해져 있는 확정형 채권과 채무를 따로 산출하고 있다.

국제투자대조표[1]

자산		부채	
대외금융자산	21,687	대외금융부채	13,974
직접투자	6,476	직접투자	2,724
증권투자	7,399	증권투자	8,125
파생금융상품	641	파생금융상품	670
기타투자[2]	2,940	기타투자	2,455
준비자산	4,232	순대외금융자산[3]	7,713

주 : 1) 2022년말 현재, 단위는 억달러
　　 2) 대출, 무역신용, 현금 및 예금 등
　　 3) 대외금융자산에서 대외금융부채를 차감한 잔액
자료: ECOS

<참고 1-2>

외국환평형기금

외국환평형기금은 외국환거래가 원활히 이루어질 수 있도록 외환시장을 안정시키기 위해 정부가 조성한 국가재정법상 기금으로서 기획재정부장관이 운용 및 관리의 책임을 진다. 미국, 영국, 일본, 캐나다 등 주요국에도 유사한 기능을 하는 기금이 존재한다.

1967년에 외국환거래법에 의거 한일 청산계정잔액과 한국외환은행 동경지점에 예치된 정부의 엔화예금을 재원으로 조성되기 시작하였다. 1987년부터는 원화채권을 발행하여 원화자금을 조달하기도 하고 정부의 출연도 받았으나 2003년부터는 정부의 원화 채권 발행이 공공자금 관리기금의 업무로 통합되면서 원화는 공공자금관리기금으로부터 예수금 형태로 조달하였다.

1998년 4월에는 최초로 외화표시 외국환평형기금 채권을 발행하여 외환보유액을 확충하였다. 2005년 7월에는 한국투자공사 설립 자본금으로 1,000억원을 출자하였으며 2007년 3월부터 외화자산을 위탁 운용하고 있다.

제2장 외환보유액의 범위와 역할

외환보유액 개념에 부합하는 자산의 범위

한국은행과 정부 외국환평형기금이 보유하고 있는 외화자산이라고 해서 모두가 외환보유액인 것은 아니다. 외환보유액이 될 수 있는 자격요건에 대해 IMF가 기준을 제시하고 있으며 세계 각국으로부터 주기적으로 외환보유액 통계를 받고 있다. 이에 따르면 외환보유액은 중앙은행과 정부 같은 정책당국의 통제 하에 있으면서 이들의 의사결정에 따라 즉시 사용가능한readily available 대외자산external assets이어야 한다. 자국의 국제수지 불균형을 조정하기 위해 필요하다고 판단되는 경우 즉시 동원되어 유용하게 활용하는 데 문제가 없는 자산이어야 한다는 것이다.

외환보유액이 되기 위한 요건은 크게 두가지로 요약할 수 있다. 첫째, 자국과 관련성이 없는 대외자산이어야 한다. 예를 들면 대한민국 정부가 발행한 외화표시 정부채인 외국환평형기금채권은 우리나라와의 관련성 때문에 외환보유액의 보유자산 형태가 될 수 없다. 사실 외국환평형

외환보유액은 자국 시장상황에 따라 가치가 영향받지 않아야 하고 즉시 사용가능 해야 한다

기금채권은 국제금융시장에서 유동성이 높을 뿐만 아니라 여타 국가에 비해 상대적으로 국가신용등급 대비 가격매력도가 높기 때문에 평상시 국제금융시장에서 투자유인이 크다. 그러나 동 채권이 우리나라의 국가신용등급을 반영하고 있으므로 우리나라에 국가적 위기 상황 등이 닥칠 때 이에 연동되어 자산 가격이 하락할 수 있다는 점에서 위기시 동원되어야 하는 외환보유액의 개념에 맞지 않는 것이다.

둘째는 상품의 성격상 시장성marketability이나 유동성liquidity이 부족하여 제때 현금화가 보장되지 못하면 외환보유액에 포함될 수 없다. 예를 들면 한국투자공사가 정부로부터 위탁받은 자금중 일부를 해외 부동산에 투자하였다면 이는 외환보유액에서 제외되어야 한다. 해외부동산과 같은 대체자산은 적시에 현금화를 보장할 수 없기 때문이다.

반면 국부펀드Sovereign Wealth Fund에 운용중인 자산이더라도 그 자산의 성격이 외환보유액의 개념에 부합된다면 이에 포함될 수 있다. 예를 들어 일부 중동국가의 경우와 같이 국부펀드가 원자재 가격안정 기능을 수행하면서 국제수지 불균형 조정 역할을 하기 위해 유동성 자산을 보유하고 있는 경우 동 자산은 외환보유액에 포함되게 된다.

이처럼 외환보유액은 정부 및 중앙은행 등이 국외에 보유하고 있는 공적 외화자산으로서 자국과 관련성이 없고 언제든지 현금화가 가능한, 즉, 가용성usability이 높아야 한다. 이를 위해서는 국제외환시장에서 교환성이 높은 국제화된 통화[6]로 보유하여야 한다.

외환보유액 구성자산은 시장성과 유동성이 높아 가용성이 보장되어야 한다

---

6) 제6부 원화국제화 참조

외환보유액의 가용성 트라우마

외환보유액의 가용성은 1997년 외환위기 당시 가장 큰 이슈였다. IMF에 구제금융을 신청하기 직전인 1997년 10월 어느 날 정부가 발표한 외환보유액 305억달러가 실제 사용가능한 규모가 아니라는 비판이 제기되었다. 동 숫자에는 외환당국이 국내은행의 국제화 등을 도모하기 위해 공급했던 외화자금 예탁 잔액과 환율안정을 위해 시장개입 목적으로 실시한 선물환 매도분의 미결제잔액이 포함되어 있기 때문이었다. 그때까지만 해도 외환보유액이라는 개념이 대중에게 생소한 상황에서 외환당국도 큰 문제의식 없이 종전과 일관성을 유지하면서 외환보유액을 산출하고 공표하고 있었다. 국내은행에 대한 외화자금 예탁분은 제때 현금화가 보장될 수 없다는 점에서, 선물환 매도 미결제잔액은 이미 시장에 공급된 포지션이라는 점에서 일리가 있는 주장으로 받아들여졌다. 이에 따라 정부와 한국은행은 최대한 외환시장의 신뢰를 훼손하지 않기 위하여 가용$_{usable}$ 외환보유액이라는 개념으로 새로이 통계를 산출하였으며 동 기준에 따르면 외환보유액 규모는 1997년 12월 18일 39억달러까지 감소하기에 이르렀다.

이러한 가용성 논란은 오랫동안 일종의 트라우마로 작용하여 왔다. 2009년 글로벌 금융위기 때에도 그야말로 아무 근거도 없이 일부 국내외 언론을 중심으로 외환보유액의 가용성에 대한 문제 제기가 있었다. 여전히 한국은행이 발표하고 있는 외환보유액

외환위기 당시 외환보유액에 실제 당장 가용할 수 없는 자산이 포함되어 있어 통계를 다시 산출하여 발표하였다

*외환위기 당시
외환보유액의
가용성 논란은 이후
위기때에도 신뢰성
이슈를 제기시켰다*

에는 국내은행 등에 공급한 외화자금이 포함되어 있다면서 실제 사용 가능한 외환보유액은 공식 발표된 금액에 훨씬 미치지 못한다는 주장이었다. 이에 외환당국은 국내은행에 외화자금이 공급되면 그 즉시 외환보유액에서 제외되고 있고 상환시 다시 산입되고 있다는 점을 분명히 하는 한편, 한국은행이 보유하는 외화자산은 IMF가 규정한 국제기준에 부합하고 필요시 언제나 현금화할 수 있는 자산이라고 설명함으로써 논란을 잠재울 수 있었다.[7]

국제수지 불균형과 외환보유액

외환의 유출입을 유발하는 거주자와 비거주자간의 모든 경제적 거래를 체계적으로 분류하여 정리한 것이 국제수지BOP: Balance of Payment이다. 이를 통해 일정 기간 동안 발생한 국제수지의 불균형 정도를 파악

*국제수지표상에서
국제수지 불균형이
외환보유액 증감으로
보전되어 최종적으로
균형을 이루게 된다*

하여 외환의 유출입 상황을 대략적으로 분석할 수 있다. 통계적으로 국제수지표에는 외환보유액의 증감이 포함되어 있으므로 최종적으로 수지는 균형, 즉, 零zero이 되도록 작성된다.

거주자와 비거주자간의 국제거래는 수출입과 같은 실물거래와 투자, 대차 등과 같은 금융 및 자본거래로 양분할 수 있으므로 국제수지

---

7) 한국은행 보도참고자료(2009.3.10)

도 경상수지_{Current Account}와 자본 및 금융계정_{Capital and Financial Account}으로 구분할 수 있다. 경상수지는 상품수지, 서비스수지, 본원소득수지 및 이전소득수지를, 자본 및 금융계정은 자본계정과 금융계정을 포함한다.[8]

흔히 국제수지를 단순하게 경상수지와 자본수지로 양분하여 부르기도 하는데 이때 자본수지는 수출입 등과 같은 경상거래가 아닌 직접투자, 증권투자, 파생상품투자 등과 같은 자본거래의 결과라는 의미로 단순화하여 부르는 말이며 국제수지표에는 금융계정에 나타나 있다. 용어상 혼돈스럽기는 하지만 자본계정은 재산 반출입 같은 자본이전 등을 의미하며 그 규모가 미미하다.

따라서 국제수지는 경상수지와 금융계정을 양대 축으로 하고 있으며 금융계정에서 다른 나라와의 경상 및 자본거래의 결과를 토대로 자산이나 부채가 변화된 정도를 보여주는 것이다. 즉, 경상수지 흑자가 나면 금융계정에서 자산이 증가하거나 채무가 감소하게 되고 경상수지 적자가 나면 금융계정 항목들의 조정을 통해서 그 적자를 보전하여 국제수지를 零으로 만든다. 구체적으로 경상수지 적자 보전과정을 살펴보면 우선 직접투자, 증권투자, 파생상품투자, 기타투자 등 민간 부문에서 외화자산이 감소하거나 외국인의 국내투자, 즉, 외화채무가 증가함으로써 보전되고, 만일 민간부문에서 외화자산이 많지 않거나, 외화자산을 현금화하기 어렵거나 또는 외화채무가 증가되기 어렵다면 최종적으로는 외환보유액인 준비자산의 조정

국제수지표는 경상수지와 자본 및 금융계정으로 구분 되며 외환보유액 증감은 금융계정 내에 포함되어 있다

---

8) <참고 2-1> 국제수지 개요 참조

을 통해 보전될 수 있는 것이다. 흔히 외환보유액이 국제수지 불균형을 보전하는 역할을 한다고 얘기되는 것은 이러한 메카니즘에 기인한다.

환율제도와 외환보유액

외환보유액이 그 보유 목적을 위해[9] 역할하는 데는 환율제도에 따라 방법상의 차이가 있다. 고정환율제도를 채택하고 있는 나라의 경우 국제수지 적자로 외환이 부족할 때 외환당국이 외환을 공급하고 국제수지 흑자로 외환이 넘쳐날 때 이를 흡수하여 고정환율을 유지하고 국제수지 불균형을 조정한다. 그만큼 외환보유액의 변동이 잦을 수 밖에 없다. 특히 외환집중제 하에서 민간이 외환당국과 고정환율에 의해 거래가 이루어짐과 동시에 외환보유액은 변동하게 된다. 대표적인 예가 홍콩이다.

홍콩금융당국HKMA: Hong Kong Monetary Authority은 미리 설정된 고정환율인 미달러화당 7.8 홍콩달러 내외 수준를 유지하기 위해 외환 매매를 통해 시중 외환수급을 조절한다. 이를 통화위원회제도currency board system라고 한다. 미달러화와 홍콩달러화간에 완전한 태환성convertability을 보장함으로써 대외거래의 결과에 따라 외환보유액이 늘기도 줄기도 하며 이에 따라 자국통화가 공급되거나 환수되므로 외자유출입시에 시장금리가 자동적으로 등락하게 된다. 즉, 자본유출입이 환율이 아니라 금리 변동에 의해 자동조정되므로 미 연방준비은행이 연방기금금리를 조정하는 경우 HKMA도 재정거래가 발생하지 않도록 정책금리를 즉시 조

9) <참조 2-2> IMF가 제시한 외환보유액의 목적 참조

*홍콩은 외환보유액으로
시장수급을 직접조절
하는 고정환율제도를
채택하고 있다*

정해야 한다. 한편, 아시아 외환위기 당시 홍콩의 이러한 제도적 특성을 노리고 환투기세력들이 1997년 10월과 1998년 8월 두 차례에 걸쳐 대규모 홍콩 주식을 매도함으로써 홍콩달러화 환율이 특정 수준에 고정되지 못하도록 공격하였다. 이에 HKMA는 전례없는 대규모 외환시장 개입과 주식 및 주가지수 선물의 직접 매입을 통해 주가 및 환율 방어에 성공한 바 있다.

이처럼 고정환율제 하에서는 중앙은행이 재량에 따라 통화정책을 수행할 수 없고 자본의 유출입 상황에 따라 금리가 변동하게 되기 때문에 상황에 따라서는 경기가 과열되거나 침체될 수도 있다. 국제유동성을 안정적으로 확보하고 대외적 통화가치인 환율을 고정시키기 위해서는 통화정책의 자율성은 희생할 수 밖에 없는 것이다. 이를 삼불원칙_{impossible trinity, trilemma}이라고 한다. 즉, 통화정책의 자율성, 자유로운 자본이동, 환율 안정 등 세 가지 정책목표를 충족시키는 것이 이상적이나 이를 동시에 만족시키는 환율제도는 없다는 것이다. 이중 적어도 한가지 목표를 희생해야 한다는 것인데 홍콩은 고정환율제를 통해 국제유동성 확보와 환율 안정을 정책목표의 최우선 순위로 함으로써 통화정책 자율성을 일부 희생하기로 한 것이다.

이에 반해 자유변동환율제도를 채택하고 있는 나라들은 환율이 기본적으로 시장메커니즘을 따르도록 하고 자본유출입은 환율수준에 따라 제어되도록 함으로써 결과적으로 국제수지 불균형을 조정할 수 있다고 본다. 즉, 삼불원칙에 따라 환율을 통제하지 못하는 대신 자본은 환율에 따라 자유롭게 이동하도록 하면서 통화정책을 자율적으로 수

통화정책의 자율성,
자유로운 자본이동,
환율 안정 등 세가지
정책목표를 충족
시키는 환율제도는
없다

행한다. 그러나 비록 환율이 기본적으로 시장수급에 의해 결정된다 하더라도 중앙은행 등이 정책적 판단에 따라 환율결정에 개입하기 위해 외환보유액을 재원으로 외환을 사고 파는 경우가 있다. 이 경우 통화량이 불가피하게 변동하게 되고 이를 중화시키기 위한 정책이 수반되기도 한다. 그 과정에서 외환보유액의 변동을 야기한다.

특히 대부분의 신흥국의 경우 자유변동환율제를 도입하였더라도 전적으로 외부충격을 환율이 흡수할 수 있다고 기대하기 어렵다. 급격한 환율변동성으로 인해 금융경제가 불안정해질 가능성에 대비하여야 하므로 외환당국이 외환시장 수급의 완만한 조절smoothing operation에 나설 수 밖에 없다. 다만, 환율의 추세적 흐름을 바꾸는 것이 아니라 환율 변동성을 완화하는 데 그 목적이 있어야 할 것이다. 환율제도가 변동환율제도에 가까울수록 환율이 시장수급에 따라 결정되므로 그만큼 외환보유액의 변동도 외환당국에 의해 좌우되는 정도가 줄어들게 될 것이다.

한편, 한 나라의 환율제도는 경제의 발전과 국제환경의 변화에 맞추어 변경될 수 있다. 우리나라의 경우 크게 다섯 차례 변경되었다. 1964년까지 고정환율제도, 1980년까지 단일변동환율제도, 1990년까지 복수통화바스켓제도, 1997년 외환위기까지 시장평균환율제도, 이후 자유변동환율제도 등으로 변천되어 왔다.[10]

신흥국일수록 환율의
외부충격 흡수능력에
전적으로 의존하기는
결코 쉽지 않다

10) 제7장 우리나라의 외환보유액과 환율제도 참조

대외신인도 평가와의 관계

1997년 외환위기를 겪은 우리나라를 비롯한 신흥국들은 위기 이후 외환보유액을 축적하기 위해 외환시장 개입을 마다하지 않았던 것이 사실이다. 이는 단기자본 유입으로 자국 통화가 지나치게 강세가 되는 것을 방지하기 위함과 동시에 외환보유액을 많이 쌓을수록 미래의 위기를 예방_{self-insurance} 할 수 있다는 인식에 따른 것이다. 비기축통화국 입장에서는 교환성 통화들로 구성된 외환보유액의 축적은 자국의 통화 및 경제에 대한 대외신인도 제고에 기여함으로써 민간이 외화를 차입하는 데 안정적 토대를 제공할 수 있다.

게다가 경제발전과 더불어 자본자유화가 진전되면서 자국 금융 및 외환시장이 국제금융시장과 연계성이 커지고 언제든지 자본유출이 발생할 수 있는 가능성이 높아진다는 사실은 외환보유액을 경제규모에 맞게 축적해야 한다는 주장을 뒷받침해 왔다. 실제로 1990년대 이후 상황을 살펴보면 경기확장기를 거치면서 자본 순유입규모가 확대되는 모습을 나타내었고 이는 다시 경기확장을 심화시키는 작용을 하였다. 외자유출입의 경기순응적_{procyclical} 특징이라 할 수 있다. 이러한 행태는 금융시장 참가자의 군집행태_{herd behavior}를 야기시킴으로써 소위 서든 스톱_{sudden stop}이라 하는 급작스런 자본유출의 반작용을 불러올 수 있다. 이러한 부작용을 방지하고 외환시장의 중장기적 안정을 뒷받침하기 위해서는 적정규모의 외환보유액 확보가 필수적이라는 인식이 확산되었다. 외환위

신흥국 입장에서는 위기예방과 국가신인도 제고를 위해 외환보유액을 축적하고자 한다

기를 겪었던 국가일수록 외환보유액 축적에 따라 국제신용평가회사들의 국가신용도 평가도 개선되었던 것도 사실이다.

　다만, 외환보유액이 어느 정도가 되어야 적정한 수준인지는 여전히 과제로 남아있다.[11] 각국마다 경제발전 정도, 환율제도, 자본자유화의 정도, 외채구조, 국제수지 사정 등이 다르기 때문이다. 외환보유액은 어느 수준을 넘어서게 되면 대외신인도를 제고하는 데 역할이 제한적이라는 점도 주목해야 한다. 외환보유액 수준 자체가 더 이상 변수로서의 민감도가 떨어지기 때문이다.

---

11) 제6장 외환보유액 적정수준에 대한 논의 참조

국제수지 개요

국제수지표는 크게 경상수지_{Current Account}와 자본 및 금융계정_{Capital and Financial Account}으로 나뉜다. 다른 나라와 재화와 서비스를 사고 파는 거래의 결과를 나타내는 경상수지는 상품수지, 서비스수지, 본원소득수지, 이전소득수지로 구분된다. 상품수지는 수출입 등 무역거래의 결과 발생한 수지, 서비스수지는 여행, 운수, 통신, 보험 등과 같은 서비스거래의 결과 발생한 수지, 본원소득수지는 직접 및 증권투자거래의 결과 이자나 배당 등으로 벌어들인 금액과 외국에 지급한 금액의 차이, 이전소득수지는 대외송금, 기부 등 아무런 대가없이 다른 나라와 주고 받은 금액의 차이이다.

자본을 주고 받는 거래의 결과를 나타내는 자본 및 금융계정은 자본계정과 금융계정으로 구분된다. 자본계정은 국내외 재산의 반출입 같은 자본이전을 기록한 것이므로 금액이 미미하다. 금융계정은 직접투자, 증권투자, 파생상품투자, 기타투자 등 모든 투자 관련 항목들과 함께 준비자산의 증감까지 포함된다. 외국인의 국내 주식 매입은 외국인 외화자금 유입을 의미하므로 금융계정의 흑자요인이며 외환시장의 공급요인인 반면, 국내 거주자의 해외 주식 매입은 금융계정의 적자요인이며 외환시장 수요요인이다.

그 외에 오차 및 누락이 있는데 단순히 통계상의 불일치를 메워주는 것으로 이론적으로는 제로값이어야 한다.

IMF가 제시한 외환보유액의 목적[12]

IMF는 외환보유액의 목적으로 다음의 6가지 항목을 제시하면서 정책당국이 언제든지 사용할 수 있도록 대외지급준비자산을 관리하는 것을 외환보유액관리reserve management로 정의하였다.

① 통화정책 및 환율정책 수행의 신뢰도 제고

Support and maintain confidence in the policies for monetary and exchange rate management including the capacity to intervene in support of the national or union currency

② 위기 대응능력 확충을 통한 외부취약성 제한

Limit external vulnerability by maintaining foreign currency liquidity to absorb shocks during times of crisis or when access to borrowing is curtailed

③ 국가의 현재미래 외채상환능력에 대한 시장 신뢰 구축

Provide a level of confidence to markets that a country can meet its external obligations

④ 자국통화가치 지지

Demonstrate the backing of domestic currency by external assets

⑤ 정부의 외환소요 및 외채상환 지원

Assist the government in meeting its foreign exchange needs and external debt obligations

⑥ 국가적 재난 또는 긴급 상황 대비

Maintain a reserve for national disasters or emergencies

자료: "Revised Guidelines for Foreign Exchange Reserve Management", IMF(2014)

---

12) 한국은행(2016)

제3장 외환보유액의 원천

한국은행과 외국환평형기금의 자금조달

외환보유액은 한국은행과 정부 외국환평형기금이 소유하고 있는 공적 외화자산이므로 이들의 부채 등을 통해 조달된 자금으로 형성되었다고 볼 수 있다. 참고로 다른 나라들의 경우 외환보유액을 중앙은행 자산으로 집중하여 운용하는 나라도 있고 정부 자산으로만 보유하고 있는 나라도 있다.[13]

한국은행의 부채는 시중에 화폐를 발행한 금액, 통화증발을 억제하기 위해 발행한 통화안정증권, 정부나 금융기관 등으로부터 받은 원화 및 외화예수금 등으로 구성되어 있다. 그리고 자산으로는 외화증권, 외화예치금, 금, 출자금 등 외환보유액을 구성하는 자산이 주를 이룬다.

한국은행과 정부 외국환평형기금 모두 현저한 외화매입초과 포지션 상태이다

2022년말 현재 한국은행 자산 583조원중 80%가 넘는 474조원 정도가 외화자산이다. 동 자산에는 정부의 외국환평형기금이 맡긴 28조 상당의 예치금도 포함되어 있다.[14]

---

13) <참조 3-1> 스웨덴과 캐나다의 외환보유액의 원천 참조
14) <참고 3-2> 2022년말 한국은행과 외국환평형기금의 대차대조표 주요 항목 참조

한편, 한국은행의 대차대조표는 크게 보면 외화자산과 원화부채로 구성되어 있으므로 재무상태가 현저한 외화 매입초과

한국은행은 외화환산 손실을 당기손익으로 인식하지 않는다

포지션_{long position} 상황이다. 따라서 원화의 대외적 가치변동에 따라 환리스크에 크게 노출되어 있다. 그러나 한국은행의 회계방식이 원가주의를 채택하고 있기 때문에 외화환산손익은 당기손익으로 인식하지 않는다. 그 대신 대차대조표상의 이연계정인 외환평가조정금 계정으로 처리한다. 이는 한국은행의 수지_{Profit and Loss}가 금융통화 및 외환 정책을 수행하는 데 따른 영향을 최대한 받지 않도록 하기 위한 것이다. 일본, 대만, 헝가리, 인도, 말레이시아, 멕시코, 페루, 필리핀, 터키 등도 한국은행과 마찬가지로 외환평가조정금으로 처리하는 것으로 알려져 있다.

정부가 소유하고 있는 외국환평형기금의 부채항목에는 정부의 공공자금 관리기금이 예치한 원화예수금이 대부분이고 일부 외화표시 채권 발행자금도 존재한다. 2003년 이전에는 외국환평형기금에서 원화표시 채권을 발행하기도 하였으나 동 업무가 공공자금 관리기금으로 이관됨에 따라 이후에는 공공자금 관리기금으로부터 원화예수금을 받아 자금을 조달하고 있다. 외화표시 외국환평형기금 채권은 IMF 외환위기 당시 외환보유액 확충을 위해 처음 발행되었다. 이후 대한민국 외화표시 국채로서의 국제금융시장의 벤치마크 제공 요구에 부응하여 주로 미달러화 및 유로화 등으로 발행되어 왔으며 2022년말 현재 발행잔액은 12조원 상당에 이른다. 미달러화 및 유로화가 아닌 외국환평형기금 채권으로는 2015년에 중국위안화표시 30억위안 규모의 판다본드에 이어 2023년에 일본엔화표시 700억엔 규모의 사무라이본드가 발

*외국환평형기금은
외환평가손익을 당기
손익으로 인식한다*

행되었다.

외국환평형기금의 외화자산중 일부는 외환시장 개입 등에 활용될 수 있도록 한국은행에 예치해 두고 나머지는 한국투자공사에 자산운용 목적으로 위탁하고 있다. 2022년말 현재 외국환평형기금 자산 269조원중 69%가 넘는 186조원 정도가 외화자산이다. 원화강세 억제를 위한 외환매입 개입이 증가하면 외화자산이 증가하고 반대인 경우에는 외화자산 비율은 하락할 것이다. 일반적으로 외환시장 개입은 환율이 한쪽 방향으로 빠르게 변동할 때 이를 저지하는 목적lean against the wind으로 이루어지는 만큼 기보유 외화자산에서 원화강세기에는 외환평가손, 원화약세기에는 외환평가익이 발생할 가능성이 크다. 또한 원화 약세기에는 외환시장개입이 환율이 낮을 때 매입했던 외환을 높은 환율에 매도하는 식으로 이루어지므로 외환매매익도 발생할 수 있다.

한편, 외국환평형기금의 자산은 대부분 외화표시자산이고 부채는 원화예수금이 주를 이루는 만큼 한국은행과 마찬가지로 상당 규모의 외화 매입초과 포지션이 발생한 상황이다. 동 기금은 한국은행과는 달리 외국환거래법 시행령 제27조와 국가회계법 등에 따라 외환평가손익을 당기의 평가손익으로 처리하고 있다.

외환보유액에 관한 책임과 권한

외환보유액의 가장 큰 원천은 한국은행의 화폐 발행이다. 다만, 한국은행이 외환을 매입할 때 발생하는 본원통화 증가를 용인하지 않

을 경우 통화안정증권 발행 등을 통해 불태화
sterilization 조치를 취한다. 결국 한국은행 외화자
산은 통화안정증권 발행으로 조달한 원화를 원
천으로 하고 그 조달비용은 통화안정증권 발행
이자라고 할 수 있다.

한국은행은
외환보유액이
자기자산의
일부이므로 운용
책임을 지는 것이
당연하다

　　한국은행은 외환보유액 상당 부분이 자기
자산인 만큼 그에 해당하는 외환보유액의 관리 책임을 질 수 밖에 없
다. 한국은행 외화자산은 외환보유액으로서 대외지급 준비금적 성격
에도 부합해야 하고 한국은행이라는 기관의 자산으로서의 성격에도
부합되도록 운용되어야 한다. 즉, 외환보유액으로서 안전성 및 유동성
확보가 우선되어야 하겠으나 한국은행의 부채 비용, 즉, 통화안정증권
발행 비용 및 외국환평형기금 예치금 이자 등을 상회하는 회계적 수익
확보도 중요하다.[15]

　　외국환거래법에 따르면 우리나라 외환정책의 수립 및 운영, 외환시
장의 안정 등에 대한 최종 권한 및 책임은 기획재정부 장관에게 있다.
한국은행은 한국은행법 및 외국환거래규정에 의거 정부가 위임 또는
위탁한 외국환의 보유와 운용에 관한 업무를 수행하고 정부의 외환정
책 즉, 환율, 외화여수신, 외환포지션 등 정책과 관련하여 협의하는 기
능을 수행한다. 결국 정부와 한국은행은 법적으로나 제도적으로 외환
보유액의 책임과 권한이 서로 연계되어 있어 기관간의 협조관계는 매
우 중요하다 하겠다.[16]

───────────────

15) 제8장 외환보유액의 운용 참조
16) <참고 3-3> 정부와 한국은행의 외환관련 업무

<참고 3-1>

스웨덴과 캐나다의 외환보유액의 원천

스웨덴의 외환보유액은 모두 중앙은행 자산이다. 그 조달 재원은 중앙은행의 화폐 발행과 금융기관으로부터의 예수금 등 자체 조달한self-financed 자국통화자금과 함께 정부가 정부기관인 부채관리공사Swedish National Debt Office를 통해 외화차입으로 조달한 외화자금이다. 우리나라의 상황과 유사하다고 할 수 있다.

한편, 스웨덴은 외환보유액의 조달 원천을 중앙은행 조달분으로 일원화를 추진하고 있다. 정부가 국제금융시장에서 외화차입 등을 통해 조달한 자금에 대해서는 부채 만기가 도래할 때마다 상환하고 이를 중앙은행이 만기도래분 만큼 국내 외환시장에서 대체로 균등하게 매입하여 보충하는 것이다. 이는 중앙은행이 보유하고 있는 외환보유액이 일부라도 차환리스크refinancing risk에 노출되지 않게 함으로써 비상상황에 보다 철저히 대비하려는 노력의 일환이다.

반면 캐나다의 외환보유액은 모두 정부의 환기금Exchange Fund Account이 보유하고 있는 자산이다. 중앙은행의 대차대조표에서는 외환보유액이 전혀 기장되어 있지 않다.

정부가 국제금융시장에서 직접 외화를 조달했거나 국채 발행 등을 통해 조달한 자국통화자금을 민간금융기관과 통화스왑 등을 통해 외화로 환전한 자금들을 모두 환기금이 보유하고 있는 것이다. 중앙은행의 역할은 단지 정부를 대신하여 자금을 집행하는 것 뿐이다.

<참고 3-2>

2022년말 한국은행과 외국환평형기금의 대차대조표 주요항목

(한국은행)   단위: 조원

자산		부채	
지금은	6	화폐발행	175
SDR	19	통안증권발행	112
외화증권	361	통안계정	7
국채 등 유가증권	32	정부예금	9
외화예치금	53	예금	161
어음대출	41	환매조건부매각증권	20
환매조건부매입증권	15	SDR배분	18
비유동자산	23	비유동부채	8
기타	32	외환평가조정금[1]	23
		기타	28
		부채총계	561
		자본총계	22
자산총계	583	부채와자본 총계	583

주: 1) 외화자산 취득시와 현 시점간의 환율차이로 인한 평가손익의 누적금액으로서 부채 (자산)쪽에 있으므로 평가이익(손실)을 의미한다. 당기 평가손익을 당기에 인식하지 않고 전기의 평가조정금에서 가감하는 방식으로 회계처리된다.

(외국환평형기금)   단위: 조원

자산		부채	
한은예치금	28	외화채권발행	12
유가증권	81	공자기금예수금	253
위탁외화자산	157	기타	2
기타	3		
		부채총계	267
		순자산	2
자산총계	269	부채 및 순자산계	269

<참고 3-3>

정부와 한국은행의 외환관련 업무

기획재정부 장관은 다음과 같은 업무를 수행한다.

- 필요시 기준환율, 외국환의 매도율, 매입률 및 재정환율 결정, 외국환평형기금의 조성과 운용 및 관리
- 필요시 대외거래 및 결제의 일시 정지, 외환집중제, 자본거래허가제, 가변예치의무제 실시, 거주자의 비거주자에 대한 채권 국내 회수 명령
- 외국환업무취급기관, 환전영업자 및 외국환중개회사의 등록, 인가 또는 취소 등과 함께 업무 감독 및 건전성 규제
- 지급 또는 수령 관련하여 절차 등 필요 사항 규정 등

한국은행은 한국은행법 및 외국환거래규정에 따라 다음 업무를 수행한다.

- 외국환의 매매 및 파생금융거래, 외화자금 및 외국환의 보유와 운용, 정부 및 국내 금융기관으로부터의 외화예금의 수입, 외국의 중앙은행 및 금융기관, 국제금융기구 등으로부터의 예금의 수입, 외국 금융기관으로부터의 외화자금의 차입
- 그밖의 채무의 인수 및 보증, 국제금융기구에 대한 출자 및 융자, 외국환은행에 대한 외화자금의 융자, 외국 중앙은행으로부터의 원화예금의 수입, 대외환거래계약 체결 등
- 귀금속 매매 등

.

제2부
외환보유액의 변동

제4장 외환보유액의 증감

외환보유액의 확보 경로

한국은행과 외국환평형기금이 외환보유액을 확보하는 과정을 경로별로 살펴보면 다음과 같다.

첫째는 국내 외환시장에서 상대방에게 원화를 주고 외환을 매입하는 것이다. 원화는 앞서 살펴본 대로 한국은행의 경우 화폐 발행, 통화안정증권 발행, 정부나 금융기관의 예수금으로 조달하고 외국환평형기금은 공공자금 관리기금으로부터 예수금을 받아 조달한다.

자유변동환율제도 하에서는 시장의 수급이 지나치게 한쪽으로 쏠리는 경우에 정부나 중앙은행이 정책적 판단에 따라 외환시장 개입을 하게 된다. 일반적으로 은행간 시장에서 불특정 은행을 상대로 하여 외환을 매매하게 되지만 외환시장 규모가 아직 충분히 크지 않은 발전 단계에서는 개별 금융기관 또는 기업 등으로부터 직접 외환을 매입하기도 한다. 예를 들면 우리나라 외환시장 발전 초기에 외국계 은행들이 현

외환보유액은 시장매입, 해외차입, 민간의 예치, IMF의 SDR배분 등의 경로를 통해 확보된다

지 지점을 설치하고자 자본금 명목으로 외자를 들여오면 이를 한국은행이 개별적으로 직접 매입하거나 외환스왑거래를 하기도 하였다.

두 번째는 정부의 외화차입을 통한 경로이다. 정부가 국제은행 차관단과 뱅크론 계약을 맺거나 정부 명의의 외화표시 외국환평형기금채권을 발행하는 것이다. 도입된 외화자금은 정부 소유의 외국환평형기금의 자산으로 운용된다.

세 번째는 민간금융기관이 조달한 외화자금을 중앙은행에 예치하는 경로이다. 금융기관들이 기업 및 개인 등으로부터 외환을 매입하거나 외화예수금을 수취하거나 국제금융시장에서 외화자금을 차입하여 확보한 외화자금의 일부를 중앙은행 내 설치되어 있는 외화 지급준비계정에 예치하는 경우이다. 다만, 동 계정은 은행들이 지급준비금으로서 의무적으로 예치하는 것외에 필요에 따라 자유롭게 외화자금을 입금하거나 출금하는 용도로 활용하기 때문에 특히 월말에 잔액의 변동이 크다. 한국은행이 매월말 기준으로 발표하는 외환보유액의 수치 변동에 대한 해석의 오류를 피하기 위해 월말 하루 전날의 잔액을 기준으로 하는 이유이다.

외화지급준비계정 잔액의 월말 변동성을 고려하여 월말 하루 전날의 외화지급 준비금 잔액을 월말 외환보유액에 포함시킨다

마지막으로 IMF로부터 SDR을 배분받는 것이다. 이는 IMF의 결정에 따라 중앙은행이 수동적으로 수취하는 자산으로서 IMF에 대한 부채로 중앙은행 대차대조표에 계상된다.[17]

---

17) 제7장 외환보유액의 상품 구성 참조

외환보유액의 변동 요인

외환보유액 규모의 변동요인을 거래적 요인과 가치변동 요인으로 구분할 수 있다. 거래적 요인은 대표적으로 외환당국이 국내 시장참가자들을 대상으로 시장안정화 조치차원에서 외환보유액을 사용하는 경우

외환보유액은 외환당국의 외환매매, 스왑거래 등 거래적 요인으로 주로 변동한다

를 들 수 있으며 그외에도 외화자산 운용에 따른 이자수입, 손익으로 인한 증감 등이 해당된다.

반면에 가치변동요인은 상대적으로 크게 나타나지 않는다. 왜냐하면 외환보유액이 장부가액으로 산출되고 있기 때문에 개별 구성 자산가격인 채권금리나 주가의 변동에 따른 평가손익은 외환보유액의 증감을 야기하지 않기 때문이다. 다만 미달러 이외의 통화표시 자산의 매매손익이나 이자수입을 미달러화로 환산하는 과정에서 발생하는 환차손익 정도만이 가치변동요인으로 영향을 미친다고 할 수 있다.

거래적 요인의 대부분은 외환당국이 급격한 환율변동 완화를 위해 미세 조정smoothing operation을 하는 데서 발생한다. 한국은행은 IMF와 미 재무부 등 국제사회의 지속적인 요구에 따라 2018년 하반기 실시분부터 현물환개입에 한하여 매입금액과 매도금액의 차이를 공개하고 있다. 처음 두차례는 6개월 실적을 공개하다가 2019년말부터는 3개월전 분기실적을 공개한다.

우리나라는 OECD국가들중 마지막으로 외환시장 개입규모를 공개하게 된 국가이다. G20국가로 범위를 넓혀보면 아직 외환시장 개입규

모를 공개하지 않은 나라들도 상당수 있다. 중국, 인도네시아, 남아프리카 공화국, 사우디아라비아, 러시아 등이다. 외환시장개입 공개 주기는 영국, 일본, 캐나다 등이 1개월, 우리나라와 인도는 3개월, 싱가포르는 6개월, 스위스와 호주는 1년 단위인 것으로 알려져 있다.

우리나라는 2019년 3월말부터 현물환 시장개입 규모를 매입과 매도금액의 차이인 순액기준으로 공개하고 있다

한편, 외환당국이 외환스왑시장에 대해 외화유동성을 공급하는 경우에도 외환보유액이 변동한다. 외환스왑계약 만기까지 외환보유액이 일시 감소하는 것이다. 2008년 글로벌 금융위기 당시 외국환은행들이 원화를 담보로 미달러화를 빌리는 외환스왑거래가 크게 증가하면서 외환스왑시장의 극심한 수급불균형이 발생하였다. 외환당국은 외화유동성 부족으로 외환스왑레이트가 내외금리차와 크게 괴리되자 은행간 시장에서 불특정 상대방과 현물환 매도와 선물환 매입으로 구성된 외환스왑거래를 하였다. 이때 경쟁입찰방식도 활용되었다.

비슷한 사례는 한국은행과 국민연금과의 스왑거래에서도 찾을 수 있다. 2005년부터 2년간에 걸쳐 통화스왑계약을 통해 한국은행은 국민연금에 외환보유액을 공급하였다. 이를 통해 국민연금은 해외채권 투자자금에 대한 환헤지 포지션을 안정적으로 확보할 수 있었고 외환당국 입장에서는 환율관리의 부산물로 빠르게 증가하는 외환보유액에 대해서 미국 등의 시선을 피할수 있는 수단

스왑시장에 유동성 공급 시 스왑기간 중에는 외환보유액이 감소하였다가 만기 결제시에는 원상회복 된다

으로 활용하였다. 그러나 2008년 금융위기로 향하면서 외환보유액이 크게 감소함에 따라 양 기관간의 통화스왑은 중도 해지하게 되었다. 그리고 2022년에 다시 양 기관은 외환스왑의 형태로 유사한 계약을 체결하게 되었다. 2005년과 마찬가지로 국민연금은 해외투자 자금을 안정적으로 확보하고자 하는 유인이 있었으며 외환당국 입장에서는 국민연금이 해외투자 목적으로 헤지거래없이 현물환으로 매입하는 데 따른 환율상승요인을 제거함으로써 외환시장의 수급 안정을 도모할 수 있었다.

한국은행과 국민연금 외환스왑은 당국의 외환보유액 관리 및 환율 안정, 그리고 국민연금의 투자자금 확보를 위해 활용되었다

외환당국이 민간기관과 실시한 스왑거래의 잔액은 IMF가 주기적으로 공표하는 특별공시기준SDDS: Special Data Dissemination Standard 통계에 나타나 있다. 2022년말 현재 동 잔액은 211억달러 정도로 여기에 포함되어 있는 개별 거래들이 만기가 도래하여 결제가 이루어질 경우 다시 외환보유액을 증가시키는 요인으로 작용한다. 그러나 만기결제가 되면 그만큼 스왑공급 잔액이 줄어들기 때문에 스왑수요가 해소되지 않는 이상 스왑레이트 하락 압력으로 이어질 것이므로 외환당국 입장에서는

IMF SDDS통계의 스왑잔액은 향후 외환보유액의 잠재적 증가 요인이다

그만큼 다시 스왑공급을 해야 하는 경우가 많다. 그런 의미에서 넓은 의미로 외환보유액 통계와 SDDS 잔액을 합하여 우리나라 외환의 리저브reserve의 증감을 파악할 필요가 있다.

<그림 4-1>

외환시장 개입 추이와 한국은행 스왑잔액

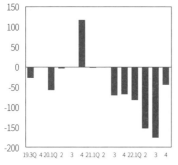

(외환시장 개입추이)

주 : 단위는 억달러
자료: 한국은행 홈페이지

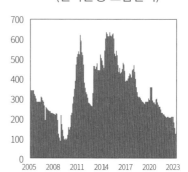

(한국은행 스왑잔액)

주 : 단위는 억달러
자료: IMF SDDS

외환시장 개입의 의의와 주요 사례

외환당국이 외환시장에 개입하는 데는 몇 가지 목적이 있다. 첫째는 환율변동성을 완화하기 위한 것이다. 변동환율제 하에서 환율은 가격조절기능을 통해 대외불균형을 바로잡는 중요한 역할을 하지만 신흥국일수록 지나치게 큰 폭으로 변동하도록 내버려두기는 쉽지 않다. 왜냐하면 기업 등의 실물거래관련 의사결정에 지대한 영향을 미칠 뿐만 아니라 금융시장의 안정성을 크게 저해하기 때문이다.

두 번째는 목표환율을 달성하기 위해서이다. 목표환율은 대외불균형이 심화되어 있는 상황에서 거시경제정책과의 조화를 위하여 통화가치를 조절할 필요가 있을 경우 이때 목표로 하는 환율수준이다. 이 경우 외환당국은 목표환율에 근접시키기 위하여 일방향으로 환율을 유도하게 되는데 그 과정에서 자칫 환율조작국으로 낙인이 찍힐 가능성도 배제할 수 없다는 점에서 일반적으로 행해지지는 않는다.

외환시장개입은 환율 안정을 위해서 뿐만 아니라 미래 위기 상황 대비를 위한 외환보유액 축적을 위해서도 행해진다

세 번째는 필요한 외환보유액을 축적하기 위해서이다. 외환보유액의 위기예방적 역할을 위해서 아시아 외환위기 이후 신흥국을 중심으로 동 목적의 외환시장 개입이 성행하였다.

외환시장 개입은 신흥국이 주로 하는 정책적 행위라고 인식하기 쉽다. 물론 선진국에 비해 신흥국이 더 환율조절을 위해 직접적인 수단인 시장개입을 활용하고 있는 것은 사실이다. 우리나라만 하더라도 시장개입의 결과 외환위기 당시 외환보유액이 크게 소진되었고 이후에는 반대방향의 시장개입의 결과로 외환보유액이 크게 증가하는 결과를 가져왔다.

미 연준을 포함한 주요국 중앙은행 공조개입시 효과적인 시장안정이 가능하다

그러나 역사적으로 가장 대표적인 시장개입은 플라자_{Plaza} 합의[18]에 따른 선진국들의 외환시장 공조개입이었다. 1980년대 들어 미달러화 가치가 급등하고 미국의 무역수지 적자도 확대됨에 따라 미국, 일본, 독일 중앙은행들이 공동 개입을 통해 미달러화 약세를 유도한 것이다. 이는 이후 루브르_{Louvre}합의[19]로 이어졌다.

---

18) <참고 4-1> 플라자 합의 참조
19) <참고 4-2> 루브르 합의 참조

*2022년중 미달러화의
일방적 강세로 인해
유례없이 많은
국가들이 외환시장
개입을 실시하였다*

대표적인 교환성 통화인 유로화, 일본 엔화, 호주달러화와 관련된 외환시장 개입도 역사가 길다. 유로화가 1999년 출범하였으나 이후 지속적으로 약세를 보임에 따라 2002년 유럽중앙은행과 주요국 중앙은행들이 유로화 강세를 유도하고자 유로화 매입을 위한 공조개입을 실시하였다.

일본의 경우 플라자 합의 이후 급속한 엔화 강세로 약화된 수출경쟁력 회복을 위해 1990년 이후 일본엔화를 매도하는 시장개입이 이루어졌으며 2011년 고오베 지진 사태 이후에는 반대로 미국 등과 일본엔화를 매입하는 공조개입이 이루어지기도 하였다.

호주의 경우도 1983년 변동환율제도 시행 직후 개입을 했으며 글로벌 금융위기 당시에도 개입한 사례가 있다.

한편, 2022년중 인플레이션 급등, 우크라이나 전쟁으로 인한 금융시장 불안과 미달러화의 전면적 강세 속에서 선진국, 신흥국 할 것 없이 자국통화 약세 저지를 위해 많은 국가들이 외환시장 개입을 실시하였다. 우선 우리나라가 2022년중 환율안정을 목적으로 약 459억달러의 외환보유액을 현물환 시장에서 순매도하였다고 공식 발표하였으며 일본, 스위스 등 주요 선진국 이외에도 홍콩, 싱가포르, 인도, 태국, 인도네시아, 필리핀, 말레이시아 등 대부분의 아시아 국가와 함께 체코, 페루 등이 미달러화 강세 저지를 위한 시장개입을 실시한 것으로 알려졌다.

<참고 4-1>

플라자 합의 Plaza Accord

　　1971년 변동환율제로 이행된 후 미달러화 가치 안정을 위해서
는 미국, 일본, 서독 등의 거시경제정책의 공조가 절실했던 상황이
었으나 1, 2차 석유파동으로 물가가 급등하면서 미연준의 고강도 긴
축정책이 이어지고 미달러가치는 급등하였다. 게다가 1980년대초
레이건 행정부의 강달러 정책과 조세감면 등 공급중시 경제정책 등
으로 수입이 급증함에 따라 무역적자가 대폭 확대되었다. 무역수지
와 재정수지의 쌍둥이 적자 확대로 1980년대 중반부터 미 의회에서
대미 무역흑자국에 대한 관세 부과 등 보호무역주의 움직임을 가시
화시킨 가운데 행정부는 미달러화가치 하락을 통해 무역수지를 개
선해 보고자 했다. 일본, 독일 등도 보호무역주의에 의한 수입물량
조정이나 관세인상과 같은 조치보다는 환율조정이 차라리 정책적으
로 낫다는 판단이 있었다. 이에 당사국 미국, 일본, 독일과 보호무역
주의 타파에 동조하는 영국과 프랑스 등 5개국이 1985년 9월에 ①
미달러화 가치 하락을 위해 노력하고 ② 대외불균형 축소를 위해 재
정 및 통화정책을 공조해 나갈 것에 합의하는 플라자 합의를 도출하
였다. 구체적으로는 단기간에 달러화 가치를 10~12% 하락시키고
이를 위해 6주간 180억달러의 협조개입을 실시하며, 개입재원은 미
국 및 일본이 각각 30%, 독일이 25%, 프랑스가 10%, 영국이 5%를
분담하기로 한 것으로 알려져 있다. 그리고 거시경제정책면에서는
미국, 프랑스, 영국이 재정적자 축소 및 물가 안정을, 일본, 독일은
내수 확대를 최우선 목표로 추진키로 하였다.

<참고 4-2>

루브르 합의_{Louvre Accord}

플라자합의가 이행되면서 미달러화 가치가 빠르게 조정되어 갔다. 한편으로 인플레이션을 자극할 수 있다는 우려도 제기되었으나 오히려 석유수출국기구$_{OPEC}$의 고유가 정책 포기로 국제유가가 급락함에 따라 국제공조 하에 금리 인하가 이루어졌다. 그러나 여타국에 비해 미국의 시장금리가 더 빠르게 하락하여 내외금리차가 크게 축소된 데다 미국의 정치적 악재 등이 겹치면서 미달러화 가치가 더 크게 하락하였다. 한편, 플라자합의 이후 환율관련 공조와는 달리 재정정책조정에 대한 공조는 여의치 않았다. G7 정상회담을 통해 감시체계 마련까지 시도되었으나 실효성은 크지 않았다. 이에 따라 일본, 독일의 주도하에 1987년 3월 미국의 재정적자 축소 및 일본, 독일의 내수확대에 관한 목표 수치와 구체적인 정책수단을 포함하는 루브르 합의를 도출하였다. 그러나 일본과 독일은 이에 내수부양정책을 발표하는 등 적극 호응한 반면 미국은 재정적자 감축에 소극적인 자세로 일관함으로써 미국, 독일, 일본간 갈등이 깊어졌다. 이런 상황에서 1987년 8월 독일연방은행은 통화량 급증에 따른 인플레이션 재연을 방지한다는 명분하에 미국 등과의 정책공조 없이 금융긴축으로 정책방향을 선회해 버렸다. 이는 독일이 내수확대 정책을 시행한다는 플라자 및 루브르 합의정신에 위배되는 것이었다. 독일의 금리 인상으로 달러화 가치가 급락하자 미 연준은 1987년 9월 재할인율을 인상하였고 이는 주가 거품 붕괴의 단초가 된다. 결국 1987년 10월 Black Monday로 이어졌다.

제5장 외환보유액의 확충에 따른 비용

외환보유액 보유 비용

외환보유액과 관련하여 간과하기 쉬운 점이 이를 보유하는 데 소요되는 비용$_{\text{Financial Cost}}$이다.[20] 이는 외환보유액을 적립하는 과정에서 발생한 비용이 축적된 외환보유액을 운용하여 벌어들인 수익보다 큰 경우를 말한다.

한국은행이 통화안정증권 발행을 통해 조달한 원화를 주고 미달러화를 매입하였다면 통화안정증권 발행금리와 외환보유액 운용수익간의 차이가 비용이 된다. 마찬가지로 정부가 외국환평형기금채권을 발행하여 외환보유액을 적립하였다면 외국환평형기금 채권 발행 비용과 외화자산 운용수익간의 차이가 비용이다. 나아가 외환보유액이 민간부문에서 조달한 외화자금을 외환당국이 흡수한 결과라는 점에서 민간부문의 외화

대체로 안전자산 위주로 투자하는 외환보유액 운용 수익이 조달비용 보다 낮은 경우가 많아 외환보유액 보유에 따라 감내해야 하는 비용이 발생한다

---

20) Ramaswamy(2008)

*외환보유액의 축적이
민간자산의 활용을
저해할 경우 경제적
비효율성이 누적될 수
있다*

조달비용과 외환보유액 운용수익의 차이를 비용으로 볼 수도 있다.

경상수지 흑자가 누적된 상황에서 국내저축이 투자나 재정지출에 이용되지 못하고 외환당국의 개입으로 저수익 자산의 형태로 전환된 것이 외환보유액이라는 점을 고려할 때 민간 경제체제 내에서 효율적인 자산배분을 통해 경제성장에 기여했어야 할 외화자금이 공적보유영역으로 흡수됨에 따라 활용되지 못한 결과를 낳았다는 점에서 사회적 비용social cost라고 볼 수 있다.[21] 외환보유액을 필요 이상으로 많이 쌓는 것만이 능사가 아니라고 비판하는 측의 근거는 바로 이러한 비용의 증가를 경제적 비효율성의 누적으로 보는 것이다.

또한 외환보유액의 확대가 민간부문의 외채 증가로 이어지게 되면 대외지급준비 차원에서 외환보유액 축적을 더 합리화하게 되므로 보유 비용의 증가를 더욱 야기시킬 수 있다. 게다가 이로 인해 경제적 문제에 봉착할 경우 결국은 외환보유액으로 해결할 수 밖에 없다는 안일한 인식으로 인해 도덕적 해이가 만연할 수도 있다. 이는 대외신인도 하락으로 이어져 민간의 조달금리 상승을 야기함으로써 사회적 비용 증가를 초래할 것이다. 따라서 외환보유액 확충에서 얻는 효익, 즉, 위기예방에 기여하는 부분과 이로 인해 발생하는 준재정적quasi-fiscal 비용과 사회적 비용이 종합적으로 비교되어야 한다.

---

21) Rodrick(2006)

외환보유액 확충의 부작용

외환보유액을 확충하는 가장 보편적 경로가 외환당국의 외환시장 개입이라는 점에서 외환보유액의 증감이 국제사회의 환율조작국 판단지표가 될 수 있다는 점에 유의할 필요가 있다.

환율조작국으로 낙인이 찍히게 되면 대외신인도에 미치는 부정적 영향은 물론 교역상대국의 무역보복으로 이어질 가능성도 배제할 수 없기 때문이다. 미국 정부는 외환보유액의 증가를 수출주도 성장을 도모하는 과정에서의 부산물로 인식하고 이에 대한 감시를 소홀히 하지 않고 있다. 1988에 제정된 종합무역법_{Omnibus Trade and Competitiveness Act}과 2015년에 제정된 교역촉진법_{Trade Facilitation and Trade Enforcement Act}에 따라 미 재무부는 연중 2회에 걸쳐 주요 교역대상국들에 대해서 환율조작 여부 등을 판단하여 의회에 보고하고 있다.

우선 미국과의 상품 및 서비스 무역규모가 가장 큰 20개국을 교역대상국으로 선정한 다음 세가지 조건을 점검한다. 첫째, 대미 상품 및 서비스 무역수지가 150억달러 이상인지, 둘째, GDP 대비 경상수지 흑자규모가 3% 이상이거나 경상수지 흑자 갭이 GDP 대비 1% 이상인지를 본다. 이때 경상수지 흑자 갭이란 미 재무부 자체 모델에 의해 경상수지에서 경기순환적 요인을 제거한 후 이를 경제펀더멘털과 거시경제정책 조합을 고려하여 산출한 적정경상수지와 비교한 결과 그 벗어난 정도를 측정한 것이다. 셋째, 연중 외환시

미 재무부는 외환보유액 증감 분석을 통해 외환시장 개입규모를 추정함으로써 환율 조작 여부를 판단한다

장 개입규모가 GDP의 2% 이상이면서 8개월 이상 매수 개입한 것으로 추정되는지 점검한다.

이상의 세가지 조건을 모두 충족하는 경우에는 원칙적으로 환율조작국인 심층분석enhanced analysis 대상국으로 지정하고 그중 두 가지를 충족하는 경우 관찰대상국monitoring list으로 분류하고 있다.

2022년 11월 발표한 미 재무부의 환율보고서에 따르면 심층분석대상국으로 스위스가 지정되었다. 다만, 환율조작국으로는 지정하지 않고 대외 불균형의 근본적 문제 해결을 위한 양자 협의를 계속해 나가기로 하였다. 미국 입장에서는 평가지표만으로 스위스와 같은 중요한 파트너 국가를 섣불리 환율조작국으로 지정하기는 여러 가지 측면에서 곤란했을 것으로 추측되기도 한다. 우리나라의 경우에는 대미 무역수지 기준과 경상수지 흑자 기준 등 두 가지가 충족되어 중국, 일본, 독일, 말레이시아, 싱가포르, 대만 등과 함께 관찰대상국에 포함되었다.

한편, 외환보유액을 확충하는 과정에서 개입 수단과 방식의 선택에 따라 예기치 못한 경제적 부작용이 발생할 수도 있다는 점에 유의하여 가장 목표에 부합하고 효과적인 수단이 무엇인지 잘 판단해야 한다. 2000년대 중반 조선경기 호황에 따라 중장기 수주계약이 크게 증가했었는데 당시 일방적인 원화 강세 전망이 우세함에 따라 해당업체들이 환리스크 헤지를 위해 선물환 매도에 집중했었던 때가 있었다. 이때 외환당국은 원화강세 억제를 위해 현물환 매입에 집중했었는데 환율을 저지하면 할수록 이 기회를 놓치지 않으려는 기업 등의 선물환 매도세

외환시장개입 목표를 효과적으로 달성할 수 있는 방법을 신중히 선택해야 한다

는 지속되었다. 일방적인 원화강세 분위기에서 조선 및 중공업체들로부터 선물환을 직접 매입할 만한 기업체 수요가 없었기 때문에 은행들이 이들로부터 선물환을 매입할 수 밖에 없었고 환리스크 헤지를 위해 단기차입이나 외환스왑시장을 통해 외화자금을 조달하여 은행간 시장에서 현물환으로 매도하였다. 이는 정상적인 외환시장 메카니즘이다. 그 결과 단기외화차입금리가 상승하고 외환스왑시장에 내재된 외화조달금리는 그보다 훨씬 더 상승하게 되었다. 이에 낮은 금리로 외화차입이 가능한 외국계 은행이나 외국인 투자자들은 단기로 외자를 조달하여 외환스왑거래를 통하여 높은 재정거래차익을 얻을 수 있었다. 닭이 먼저인지 달걀이 먼저인지 모르겠으나 원화강세심리의 만연, 외환당국의 현물환시장 개입, 조선업체 등의 선물환 매도 지속, 은행 등의 단기외화차입 증가로 이어지면서 외환보유액이 감소하고 단기외채가 크게 늘어나게 되었다.

만약 조선업체 등으로부터 선물환을 매입한 은행들로부터 외환당국이 선물환을 직접 매입하였다면 은행이 단기외채를 증가시킬 유인이 줄어들 수 있지 않았을까 생각된다. 아마도 1997년 외환위기 당시 선물환 매도개입으로 인해 외환보유액의 가용성 논란이 발생한 데 따른 후유증으로 인해 선물환은 아예 실무적으로 처음부터 고려되지 못했을 수 있다.

2000년대 중반 중장기 수주계약에 따른 선물환공급이 많았으므로 시장개입수단으로 선물환 매입을 고려할만 했다

제6장 외환보유액 적정수준에 대한 논의

외환보유액의 적정성에 대한 인식

우리나라의 외환보유액 규모는 전 세계에서 여덟 또는 아홉 번째 수준을 오가고 심지어 글로벌 금융위기가 한창일 때는 여섯 번째로 많은 수준이었던 적도 있었다. 그러나 외환보유액 규모의 랭킹이 높다고 해서 규모의 적정성을 판단하는데 크게 도움이 되지는 않는다. 나라마다 경제적 사정이 다르기 때문이다.

우리나라는 1997년 외환위기 트라우마로 인해 원화의 고평가 가능성을 차단해 왔고 수출경쟁력 유지 등을 이유로 고환율 정책을 주장하기도 하면서 외환보유액을 확보해 왔다. 특히 우리나라의 금융시장 개방도가 높다는 점을 들어 외국인 투자자들의 국내 투자 환수시에 나타날 수 있는 외환부족 가능성에 대비해 충분한 외환보유액으로 대처해야 한다는 논리가 힘을 얻어 왔다. 그러나 국제금융시장에서 위험회피심리가 높아질 때는 신흥국 자산에 대한 선호도가 감소하는 분위기가 만

외환보유액이 많다고 국제금융시장 흐름에서 자유로울수는 없다

연해지면서 이에 편승하여 우리나라 금융외환시장도 어김없이 영향을 받아 왔다. 이럴 때마다 외환보유액으로 대응하다 보면 순식간에 그 규모가 큰 폭으로 감소할 수도 있다. 우리나라 금융 및 외환시장이 국제금융시장과의 연계성이 높아진 점을 감안할 때 외환보유액이 많다고 해서 국제금융시장의 움직임으로부터 자유로워질 수 없다는 것을 이제는 많은 사람들이 알게 되었다.

1997년 외환위기를 겪기 전까지만 해도 외환보유액은 일종의 통계적 의미로 국제수지의 불균형을 보전하기 위해 대략적으로 공적기관이 나서서 확보해야 할 자산규모 정도로 인식되었다. 한 나라의 경상수지가 적자일 때 민간의 자본이동으로 균형이 메워지지 못할 경우 공적기관이 차입 등을 통해 외환보유액을 늘려야 국제수지가 균형을 이룰 수 있다는 인식에서였다.

그런 의미에서 IMF(1953)는 3개월간의 경상수입액, 즉, 상품수입액 및 서비스지급액 이상을 외환보유액 적정성의 판단기준으로 삼았다. 지금도 외환보유액 규모가 크지 않고 금융시장 대외개방 정도가 낮은 국가는 이 기준을 따르고 있다. 예를 들면 2020년말 현재 외환보유액이 38억달러 수준인 우간다의 경우 공식적으로 4개월분의 수입액을 적정 외환보유규모로 상정하고 있다.

1997년 아시아 외환위기 전개 과정에서 보듯 태국, 인도네시아, 우리나라 등 아시아 국가들이 환투기 공격에 대처하는 과정에서 외환보유액을 빠르게 소진하였으며

외환보유액은 외환위기를 거치면서 국제수지 보전에 필요한 수치적 개념에서 위기예방에 필요한 적극적 수단의 개념으로 전환되었다

이로 인해 외환보유액의 중요성과 적정규모에 대한 논의가 활발히 이루어지게 되었다. 외환보유액의 위기 예방self-insurance 역할이 강조된 것도 이때부터이다. 외환위기를 겪으면서 자본자유화의 진전 속도가 빨라졌고 그만큼 자본유출 가능성을 고려한 충분한 정도의 외환보유액에 대한 인식도 높아졌다. 실제 국제신용평가회사들도 한 나라의 신용도를 평가하는 데 있어서 외환보유액 수준을 중요한 평가요소로 고려하게 되었다. 외환보유액이 많은 국가의 통화에 대해서는 투기세력들이 쉽게 공격하지 못할 것이라는 논리가 깔려 있다. 담이 높으면 지나가던 도둑이 월담할 엄두를 못낼 것이라는 생각과 비슷하다. 그러나 그 담을 얼마나 높게 쌓으면 좋을지 모든 국가에 적용시킬 수 있는 보편적 기준을 정하기는 어렵다.

외환위기 이후 신흥국의 외환보유액 축적이 국가 신용도 평가에 매우 긍정적 영향을 미쳤다

시장개방정도를 반영한 다양한 추정

적정 외환보유액을 판단하기 위해서는 각국의 경제발전 수준, 환율제도, 자본자유화의 정도, 외채구조, 국제수지 사정 등 고려해야 할 변수가 많다. 완전한 자유변동환율제도를 표방하거나 민간 보유 외환이 충분하고 해외투자분의 본국 환류 가능성도 높다고 판단하는 국가들은 필요 이상의 외환보유액을 선호하지 않는다. 이러한 질적 요소들을 감

자유변동환율제 하의 교환성 통화를 가진 선진국은 외환보유액 적정규모에 대한 관심이 적다

안할 때 외환보유액의 유지에 따른 기회비용이 크다고 판단되기 때문이다. 반면에 외환보유액에 주로 민간의 외화자금차입이나 외국인투자자의 증권투자자금 등 자본유입분이 많이 포함되어 있을수록 외환보유액 수준이 국제금융시장 변동에 영향을 받을 가능성이 크다. 금융시장 호황시 차입을 늘고 투자가 확대되는 반면 부진시에는 자산을 현금화하여 차입을 상환하는 경향이 있어 외환당국이 시장안정화 조치를 취할 가능성이 높기 때문이다. 이런 논리라면 외환보유액은 자본이동의 변동성에 대응할 수 있을 정도로 충분해야 할 것이다.

적정 외환보유액 추정에 관한 다양한 연구결과들이 나와 있지만 일반적으로 외환지급 수요 관련 지표들을 이용하여 산출하는 방식이 간편성과 이해용이성 등을 이유로 많이 활용되고 있다. 외환지급 수요로서 대표적인 것은 경상수입액, 외채, 그리고 국내금융시장 개방에 따른 외국인의 자본투자 규모이다. 이들 각각에 대해 어느 정도로 유출될 가능성이 있는지를 추정하게 되므로 그 정도에 따라 적정 규모는 크게 달라지게 된다. 첫째, 그린스펀-기도티_{Greenspan-Guidotti}(1999)는 만기 1년 이내의 유동외채 전액을 기준으로 제시하였다. 신흥시장국이 위기에 직면하면 단기외채의 만기연장에 가장 먼저 애로가 나타난다는 점에 착안한 것이다.

둘째, 위진홀스-캡티윤_{Wijinholds and Kapteyn}(2001)은 유동외채에 더해 거주자의 자본유출 가능성을 염두에 두고 통화량 M2의 5~10%에다가 국가위험을 감안하여 산출하였다.

셋째, IMF(2015)의 리저브 적정성 평가방법_{ARA: Assessing reserve adequacy metric}은 2015년까지 정책보고서를 통해 세차례 업그레이드되었는데 위

외환보유액 적정규모를
추정하는 방법이
다양하므로 각국의
시장개방정도 등을
감안하여 선택할 수
있다

진홀스-캡티윤의 방법을 진일보시킨 것이다. 변동환율제도를 채택하고 있는 국가의 경우에는 유동외채의 30%, 외국인 증권투자자금의 15%, 통화량 M2의 5%, 수출금액의 5% 등 4가지 변수를 조합하여 적정규모를 산출하고 그것의 1~1.5배 수준을 적정한 것으로 평가하였다.

넷째, BIS(2004)는 외환지급 수요의 범위를 가장 확대하여 적정규모를 추정하였다. 즉, 유동외채, 외국인 주식투자잔액의 1/3, 3~6개월 간의 경상수입금액, 거주자외화예금잔액, 국내 보증 현지금융중 고유동성자산을 제외한 금액 등을 고려하였다. 지금까지 열거한 네가지 방법을 적용하여 산출된 우리나라 외환보유액의 적정규모는 2천억달러를 밑돌기도 하고 8천억달러를 초과하기도 한다. IMF(1953), 그린스펀-기도티(1999), 위진홀스-캡티윤(2001), IMF(2015), BIS(2004) 순으로 많아진다.

학계 및 언론 등에서는 대체로 IMF(2015) 기준을 선호하는 경향이 있다. 우리나라 실제 외환보유액은 2000년 이후 줄곧 IMF가 제시한 적정외환보유액 규모의 범위를 유지해 오다가 2020년 코로나 팬데믹 발생 이후에는 그 범위를 밑돌고 있다.

일부에서는 외환보유액 규모를 GDP와 비교하여 많고 적음을 판단하여야 한다고 주장한다. 2022년말 기준 우리나라의 외환보유액 4,232억달러는 명목 GDP 1.67조달러 대비 25% 수준이다. 우리가 외환위기를 겪었던 1997년 당시 외환위기를 겪지 않은 대만의 경우 외환보유액이 GDP의 80% 수준이었던 점을 들어 동 비율이 더 높여야 한다고 주장하기도 한다. 또한 싱가포르 통화당국MAS: Monetary Authority of Singapore은 적정 외환보유액 규모를 GDP의 65% 수준으로 보고 이를 유지하고자 한다. 2019년 5월 싱가포르 통화청은 동 기준에 의거 외환보유액의 적정규모를 초과하는 450억 싱가포르달러 상당을 정부로 이관한 바도 있다. 이 기준으로 볼 때 우리나라의 적정규모는 1조달러를 상회한다. 외환보유액을 더 많이 축적해야 한다고 주장하는 측은 우리나라 GDP의 절반도 안 되는 스위스, 홍콩, 대만, 사우디아라비아 등의 외환보유액이 우리나라보다 더 많다는 점을 주장의 근거로 들기도 한다.

우리나라 외환보유액의 GDP규모 대비 비율이 대만, 싱가포르보다 높지않다는 점을 들어 외환보유액 확충을 주장하기도 한다

외환보유액 변화 속도에 대한 인식

글로벌 금융위기를 촉발시킨 리먼 브라더스 파산 전인 2007년말 당시 우리나라 외환보유액은 2,622억달러였으나 금융위기가 정점으로 치닫으면서 2008년 11월말까지 600억달러 이상 감소했다. 여전히 2,000억달러를 상회하기는 했지만 그 빠른 감소 속도에 환율 등 시장 변수는 민감하게 반응하였다. 이런 상황에서 한달 뒤 미국과의 통화스왑이 체결되었다.

다시 10여년이 지난 2020년 3월에 미국과의 통화스왑 체결이 재연되었다. 10여년 전과 유사한 상황이 나타났다. 2020년 1월말 4,400억 달러를 상회하던 외환보유액이 두달만에 400억달러 이상 감소했다.

여전히 4,000억달러를 상회했지만 글로벌 금융위기 당시와 마찬가지로 외환보유액의 감소 속도를 시장참가자들은 우려했다. 두 경우 모두 외환보유액이 적지 않은 수준을 유지하고 있었지만 그 절대크기는 큰 의미가 없었다. 외환보유액이 감소하는 속도가 빨라지면서 결국 투기자들의 타겟에서 벗어나지 못하였다. 외환당국이 외환보유액을 사용하는 데 신중해야 하는 이유이다.

외환보유액 규모가 적지 않다고 판단되면 절대크기보다는 위기시의 감소속도가 더 중요하다

세계적 싱크탱크인 OMFIF(Official Monetary and Finacial Institutions Forum)가 75개 주요국 중앙은행들을 대상으로 실시한 2023년 연례 서베이결과에 따르면 응답자의 56%는 2022년도와 동일한 금융시장 변동성이 재연될 경우 최대 사용 가능한 외환보유액 규모는 전체의 10% 이하라고 응답하여 외환보유액의 축소에 대해 보수적이고 소극적인 입장을 보였다.[22] 외환보유액이 큰 폭으로 감소할 경우 국가신용도 평가에 부정적 결과로 이어지고 금융시장의 변동성이 확대된다는 경험에 따른 것으로 판단된다. 외환보유액의 크기나 그 역할 등은 각국의 금융시장이 얼마나 탄력적으로 가격 충격을 흡수할 수 있는가에 따라 평가된다. 금융시장이 발달된 선진국일수록 외환보유액에 의존하기보다는 가격변수의 탄력성, 시장의 복원력 등에 의존하므로 상대적으로 외환보유액의 중요성이 부각되지 않는다. 그럼에도 불구하고 외환시장의 유연성flexibility이 높은 선진국들도 일정 규모의 외환보유액을 비축하고 관리하고 있는 것은 상황에 따라서는 신속한 위기대응 수단으로서의 외환보유액의 필요성을 어느 정도 인정하고 있기 때문이라 할 것이다.

---

22) OMFIF(2023)

제7장 우리나라의 외환보유액과 환율제도

1960년대까지의 외환보유액과 환율제도

1950년 한국은행은 설립과 더불어 우리나라의 대외결제준비금을 관리하는 기능을 수행하면서 유일한 외국환은행으로서 일반 외국환 업무도 담당하였다. 거주자가 취득한 모든 외환은 한국은행에 예치하도록 하였고 외환의 처분은 주로 정부에 의해서 이루어졌으며 민간이 사용하려면 한국은행의 엄격한 통제 하에서만 가능하였다.

당시 한국은행이 보유하고 있던 대외지급 준비 외화자산, 즉, 지금의 외환보유액은 정부와 민간의 외환계정, 유엔군으로부터 매입, 한일 청산계정 자금 등으로부터 확보된 것이었으며 당시 우리나라 전체적으로 대외적으로 지급할 수 있는 외환의 규모는 1~2억달러 수준인 것으로 추정된다. 한국은행은 이들 대부분을 해외금융기관에 예치하고 일부는 미국 국채로 보유하였으며 일반 외국환업무를 통해 매입한 외국통화 등도 보유하고 있었다.

1961년 12월 외국환관리법이 최초로 제정되면서 종전의 외환제도를 규율하던 군정법령, 한국은행법, 재무부령 등 복잡한 법규들이 흡수

1961년 외국환관리법
제정으로 외환정책
기능이 한국은행에서
정부로 넘어갔다

통합되면서 일원화된 체계가 구축되었다.

이에 따라 그동안 한국은행이 수행해 오던 외환정책기능이 정부로 이관되었다.

1950년 제정된 한국은행법 목적 조항에 한국은행이 정상적인 국제무역 및 외환거래의 달성을 위하여 국가의 대외결제 준비자금을 관리하도록 되어 있었으나 1962년 한국은행법이 개정되면서 설립목적에서 제외되었다.

1960년대 후반 경제성장과 더불어 대외거래규모가 급격히 확대되면서 1967년 외국환 전담은행으로서 한국외환은행이 설립되었다. 한국은행은 한국외환은행에 외화자산 및 부채를 인계하고 앞으로 한국은행에 집중되는 외환이 그대로 한국외환은행으로 예탁되도록 하는 자동집중예탁제도를 시행하였다. 한국은행의 직접운용에서 한국외환은행을 통한 일종의 간접운용으로 전환한 것이다. 그러나 이러한 자동집중예탁제도는 얼마 되지 않아 1975년에 폐지된다. 한국은행이 IMF 등 국제금융기구와의 자금거래가 빈번해지고 뉴욕연준, 서독연방은행 등과의 환거래계약 등을 통해 불가피하게 직접 운용하여야 하는 자금이 증가하였기 때문이다.

이 시기에 우리나라의 환율제도는 고정환율제도였다. 이는 1964년 5월까지 이어졌다. 해방후 공정환율official exchange rate을 제정하여 미 군정당국이 원조 및 대 민간채무 변제에 적용할 목적으로 처음 결정하여 고시하였고 정부 수립 후에는 환율을 450원(圓)으로 책정하여 미국으로부터의 원조액에 적용하였다.

한편, 민간의 대외거래가 인정되지 않은 상황이었지만 일반거래에서는 별도의 환율이 형성되고 있어 실질적으로는 복수의 환율이 존재하였다. 이에 정부는 정부의 외환거래에 대해서는 공정환율을, 기타 외환거래에 대해서는 일반환율을 적용하는 복수환율제도를 채택하기도 하였다. 이후 한국전쟁 발발 직전에는 경매에 의해 환율이 결정되도록 하고 이를 단일 고정환율로 채택하였다.

한국전쟁 발발로 전시체제 하에서 환율은 공정환율체제로 복귀하였다. 그리고 공정환율은 1951년까지 6,000원(圓)까지 인상되었다. 1953년 100:1 비율의 통화개혁에 따라 원(圓)이 환(圜)으로 변경되고 1962년 10:1비율의 통화개혁이 된 다음에는 한자표기가 없는 우리말 원으로 변경되었으며 1964년 5월까지 공정환율 중심의 고정환율제도가 유지되었다. 다만, 환율의 실세 조정을 위해서 수차례 평가절하가 단행되었다.

해방 이후 고정환율제도 하에서 원화는 미달러화에 대해 수차례 평가절하가 이루어졌다

1970년대의 외환보유액과 환율제도

1970년대는 두 차례의 석유파동에 의해 점철된 시대였다. 1973년 10월 이스라엘과 아랍국가간에 중동전쟁이 발발하였다. 1948년 소위 이스라엘 독립전쟁으로부터 이어져 온 전쟁이지만 이 시기를 따로 4차 중동전쟁으로 부른다. 전쟁을 치르면서 석유수출국기구OPEC 회원국들이 이스라엘을 지지하는 미국 등 서방국들을 제재하고자 석유가격을 빠르게 인상하였는데 이것이 바로 제1차 석유파동이다. 이로 인해 세계경제 불황 및 국제통화 불안이 촉발되면서 우리나라의 국제수지 사정이 급격히 악화되었다. 대외지급 준비 외환을 안정적으로 확보하는 문제가 절실해짐에 따라 우리 정부는 1974년부터 IMF로부터 골드 트란셰_{gold tranche} 2천만 SDR과 함께 크레딧 트란셰, 보상금융,

1970년대에는 석유파동으로 인해 국제수지 및 대외 준비금 관리가 경제정책의 핵심 과제였다

오일 퍼실리티 등 총 3억 4천200만 SDR 상당을 차입하게 된다. 간단히 용어를 설명하자면 골드 트란셰는 회원국 지분_{quota}의 25%에 해당하는 금_{gold} 불입분에 대해 아무런 조건없이 자동인출이 가능한 것이고 크레딧 트란셰는 회원국에게 단기적인 국제수지 문제 발생 시 쿼타의 600%까지 신용을 인출할 수 있는 제도이다. 보상금융은 수출대금의 일시적 부족, 수입비용 상승, 국제금리 상승 등과 같이 통제불가능한 상황으로 인해 국제수지 조정이 필요한 경우 지원되며 오일퍼실리티는 유가상승에 따른 수입국의 국제수지 적자 보전을 위해 1974년 신설된 특별신용제도이다. 그리고 1975년에는 국제 은행차관단과 2억달러의 뱅크론 차입계약을 체결하고 이를 3차에 걸쳐 인출했다.

이와 함께 한국은행은 그동안 외은지점에 원화자금을 공급하기 위해 제한적으로 실시하던 외환스왑거래를 한도 및 수익률을 탄력적으로 조정하면서 원활한 외자조달 수단으로 적극 활용하였다. 외국은행이 본국에서 들여온 외환을 한국은행이 현물로 직접매입하고 동시에 반대방향의 선물환거래를 실시하는 것이다. 당시 원화 시장금리가 형성되어 있지 않았

국제수지 악화여건 하에서 대외준비금 확보를 위해 IMF융자 제도를 이용하고 국내진출 해외금융 기관과 외환거래를 실시하였다

기 때문에 정책적으로 외국은행에 다소 유리한 스왑레이트를 적용함으로써 외자도입의 유인을 제공하였다.

한국은행은 개별적으로 외국은행 지점들과 외환스왑거래를 실시함으로써 원화를 공급하고 외환보유액 확충 수단으로 활용하였다

1976년 이후 우리나라의 국제수지는 지속적인 수출 증대와 대외차입 증가 등으로 대폭 호전되었다. 이에 따라 대외지급준비자산 규모도 크게 증대되었으며 한국은행과 정부는 이를 효율적으로 활용한다는 취지로 1977년부터 국내 외국환은행에 대한 외화자금 특별예탁제도를 실시하고 국내 외국환은행이 기존의 수출환어음 담보대출을 확대하도록 하여 선적후 금융지원을 원활하게 하였다.

1978년 10월 이란에서 혁명으로 권력을 잡은 호메이니가 팔레비전 국왕의 망명을 도운 서방측 국가들에 맞서서 석유수출을 중단한다고 발표하였는데 이것이 바로 제2차 석유파동이다. 이로 인해 우리나라의 국제수지는 다시 큰 폭의 적자를 나타내었다. 1976년 이후 증가세를 보이던 외환보유액은 정체되었다. 이러한 상황변화에 대처하여 한국은행은 특별예탁제도 및 수출환어음 담보대출제도 등을 극히 제한적으로 운용하는 한편, 언제든지 안정적으로 현금화가 가능하도록 보수적으로 외화자산을 운용하였다.

이 시기의 우리나라의 환율제도는 단일변동환율제도였다. 1964년 5월부터 1980년 2월까지 실시하였다. 변동환율제도라는 명칭은 외환증서제도를 도입함으로써 한국은행에 외환을 집중할 때 외환증서를 발급받아 이를 유통할 수 있게 함으로써 외환증서의 수급이 환율에 반영될 수 있다는 점에서 이전의 고정환율제와 차별화하기 위해 사용된 것으로 보인다. 1965년 3월 IMF로부터 외환시장 조작을 위한 안정기

금을 확보한 것을 계기로 외환증서의 매매시장이 형성되었고 한국은행은 매일 외환증서 시장률의 상하 2% 범위 내에서 환율을 결정하고 외환증서의 수급불균형이 발생할 경우 시장조작을 실시하였다.

겉보기에는 외환시장의 모양새를 갖춘 듯 보이지만 당시 수입쿼터제를 실시하고 있었기 때문에 시장기반이 취약하여 환율은 사실상 환율 하한인 255원에 고정되어 있었다. 제도상으로는 원화의 대미달러 환율을 하나의 숫자로 오랫동안 고정시키지 않고 시장 수급에 연동시켰다는 형식적 의미가 있기는 하지만 여전히 외환당국의 강력한 통제하에 있는 환율제도라는 점에서 변동환율이라는 용어가 다소 과하게 다가온다.

1960년대 중반부터 시장수급을 일부 반영하여 환율을 결정한다는 점을 부각하여 단일변동환율제라는 명칭을 사용했다

1980년대의 외환보유액과 환율제도

1986년 이후 이른바 3저 현상이 나타나면서 대외경제여건이 호전되었다. 미달러화 약세, 유가 하락 그리고 국제금리의 하락 등이다.

미국은 플라자 합의를 통해 독일마르크화와 일본엔화의 가치를 대폭 높이고 미달러화의 가치를 상대적으로 낮추는 데 성공했다. 그 결과 일본 제품은 가격경쟁력이 크게 떨어진 가운데 원화는 상대적으로 저평가되어 높은 가격 경쟁력을 바탕으로 수출이 증가하는 반사이익을 얻게 되었다. 유가가 크게 하락한 것은 세계 각국이 두차례의 석유파동을 겪은 이후 원유 개발 사업에 적극적으로 뛰어든 데다 중동 산유국들

*1980년대에는
석유파동이 끝나고
3저현상이 나타나면서
우리나라 국제수지가
흑자로 전환하고 외환
보유액이 증가하기
시작되었다*

이 시장 주도권 유지를 위해 생산량을 대폭 늘린 데 따른 것이다. 이는 원자재 수입 비용 경감 및 제품의 가격 경쟁력 제고에 일조하게 되었다. 저금리는 석유파동의 여파가 잦아들면서 미국 등이 경기부양에 나섬에 따라 정책금리를 인하하면서 국제금리가 하락하게 된 결과이고 이에 따라 우리나라의 외채 이자부담이 경감되면서 경제가 활성화되었다.

우리나라 국제수지는 큰 폭의 흑자로 전환되었고 외환보유액도 빠르게 증가하였다. 이때 국제수지 흑자 재원을 효율적으로 활용하고 외환보유액을 적정하게 관리한다는 명목으로 금융기관에 대한 외화자금 예탁제도를 도입하였다. 1986년 국내 외국환은행의 단기 외화영업자금 지원을 위한 일반예탁제도가 도입되었고 1987년에는 외채 조기상환용 특별예탁과 시설재 수입선 전환용 특별예탁제도가 신설되었으며 1988년 4월에는 금융기관의 국제금융업무 수행능력을 제고한다는 명목으로 해외운용자금 지원용 특별예탁제도를 도입하였다. 이렇게 벌여놓은 예탁제도는 이후에 단기 외화영업자금 지원용 예탁, 외채 조기상환용 예탁, 시설재 수입선 전환용 예탁 등으로 정리되었다.

이 시기에 우리나라의 환율제도는 복수통화바스켓제도였다. 1980년 2월부터 1990년 2월까지 실시된 이 제도는 미달러화 등 주요 교역대상국 통화들을 바스켓화하여 원화환율과 연동시키는 것이다. 바스켓은 SDR바스켓과 독자바스켓 두가지이

*외환보유액 증가세가
두드러지자 이를
축적하지 않고
민간이 적극
활용하는 정책이
실시되었다*

다. 전자는 SDR의 대미달러화 환율이고 후자는 미국, 일본, 서독, 영국, 프랑스 등 우리나라 주요 교역상대국 통화의 대미달러환율을 교역비중으로 가중평균한 것이다. 이 두가지 바스켓에다가 정책적인 조정변수를 반영함으로써 한국은행 총재는 매일 집중기준율을 결정하여 고시하게 된다.

복수통화바스켓제도가 이전의 환율제도보다 진일보한 것으로 평가받는 이유는 이전보다 국제금융시장 상황 및 우리나라 교역상황과 함께 내외금리차, 물가상승률, 국제수지 및 외환수급 전망 등을 종합적으로 고려하여 환율을 결정한다는 점 때문이다. 외환당국도 한층 더 시장수급을 반영하는 환율제도로 나아가기 위한 전 단계 과정임을 고려하여 시장개입을 할 때에도 시장여건에 부합하고 시장원리에 맞도록 주의를 기울이게 되었다. 이와 더불어 외환보유액의 증감도 국제금융시장 상황과 세계경제여건을 반영하여 나타났다. 그럼에도 불구하고 1988년 10월 미 재무부는 우리나라를 환율조작국으로 지정하였고 외환당국도 원화가 강세가 되는 방향으로 환율이 형성되도록 용인하지 않을 수 없었다.

복수통화바스켓제도는 외환수급뿐만 아니라 국제금융시장 여건도 반영함으로써 한층 진일보한 제도로 평가된다

외환위기 이전까지의 1990년대 외환보유액과 환율제도

우리나라는 1990년 3월부터 시장평균환율제도를 도입하였다. 이는 1988년에 미국이 우리나라를 환율조작국으로 지정하는 등 통상마찰이

1988년 미국이 우리나라를 환율조작국으로 지정함으로써 1990년 시장평균환율제도가 도입되는 계기가 되었으며 마침내 기준환율이 외환시장에서 결정되게 되었다

야기된 것과 무관하지 않다. 환율의 시장 기능을 획기적으로 제고하고자 익일의 기준환율을 금일 외국환중개회사를 통해 외국환은행간에 거래된 실제 환율을 거래량으로 가중평균하여 정하게 되었다. 복수통화바스켓제도 하에서는 외환당국이 일방적으로 기준환율을 정해서 고시하였으나 시장평균환율제도 하에서는 실제 거래 실적을 바탕으로 산출하여 기준환율을 정하였다. 덕분에 1991년 환율조작국 지정에서 벗어날 수 있었다. 기준환율은 제도 초기에는 매매기준율이라 이름 붙여지고 이를 중심으로 환율변동제한폭이 주어졌다.[23]

한편, 1990년 12월 금융기관의 국제화를 지원한다는 명목으로 국내 금융기관에 대한 외화자금예탁을 해외점포까지 확대한 데 이어 1993년 7월에는 종합금융사에도 동 예탁을 실시하였고 이는 경상수지 적자폭이 확대된 1995년까지 이어졌다. 1992년부터는 외국인의 국내주식투자를 허용하고 경상거래 규제를 종전의 원칙규제-예외허용 체계positive list system에서 원칙자유-예외규제 체계negative list system로 지향해 나가기로 하고 이에 맞추어 일부 내용을 개편하기도 하였다. 아

1990년대 OECD가입을 목표로 외환 및 자본 자유화 계획이 적극 추진되었다

---

23) 기준환율±0.4%(90.3) → ±0.6%(91.9) → ±0.8%(92.7) → ±1.0%(93.10) → ±1.5%(94.11) → ±2.25%(95.12) → ±10.0%(97.11) → 폐지(97.12.16)

울러 1994년에는 OECD 가입을 목표로 1999년까지 3단계의 외환제도 개혁 계획을 발표하였으며 마침내 1996년 OECD 가입에 성공하게 되었다.

그러나 소위 3저 호황기가 끝난 1990년이후 우리나라 무역수지는 적자로 전환되어 그 규모가 1996년에는 GDP의 5%에 달하였다. 수출증대를 위해 원화 평가절하를 도모할 필요도 있었으나 환율조작국 경험으로 인해 적극 임하기도 쉽지 않았다. 게다가 당시에는 환율상승이 경상수지 개선에 기여하기보다는 과도한 해외부채를 안고 있던 기업들의 이자부담만 더 크게 한다는 판단이 우세했었던 데다 정치적으로 1인당 국민소득을 수년내 2만달러로 올리기 위해서는 평가절하가 바람직하지 않다는 일각의 주장도 힘을 얻었던 것으로 보인다.

1997년 외환위기의 발생과 위기 대응

경상수지 적자 누적에다 동남아 외환위기 전이로 외자조달능력이 약화되면서 원화가 약세를 보였다

1996년 경상수지 적자는 237억달러로 연초 예상을 약 4배나 뛰어넘는 것이었다. 이는 자본재와 수출용 원자재 수입이 증가한 데다 수출주력품들 가격은 하락한 반면 수입품 가격은 그대로 유지되면서 교역조건이 크게 악화된 데 기인하였다. 큰 폭의 경상수지 적자와 함께 국제금융시장에서 우리나라 금융기관의 단기차입금리가 상승하였다. 동남아시아에서는 환투기 공격이 가세하면서 태국 바트화를 시작으로 필리핀페소화, 인도네시아루피아화, 말레이시아링기트화 등

초기에는 우리나라 경제펀더멘털이 동남아와는 차별화 된다는 인식에 따라 원화약세심리를 억제하는 데 노력했다

이 큰 폭으로 절하되었다. 이에 우리나라 원화도 상당한 약세 압력을 받았으나 초기에는 우리나라의 경제펀더멘털은 동남아 국가와는 다르다는 인식에 지나치게 몰두한 나머지 외환당국은 원화 약세를 충분히 용인하기보다는 시장개입을 통해 약세 심리 확산을 억제하는 데 주력했다. 특히 1997년 2월부터 11월의 기간중 현물환개입과 함께 종종 선물환 개입도 병행 실시된 것으로 알려져 있다.

국내적으로는 1997년 들어 매출 부진과 수익성 악화로 한보, 삼미, 진로, 기아그룹 등 굴지의 대기업들의 부도가 잇따라 발생하였다. 우리나라 총 부도업체 수가 1997년 10월 1천 400개를 상회하며 1년사이에 50%나 늘어났다. 이에 따라 일반은행의 부실여신이 22조원에 육박하며 1년사이 2배 가까이 증가하고 종합금융회사의 부실여신만 약 4조원으로 그사이 3배나 늘어났다. 기업들이 신규로 금융기관에서 자금을 차입하기 어려웠을 뿐만 아니라 주식 및 회사채 등의 발행시장도 크게 침체되었다.

기아그룹 사태에 대한 처리가 지연되면서 기업과 금융기관의 재무건전성 악화에 대한 우려가 본격화되고 한국경제의 채무상환능력 전반에 대한 해외투자자의 우려가 크게 확산되었다. 국내은행의 단기외화차입금의 차환비율이 크게 하락하고 외국

국내적으로 기업들의 매출부진과 수익성 악화로 기업부도가 급증하고 이는 금융기관의 부실여신 증가로 이어졌다

인들의 국내 주식투자자금 환수가 증가하면서 외환수급 불균형이 심화되었고 그만큼 더 원화 약세는 심해졌다. 외환당국은 이에 대해 다소 늦은감이 있지만 외환시장 개입 이외에도 외자유입 촉진 대책도 함께 추진하였다. 외국인의 국내 주식투자한도 확대, 금융기관 대외채무에 대한 정부보증, 금융기관에 대해 단기 외화유동성 지원 등의 계획이다. 아울러 경영에 어려움을 겪고 있던 제일은행과 16개 종합금융회사에 대해 각각 1조원 한도의 특별대출을 실시하였다. 그러나 눈에 띄는 성과의 부재로 원화 약세 압력은 점증하고 외환보유액의 감소 속도가 급격히 빨라지면서 1997년 10월 국제신용평가회사들이 우리나라 국가신용등급을 하향 조정하기에 이르렀다. 한국경제에 대한 대외신뢰도는 크게 저하되고 외환위기는 더욱 현실화되고 있었다.

정부는 채권시장 개방 및 현금차관 도입 확대 등 금융시장 안정대책과 후속조치를 각각 발표했으나 이미 때늦은 감이 컸고 외환수급 불균형을 완화시키는 데는 크게 역부족이었다. 11월 17일부터는 11월 20일까지 연 4일간 외환시장 개장과 동시에 환율이 일일변동 상한까지 상승하여 거래가 중단되었다. 특히 11월 20일에는 환율변동폭을 기존의 2.25%에서 10%로 크게 확대하였음에도 이를 무색하게 개장과 동시에 상한가까지 올라 시장기능은 작동하지 않았다. 수입결제 등 실수요에 대한 외환의 공급이 불가피한 상황에서 외환보유액은 더욱 소진되어 갔고 궁극적으로 외환결제 불능이 우려되는 위기 상황을 맞게 되었다.

급기야 우리나라 국가신용등급의 하향조정으로 대외신뢰도가 크게 저하되면서 IMF자금 요청이 불가피하였다

마침내 11월 21일 정부는 IMF에 자금지원을 요청하고 12월 3일 210억달러 상당의 대기성 차관협정을 체결했다. IMF와의 협정체결과 함께 국제부흥개발은행IBRD이 100억 달러, 아시아개발은행ADB이 40억 달러를 지원하기로 했다. 추후에는 제2선 지원자금으로 미국, 일본 등으로부터 차관 도입 등을 통해 233억 5천만 달러를 지원받기로 하였다.

그러나 11월 21일 IMF 자금지원을 요청했다는 뉴스에도 불구하고 12월 24일 IMF가 실제로 조기에 자금 지원을 집행한다는 뉴스가 나오기 전까지 금융 및 외환시장의 불안은 지속되었다. 12월 들어 국제신용평가회사들이 우리나라 국가신용등급과 국내 주요 은행 신용등급을 투자부적격 대상으로 하향 조정함에 따라 국내은행의 단기외채 차환비율이 급격히 낮아졌다. 대외지급불능 사태를 방지하기 위한 외화자금 지원이 불가피했고 환율상승 압력은 지속된 가운데 외환보유액은 12월 18일 39억달러까지 줄어들었다. 12월중에 아예 환율변동허용폭을 폐지함으로써 명실공히 자유변동환율제도로 이행하게 되었다. 환율은 급등세를 지속하여 12월 24일 기준환율이 1,965원으로 고시되었다.

외환위기의 와중에 12월 31일 공표된 개정 한국은행법에는 종전의 목표 조항내 포함되어 있던 통화가치의 안정이 삭제되었다. 외환위기로 통화가치 안정 목표가 무색해짐에 따라 대신 물가안정 단일 목표로 바뀌었다.

IMF자금이 집행된 1997년 12월 24일까지 시장혼란이 지속되어 당일 기준환율이 1,965원으로 사상 최고치를 기록했다

정부와 한국은행은 외환위기 극복을 위하여 IMF와 금융긴축을 강화하기로 합의하였다. 이는 금융시장에서 시장금리의 가파른 상승을 불러왔다. 1997년 12월 하순 회사채 유통수익률은 30% 수준에 달하고, 기업어음 금리는 40%를 상회하였다. 국내로부터의 자본유출을 최대한 억제하면서 외화유동성을 확보하고 환율을 안정시켜 나가기 위하여 불가피하게 행해진 이러한 고금리 정책의 영향으로 실물경제는 크게 위축되었다.

1998년들어 단기외채 만기연장 등이 성공하고 강도 높은 구조조정과 함께 환율이 안정되고 외환보유액이 빠른 증가세로 전환되었다

한편, 외환위기 극복을 위한 여건을 마련하는 데 중요한 계기가 되었던 것은 약 270억달러 상당의 금융기관 단기외채가 중장기 채무로 전환되는 데 필요한 정부 지급보증안을 국회가 동의해 준 것이었다. 이를 기반으로 국제채권은행들과 금융기관 단기외채 만기연장 협상이 가능했다. 또한 정부는 국회 동의 하에 외화표시 외국환평형기금 채권을 발행하여 국내 거주자 및 해외동포 등 비거주자를 대상으로 판매하였다. 정부는 금융기관 구조조정과 함께 대기업의 경영투명성 제고 등 강도 높은 구조조정을 추진했으며 한국은행은 이를 지원하기 위해 대규모 유동성을 공급했다. 외환시장은 1998년 2분기 이후부터 점차 안정을 되찾기 시작했다. 이에 따라 IMF와의 협의 하에 1분기까지 연 20%가 넘던 콜금리는 점차 정상화되어 연말에는 6%대로, 1999년 4월에는 4%대로 낮아졌다.

1997년 12월에 시작된 IMF 지원자금을 2001년 8월 모두 상환하고 외환보유액이 1천억달러를 넘어섰다

이에 힘입어 경제성장률이 1998년 마이너스 5%에서 1999년 이후 10% 내외의 높은 성장세로 전환할 수 있었다. 경상수지도 1998년부터 안정적인 흑자기조로 돌아서게 되고 외국인 직접 및 간접투자자금 유입도 지속됨에 따라 대외지급능력이 크게 개선되었다. 외환보유액도 빠르게 증가하여 1997년말 89억달러에서 1999년 말에는 741억달러로 증가했다. 한국은행에 대한 1999년도 국정감사에서 일부 국회의원들이 당시 외환보유액 수준이 과다하며 다다익선이 아니라 적정수준을 보유해야한다는 주장까지 나왔다. 당시 정부도 외환보유액 운용을 위한 해외투자펀드 설립 및 운용전담기관 설립을 추진하려는 움직임을 보이기도 하였다.[24]

외환보유액 증가에 힘입어 IMF 차입금을 당초 계획보다 약 3년 정도 앞당겨 2001년 8월 23일 모두 상환하게 되었고 그해 외환보유액도 1천억달러를 상회하게 되었다.

2000년대의 외환보유액

외환보유액의 증가세가 이어지면서 2001년 9월에 마침내 1천억달러를 넘어섰다. 경상수지가 흑자를 지속하고 외국인 직간접투자자금 유입이 이어지면서 외환수급사정이 크게 호전된 결과이다. 그 덕분에 외환위기 전후 국내 금융기관에 예탁한 외화자금도 대부분 회수되었다.

2000년대 들어서 외환보유액이 가파른 증가세를 보임에 따라 국부펀드가 설립되고 국민연금 통화스왑 등이 모색되었다

이러한 분위기 속에 한국은행은 2000년 외화자산 운용을 전담하는 국 조직을 별도로 신설하였고 정부는 외환보유액의 수익성을 높이기

---

24) 제15장 우리나라의 국부펀드 참조

위해 싱가포르 투자공사_{GIC}처럼 외환보유액을 이용해 해외투자를 전담하는 기구를 발족시킬 계획임을 공식화했다. 외환보유액은 1천억달러를 넘은지 3년반 만인 2005년 2월에 2천억달러를 상회하게 되었고 그해 한국투자공사_{Korea Investment Corporation}가 설립되었다.

외환보유액의 빠른 증가세에 대한 대외적인 부담을 완화하기 위하여 외환보유액의 다양한 활용방안에 대한 논의가 이루어졌다. 이에 2005년 한국은행은 국민연금과 통화스왑거래를 실시하였다. 외환보유액 일부를 일정기간 빌려주는 형태로서 2년여에 걸쳐 177억달러의 상당을 공급함으로써 동 기간동안에는 그만큼 외환보유액이 줄어드는 효과를 보았다. 또한 국내 외국환은행에도 통화스왑거래의 형태를 빌어 17억달러 상당의 외화자금을 빌려줌으로써 기업체에 대한 외화대출자금으로 활용하도록 하였다.

2000년대 중반 외환보유액 운용에 있어서 심각한 고려 요인중 하나는 한국은행의 수지 문제였다. 한국은행은 2004년부터 2007년까지 연속 4 회계연도 기간중 적자를 기록하였다. 한국은행은 1993년과 1994년에도 적자를 기록한 적이 있었다. 이러한 적자의 원인은 기본적으로 외화자산 운용수익에 비해 통화안정증권 지급이자가 더 컸기 때문이고 원화가 강세를 보인 데 따른 것이다.

외화자산 운용수익률이 통화안정증권 금리를 하회함으로써 2004년부터 4년간 한국은행 수지가 적자를 기록하였다

2000년대 중반이후 우리나라 외환시장에서의 두드러진 특징은 원화 강세 분위기 속에 선물환시장에서 공급우위의 수급불균형이 심화된 것이었다. 국내 조선 및 중공업체의 수출이 크게 호조를 보인 데다 해외증권투자도 큰 폭으로 증가하면서 환헤지 목적의 선물환 매도거래가 크게 증가하게 되었다. 이로 인한 스왑시장의 수급 불균형은 단기외화자금을 급격히 유입시키는 요인으로 작용하였고 자연스럽게 단기 외채가 급증하는 결과로 이어졌다. 이 시기에는 선물환공급이 많았던 만큼 외환

조선 중공업체 호황에다 원화강세 기대심리가 더해져 선물환 공급이 급증하고 환율하락을 저지하는 과정에서 단기차입이 급증하는 결과를 초래했다

수급상 환율은 하락압력이 높았다. 환율의 하락은 기업체 등의 선물환공급, 은행의 단기차입과 현물환매도의 경로를 통해 이루어졌다. 기대심리의 형성으로 인해 원화강세 압력은 실제 수급상황보다 심해졌다. 외환당국의 시장개입이 이루어졌으나 원화강세가 일시 저지될수록 더 많은 선물환공급을 야기하였다. 공급 우위의 선물환시장의 수급 불균형은 환율의 하락을 초래하면서 외환스왑시장의 불균형을 야기하고 이로 인해 재정차익을 노리는 단기외화차입이 증가하게 되는 모습이 나타났다. 단기외화차입 증가로 외채관련 지표가 악화되는 모습을 보임에 따라 외환당국은 외환스왑시장을 통해 외화자금을 공급함으로써 시장을 안정시키는 방안을 선택하였다. 외환스왑시장에 대한 개입은 현물환시장만을 통해서만 고집해오던 그동안의 외환당국의 관행에서 한 단계 진일보한 형태인 것은 분명했다.

2008년 글로벌 금융위기의 발생과 위기 대응

전 세계적인 IT버블 붕괴로 인한 경기침체 가능성에 대응하여 미

연준은 정책금리를 2000년 8월 6.5%에서 지속적으로 인하하여 2003년말 1% 수준으로 유지하였다. 미국내에서는 저금리 지속의 여파로 방만한 대출이 이루어짐에 따라 가계와 기업의 부채가 증가하게 되었고 신용도가 낮은 고객으로 모기지 대출이 확대되면서 서브프라임 모기지시장이 부실화되었다.

우리나라 단기외채가 증가하고 경상수지가 적자를 보이는 상황에서 국제금융시장의 유동성 경색은 곧바로 대외건전성에 직접적으로 타격을 입혔다

국제금융시장에서는 증권화 및 파생금융상품의 발달로 과도한 레버리지가 가능하게 되었고 이를 토대로 자산버블이 형성되었으나 감독과 규제체계가 제대로 역할하기에는 역부족이었다.

2004년 들어 미 연준은 저금리 정책을 종료하고 2006년 6월 정책금리를 5.25%까지 인상하였다. 미국 부동산 버블이 꺼지면서 서브프라임 모기지론 금리가 급등하고 저소득층 대출자들의 원리금 상환이 어려워졌다. 증권화되어 거래되던 서브프라임 모기지론을 구매한 금융기관들은 대출금 회수불능사태에 빠져 손실이 발생했고, 그 과정에 여러 기업들이 부실화되었다. 결국 미국의 대형 금융사, 증권회사의 파산이 이어지면서 세계적인 신용경색과 함께 실물경제의 침체가 야기됨으로써 글로벌 금융위기를 맞이하게 되었다. 이에 영향을 받으며 우리나라도 경상수지 적자 및 외국인 주식투자자금 유출이 지속되는 상황이 이어졌다. 마침내 2008년 9월 리먼브라더스 증권의 파산으로 글로벌 신용경색이 심화됨에 따라 국내 외환시장 및 외화자금시장이 크게 불안해졌다. 우리나라의 대외지급능력에 대한 우려가 국내외 언론 등을 통해 제기되면서 환율은 큰 폭으로 상승하고 외환스왑시장에서는 외화자금부족이 심화된 것이다.

외환당국은 환율안정을 위한 외환시장 개입을 지속하는 한편, 2008년 4분기중에는 외환보유액을 활용한 경쟁입찰방식 스왑거래를 시작하고 수출입금융지원 등 외화유동성 공급조치도 병행하였다. 그 결과 외환보유액은 8개월간 637억달러가 소진되게 되면서 11월말 2천 억달러를 하회할 가능성이 제기되었다. 예상보다 빠른 외환보유액의 소진은 금융 및 외환시장에 불안요인을 가중시키는 결과를 가져왔다.

이때 한국은행과 미 연준간의 통화스왑계약 체결 소식은 시장의 환호를 불러오기에 충분한 타이밍이었다. 한국은행은 동 자금을 활용하여 경쟁입찰방식으로 외화대출을 실시하였다.[25] 이후 시장은 빠르게 안정을 회복하였고 글로벌 금융위기상황도 수습되었다. 2009년에는 경상수지가 큰 폭 흑자로 전환되었고, 외국인 증권투자자금 유입 및 국내 금융기관의 외화조달 재개 등이 이루어졌다. 그동안 국내 금융기관에 공급하였던 외화유동성 자금도 대부분 회수할 수 있었다.

결국 미 연준이 주요국과의 통화스왑 등을 통해 미달러화 유동성을 공급하면서 글로벌 금융위기가 해소되었다

2010년대 이후의 외환보유액

글로벌 금융위기 상황이었던 2008년 11월말 2천억달러 수준까지 감소하였던 외환보유액은 이후 증가세를 거듭하였다. 미 연준 통화스왑자금을 활용하여 공급한 자금도 2009년 12월 17일 전액 회수하였

---

25) 제21장 한국은행의 주요국과의 통화스왑계약 참조

다. 경상수지 흑자기조는 지속되었고 외화자산 운용수익도 안정적으로 확보되어 외환보유액은 2011년 4월말 3천억달러를 넘어섰고 7년여뒤 2018년 6월말 4천억달러를 넘겼다. 이 시기의 외환보유액과 관련한 중요한 변화는 외환정책 투명성 제고방안으로서 외환당국이 시장안정화조치 금액을 공개하기로 한 것이다. 외환당국이 기간중 현물환을 매입한 규모에서 매도한 규모를 차감하여 순매입규모를 공표하였다.

2020년 1분기중 본격적으로 코로나 바이러스가 창궐하면서 팬데믹 COVID-19 Pandemic이 시작되었다. 전 세계 주가가 급락하면서 우리나라 증권사들이 발행한 주식연계증권ELS: Equity Linked Securities에 대한 대규모 마진콜Margin Call이 발생하게 되었다. 그 여파는 외환시장으로 확산되었고 외화자금 수요가 급증함에 따라 스왑레이트가 큰 폭으로 하락하고 원화도 약세를 면치 못하였다. 외환당국은 2020년 1분기중 시장안정화 조치로서 59억달러 상당을 순매도하는 한편, 미 연준과 통화스왑계약을 체결하여 200억달러 상당의 외화자금을 경쟁입찰을 통해 은행에 공급하였다. 2020년 1분기중 외환보유액이 전분기 대비 86억달러 감소에 그쳤던 것은 미 연준과의 통화스왑계약으로 확보한 자금을 외환보유액 대신 활용한 영향이 크다. 국제금융시장이 빠른 회복세를 보이고 경상수지 흑자기조가 지속된 덕분에 2020년과 2021년에 외환보유액은 증가세를 보이면서 2021년 10월말에 4,692억달러로 정점에 달하였다. 그러나 2022년 들어 국제금융시장은 급격히 분위기가 전환되었다. 미국의 소비자물가지수가 2022년 6월 전년동기대비 9.1%까지 오르면서 미 연준은 한 해동안 정책금리를 총 7회에 걸쳐 425bp 인상하였다. 이에 따라 미달러화도 큰 폭의 강세를 보였다. 우리나라의 경상수지도 2020년 5월이후 23개월간 계속되던 흑자행진을 2022년 4월 멈추었다. 원화 약세 저지를 위한 대규모 외환시장 개입이 더해지면서 외환보유액은 400억달러나 감소하는 결과가 초래되었다. 글로벌 국제금융시장이 변동성이 크고 우리나라 경상수지 흑자기조 회복도 불확실한 상황임을 감안할 때 외환보유액이 이전과 같은 뚜렷이 증가하기는 어려워 보인다. 그런 만큼 외환보유액을 효율적으로 사용하고 운용하는 데 만전을 기해야 할 것이다.

미 연준은 코로나 팬데믹으로 인한 미달러화 유동성 경색에 발빠른 대응을 위해 통화스왑을 다시 실시하였다

<그림 7-1>

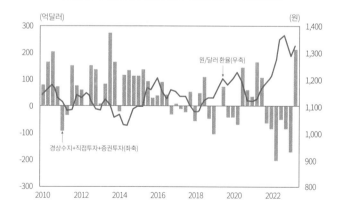

제3부
중앙은행의 외화자산 운용

제8장 외환보유액의 운용

외환보유액의 국내 운용과 국외 운용

일반적으로 자산운용asset management이란 자산가치를 보전하거나 증식시키기 위한 투자investment 행위로 본다. 그러나 외환보유액에 대해서는 운용의 의미를 보다 넓게 해석할 필요가 있다. 즉, 외환보유액을 운용한다는 것은 국제금융시장에서의 투자 행위인 국외운용과 국내시장을 통해 자산을 정책목적 달성을 위해 활용use하는 국내운용으로 구분할 수 있다.

국외운용은 외환보유액 명목으로 확보한 외환을 재원으로 그 가치보전 또는 부의 증식을 위하여 국제금융시장에서 외화표시 금융상품에 투자하는 것이다. 그런 의미에서 외환보유액 구성자산중 IMF포지션과 SDR은 국제금융시장에서 적극적인 투자의 결과로 획득한 상품이 아니므로 국외운용자산으로 보지 않는다.

국내운용은 국외운용중인 외화자산을 현금화하여 국내 경제주체들에게 외화유동성을 공급하는 것이다. 이는 외환

외환보유액 운용은 가치보전 또는 증식을 위한 투자와 정책목표 달성을 위한 자산활용을 모두 포괄하는 개념이다

및 금융정책 수단으로 외환보유액을 활용하는 것이다. 국내 외환 및 외화자금시장의 안정화 등을 위해 정책적으로 개입한다든지 국내은행의 세계화 및 수익성 제고를 위해 국내은행에 외화자금을 예탁한 것 등이 국내운용의 사례들이다. 국내운용의 주체는 외환정책 당국자인 정부와 한국은행이며 외국환거래법령 등에 의거 유기적인 연계를 통해 각자의 범위내에서 국외운용중인 외화자산을 국내 사용으로 전환하기 위한 의사결정의 권한과 책임을 지고 있다. 앞서 살펴본대로 기획재정부 장관이 외국환거래법에 따라 외환정책의 수립 및 운영, 외환시장의 안정 등에 대한 최종 권한 및 책임을 진다. 그리고 한국은행은 기획재정부로부터 위임 또는 위탁받은 외국환의 보유와 운용에 관한 업무를 수행하고 한국은행법 등에서 정한대로 정부의 외환정책 즉, 환율, 외화여수신, 외환포지션 등 정책과 관련하여 협의하는 기능도 한다.[26] 한국은행은 외화자산 국외운용과 국내운용 관련 업무를 수행을 위하여 내부에 각각의 규정을 마련해 놓고 있다.

한편, 한국은행은 외화자산의 국외운용을 전담하는 인력과 시스템을 갖춘 외자운용원이라는 내부 조직을 두고 있다. 2022년말 현재 한국은행이 보유하고 있는 외화자산의 대략 4분의 3을 내부 조직을 통해 직접운용하고 나머지 4분의 1을 외부 운용 기관에 위탁하여 운용중이다. 외부위탁 운용자산의 약 절반 정도는 한국투자공사에, 나머지는 해외유수 자산운용사 등에 위탁하고 있다. 외자운용원의 인원은 약 75명

한국은행의 외화자산 국외운용은 직접운용과 위탁운용으로 구분된다

---

26) <참고 3-3> 정부와 한국은행의 외환관련 업무 참조

내외로 front-middle-back office 등 기능별 3개부로 나누어져 있다. front office는 정부채, 회사채, 자산유동화채 등 상품별로 팀을 구분하여 직접운용을 위한 거래를 집행하고 있고 middle office는 기획총괄 및 리스크관리, 위탁운용 등을 담당한다. back office는 자금결제, 전산시스템지원 등으로 나누어져 있다. 뉴욕과 런던 현지 사무소에 운용데스크를 설치하고 본점과 연계하여 외화자산 운용업무를 담당하고 있다.[27]

정부는 외국환평형기금이 보유하고 있는 외화자산의 3분의 1 정도를 한국은행에 예치해 놓고 주로 국내 외환시장 안정조치를 위한 자금으로 활용하고 있으며 나머지는 한국투자공사에 위탁하여 운용하고 있다. 한국투자공사는 외환보유액 이외에도 정부 소유의 외화자산 일부를 위탁받아 대체자산 등과 같은 고위험-고수익자산으로도 운용중이다.[28]

외환보유액 운용목표

외환보유액은 한 나라의 최종적인 대외지급을 위한 준비자산이라는 기본개념에 부합되도록 대부분의 국가들이 그 운용목표를 안전성safety과 유동성liquidity 확보에 우선 순위를 두고 있다. 이에 더하여 장기적인 구매력 유지라는 관점에서 수익성profitability 제고 목표를 추가한 국가들도 다수 있다. 우리나라, 스위스, 러시아, 홍콩, 인도 등 외환보유

---

27) <참고 8-1> 한국은행 외자운용 조직의 변천 참조
28) 제15장 우리나라의 국부펀드 참조

액 규모가 상위권인 국가들을 비롯하여 싱가포르, 태국, 튀르키예, 폴란드, 영국, 이스라엘 등이 이에 해당된다. 즉, 신용도가 낮은 자산에 대한 투자를 일정 조건을 두어 제한함으로써 안전성을 확보하고 국제금융시장에서 즉시 현금화하는 데 지장이 없는 자산 중심으로 투자함으로써 유동성을 확보하는 한편, 국제금융시장 흐름의 변화에 대응한 효과적인 투자전략을 구사함으로써 수익성을 제고하는 것이다. 수익성은 대체로 외환보유액 규모가 큰 국가일수록 자산다변화를 통하여 추구하고자 한다. 외환보유액의 20% 상당을 주식으로 운용중인 스위스가 대표적인 예이다.

반면 외환보유액을 의도적으로 최소한의 수준으로만 유지하려는 국가들의 경우 외환보유액이 일정규모 이상으로 증가하면 이를 국부펀드로 이관시키기도 한다. 싱가포르의 중앙은행격인 통화청MAS: Monetary Authority of Singapore은 최소한의 외환보유액으로 안전성과 유동성 목표에 집중하고 외환보유액이 일정 규모 이상 축적되면 싱가포르 투자공사라는 국부펀드로 자산을 이관하고 있다.

외환보유액의 적정 수준에 대한 사회적, 경제적 공감대를 형성하기는 매우 어렵다. 특히 우리나라와 같이 외환위기를 겪어 본 나라는 그 트라우마로 인해 외환보유액은 과도하다 싶을 정도로 충분해야 한다는 인식까지 상존하고 있다. 그러나 외환보유액 규모

외환보유액의 운용
목표나 운용방법,
적정수준 등에 대한
공감대가 국가들
특성에 따라
다양하다

최근에는 지속가능성 추구가 새로운 목표로 부각되고 있다

가 증가할수록 수익성 제고에 대한 요구 또한 높아진다.

한편, 최근에는 중앙은행들의 외환보유액 운용목표로서 지속가능성_{sustainability}이 부각되면서 ESG 투자 또는 지속가능투자_{sustaitable investment}, 책임투자_{Responsible Investment} 등이 화두로 자리잡고 있다. ESG는 환경_{Environment}, 사회_{Social}, 지배구조_{Governance} 의 영어 첫글자를 딴 표현으로서 이 세가지 비재무적 요소를 투자의사결정에 반영한다는 것이다. ESG투자는 사회에 부정적 영향을 미친다고 인식되는 업종이나 자산 등을 투자리스트에서 배제하는 차원에서 시작되었으나 최근에는 투자자가 직접적으로 긍정적인 사회 변화를 이끌어내는 행동주의적 투자방식으로 진일보하였다. 자산운용관점에서 이같은 비재무적 요소를 고려하는 것이 수탁자의 신의성실 의무_{fiduciary duty}와 어떻게 부합될 수 있을지에 대해 논란도 있기는 하지만 ESG 관점에서 정보를 모니터링하고 관련 리스크를 적극적으로 분석함으로써 더 나은 위험조정수익률을 달성할 수 있다고 보는 견해가 우세하다. 특히 대중의 정보 접근성이 확대되면서 ESG관련 평판에 대한 주목도가 크게 높아졌다.[29]

안전성의 확보

안전성과 유동성을 확보하는 것은 리스크 관리의 영역이라 볼 수 있다. 안전성의 확보는 보유자산의 가치를 보전하기 위하여 허용가능

---

29) 제26장 블록체인 기반의 여건과 ESG목표를 향한 대응

한 범위 내에서 시장리스크와 신용리스크 등을 관리하는 것이다. 즉, 신용도 문제로 투자자금을 온전히 회수하는 데 애로가 있을 수 있는 상품에 대해서는 투자를 제한하

안전성 확보는 위험자산 비중을 최적화시키는 것이다

고 전체적으로 금리, 환율, 주가 등 가격변수의 변동에 지나치게 민감하게 움직이지 않도록 포트폴리오를 구성하는 것이다.

외환보유액의 안전성과 유동성의 확보는 외환보유액을 최소한의 적정 수준으로 보유하고 있는 나라일수록 중요하다. 시장상황에 따라 가치의 변동이 크게 발생하지 않고 즉시 사용이 가능한 형태로 자산을 구성한다. 대표적인 상품이 무위험risk free 자산이라 할 수 있는 미국 단기국채treasury bill이다. 이것을 출발점으로 외환보유액의 규모와 위험선호도에 따라 다변화가 이루어진다고 볼 수 있다. 투자가능 채권의 만기를 장기화하고 선진국 국채로부터 자산유동화채, 회사채, 나아가 신흥국 채권, 주식 등으로 투자상품의 범위investment universe를 확대하는 것이다.

안전성은 보유채권의 만기가 길수록, 그리고 회사채, 주식 등 신용상품 비중이 증가할수록 훼손이 불가피하므로 사전에 시장리스크 및 신용리스크를 어느 정도 수준까지 허용할 것인지에 대한 의사결정을 필요로 한다. 개별자산의 안정성도 중요하지만 그 보다 전체 포트폴리오 관점에서 시장의 쏠림이 발생하더라도 가치의 등락이 크지 않도록 자산을 구성하기 위해 자산간의 다변화 효과를 고려해야 한다. 주식으로의 분산투자 필요성을 제기하는 이유이기도 하다.

우리나라의 경우 국제금융시장 불안으로 원화 약세가 심화되고 국내에서의 외화자금조달 여건이 크게 악화되는 상황에서는 시장안정화

조치를 위한 외환보유액의 사용 가능성도 증가하는 점을 고려하여 분산투자의 정도와 형태를 정해야 한다. 이를 위해 우선 외환보유액의 안전성의 훼손을 용인tolerance하는 정도를 계량화함으로써 이를 최적 자산배분과정에서 제약요건으로 부여하게 된다. 흔히 2008년 금융위기 당시나 2020년 코로나 팬데믹 발발 상황 등을 스트레스 상황으로 가정하여 일정 기간동안 최대손실폭이 일정 범위내에서 있도록 자산배분을 한다.

유동성의 확보

중앙은행은 즉각적인 현금수요에 대비하기 위한 유동성 자산을 투자자산과 구분하여 트랜칭해 놓는다

유동성의 확보는 일정 비율의 유동성을 항시 보유하고 있거나 보유자산을 원하는 만큼 원하는 기간내에 현금화시킬 수 있도록 자산을 구성함으로써 유동성 리스크를 최적의 수준으로 관리하는 것이다. 유동성이 강조되는 것은 외환보유액 자체가 최종적인 대외지급 준비금이라는 명분 때문이다. 글로벌 신용경색 등의 위기가 발생할 경우 거래비용이 크게 증가하는 극단적인 시장 상황을 가정하여 투자상품의 유동성 수준을 계량적으로 평가하는 것이 필요하다. 안전성의 확보와 마찬가지로 2008년 금융위기나 2020년 코로나 팬데믹 상황 등과 같은 스트레스 상황으로 가정하여 일정 기간내에 일정 규모 이상으로 자산을 현금화시킬 수 있도록 자산배분을 하기도 한다.

중앙은행들은 필요시 즉각적으로 유동성 공급이 가능하도록 하는 한편, 일상적인 현금수요를 충족시킬 수 있도록 자산중 일부를 현금에 가까운 유동자산 형태로 별도 할당해 놓기도 한다. 이렇게 자산을 구분하여 할당하는 것을 트랜칭tranching이라고 한다. 일반적으로 전체 포트폴리오를 유동성자산liquidity tranche과 투자자산investment tranche으로 구분한다. 유동성자산은 즉시 현금화가 가능해야 하고 그 과정에서 발생하는 거래비용이 적어야 하므로 주로 단기국채, 예치금 등 단기금융상품으로 구성한다. 한국은행을 비롯한 주요국 중앙은행들이 유동성자산을 따로 구분하고 있다.

노르웨이 중앙은행의 경우 머니마켓money market 포트폴리오와 장기long-term 프트폴리오라는 이름으로 구분하고 있다. 머니마켓 포트폴리오는 단기간 내 뚜렷한 손실 없이 통화정책 및 금융안정 등과 관련된 외환거래에 쓰일 수 있도록 금융기관 예치, 만기 1년이내 정부채 등으로 구성되어 있다.

유로시스템Eurosystem의 경우도 유사하다. 유로시스템내의 개별 중앙은행들은 외환보유액에서 ECB 출자비율capital key에 해당하는 만큼을 유동성자산의 형태로 ECB에 맡긴다. 이는 ECB로 하여금 필요시 외환시장개입에 활용할 수 있도록 하기 위해서이다. 다시 말하면 유로시스템의 외환보유액은 ECB의 유동성자산과 유로지역내 각국 중앙은행의 투자자산으로 구분된다고 할 수 있다. 투자자산에 대해서는 개별 중앙은행이 외환보유액의 개념에 맞게 자율적으로 운용하며

한국은행의 현금성자산은 일상적이고 긴급한 현금수요를 충당하기 위하여 별도로 할당해 둔 포트폴리오이지 유동성자산 전체 규모를 나타내는 용어가 아니다

다만, ECB가 자금을 요청할 경우에는 언제든지 이에 응해야 한다.

한국은행도 현금성자산과 투자자산으로 트랜칭하고 전체 외화자산의 5% 정도인 200억달러 정도를 현금성자산으로 할당해 놓고 있다. 이는 일상적인 현금수요에 즉시 대응하기 위해 미리 준비해 놓은 것에 불과하며 시장상황을 감안하여 탄력적으로 할당금액을 조정하기도 한다. 다만, 이와 관계없이 투자자산의 구성중에도 미 정부채를 비롯하여 유동성이 높은 상품들이 포함되어 있는 만큼 현금수요에 맞게 적시에 유동화하는데는 전혀 문제가 없도록 관리하고 있다.

수익성의 제고

외환보유액의 수익성 제고는 안전성과 유동성 확보를 전제로 추구되어야 하는 만큼 외환보유액 적정수준 논란과 연계되어 있다

외환보유액의 수익성을 제고하는 것은 외환보유액의 취지로 볼 때 최우선 운용목표는 될 수 없으며 안전성과 유동성을 확보하는 것과 어느 정도 상충된다고 볼 수 있다. 다만, 수익성의 추구는 저금리여건 하에서는 불가피한 측면이 있고 외환보유액 규모가 클수록 도외시될 수 없는 운용목표이다. 외환보유액규모가 적을수록 대부분이 위기 대응에 사용될 것을 상정하여 손실발생위험$_{shortfall\ risk}$을 최소화하는 방향으로 포트폴리오가 구성되어야 하는 반면 외환보유액 규모가 적정수준보다 많다고 판단할수록 보다 높은 기대수익률$_{expected\ return}$을 요구하고 손실발생위험에 대한 허용범위가 확대될 것이다.

자산 형성의 비용적 관점에서 볼 때 외환보유액 규모가 클수록 직접 조달비용은 물론 간접적인 기회비용까지도 커버될 정도로 수익성이 높아져야 한다는 주장이 힘을 얻게 된다. 사실 이 문제는 외환보유액의 적정수준에 대한 논란과 연결되어 있다. 외환보유액이 적정수준을 초과할 정도로 많다면 그 초과부분에 대해서는 본격적으로 수익성을 추구할 수 있고 이를 위해 국부펀드로의 이관도 가능하다.

우리나라의 외환보유액은 전 세계에서 10위안에 드는 큰 규모를 유지하고 있는 만큼 외환보유액의 기본 취지를 초월하여 공적외화자산의 관점에서 운용목표를 고려할 때 수익성 제고는 불가피한 목표이다.

이를 감안하여 전체 포트폴리오에 대하여 위험정도를 보다 세부적으로 트랜칭하여 각각에 대해 차별화된 목표와 특성에 맞도록 자산을 구성하는 방안도 고려해 볼 만하다. 또한 수익성을 추구하는 과정에서 약화될 수 있는 유동성 확보 문제를 보완하기 위해 상장지수펀드_{ETF:} _{Exchang Traded Fund}의 활용도 고려할 만 하다. 회사채의 경우 정부채 등에 비해 상대적으로 유동성이 낮고 거래비용이 높아 대규모 포트폴리오 조정시 신속한 대응이 어려우므로 ETF를 이용하여 유동성, 가격투명성, 다변화 효과 등에서 개별 회사채의 한계점을 보완할 수 있기 때문이다.

지속가능성의 추구

지속가능한 세계경제를 촉진시킨다는 목표를 위해서는 외환보유액과 같은 대규모 자금의 역할은 긴요하다. 중앙은행의 지속가능성에 대한 관심은 ESG중에서 주로 E, 즉, 기후변화에 초점이 맞추어져 있다.

*기후변화 등으로
자산가치가 변화할
경우 중앙은행의
목표 달성이 저해될
수 있다는 리스크
관점에서 지속가능성
목표를 추구하여야
한다*

구체적으로 기후변화 관련 파리협약에서 정한 기한내 목표 수준을 달성하기 위해서 대규모 공공 투자에 외환보유액이 직접 또는 간접적으로 활용될 수도 있다.

기후리스크는 기후변화로 초래되는 물리적 피해나 경제적 손실을 의미한다. 즉, 기상이변이나 자연재해 등에 따른 물리적 자산 손상을 가리키는 물리적리스크physical risk와 온실가스 배출 감축에 수반되는 비용 상승 등을 가리키는 이행리스크transition risk 등을 포괄한다. 특히 이행리스크는 저탄소발전으로의 전환과정에서 일어나는 탄소집약적 산업의 전반적인 가치 하락과 소비자의 선호 변화 등의 영향까지 포함한다.

외환보유액 운용에서 지속가능성 목표를 추구해야 하는 이유는 리스크의 관점과 영향력의 관점으로 나누어 볼 수 있다. 리스크 관점에서는 지속가능성 이슈가 자산의 기대수익과 위험에 상당한 영향을 미침으로써 중앙은행 목표달성 능력을 저하시킬 수 있다는 점 때문이다. 영향력 관점에서는 지속가능성 이슈가 관련 상품의 가격이나 기업 조달비용 등에 영향을 미친다는 점을 활용하여 외환보유액 운용을 통해 지속가능성을 촉진시키는 방향으로 더 나아가도록 할 수 있기 때문이다.[30]

외환보유액 운용목표로 지속가능성을 추구하는 방식으로는 명시적 방법과 암묵

*지속가능한 세계로
더 나아가기 위해
외환보유액으로
영향력을 발휘한다는
관점에서도
지속가능성 목표는
추구되어야 한다*

---

30) 제13장 중앙은행의 ESG운용 참조

적 방법이 있을 수 있다. 명시적 방법이란 운용목표 상에 UN 지속가능발전목표_{Sustainable Development Goals} 달성을 도모한다거나 넷제로_{Net-Zero} 경제로의 전환을 촉진시킨다는 것을 명확히 밝히는 것이다. 이를 위해서는 기존의 외환보유액 목표 등과의 관계를 재설정할 필요가 있고 사회적으로 큰 합의도 필요하다.

기후변화 리스크를 감안한 포트폴리오 관리 체계를 마련하여야 한다

암묵적 방법이란 지속가능성과 관련된 위험요인을 전략적 자산배분 등에 고려함으로써 기존의 세가지 목표에 의미있게 영향을 미치도록 하는 방식으로서 목표들간의 상충문제를 지속적으로 절충해 나가면서 진행하므로 더 현실적인 접근법이라 할 수 있다.

이렇게 지속가능성 목표를 기존의 목표들과 조화롭게 절충하면서 구현하기 위해서는 각 나라의 상황에 맞게 다음 4가지 단계를 밟게 된다.[31]

첫 번째는 가장 초기단계로서 지속가능성 관련 금융상품, 즉, 그린본드 등 ESG 관련상품이나 지속가능성 목적을 표방하는 펀드에 투자하는 것이다. 이는 중앙은행으로서의 평판 등을 관리하면서 외환보유액의 일부를 계획적으로 할당할 수 있으므로 첫 발을 내딛기에 용이하고 적합하다.

ESG관련 자산에 대한 투자부터 시작하여 단계적으로 ESG요소를 전략적 자산배분에 반영하고 리스크관리체계에 도입하는 한편 관련 정보 공개 등을 추진해 나간다

두 번째는 지속가능성 기준을 전략적 자산배분 등에 연계_{integrating}시키는 것이

---

31) Fender et al.(2022)

다. 자산배분의 제약조건으로서 투자대상물 선정에서 네거티브 스크리닝Negative Screening 기준을 적용하거나 투자 의사결정과정에 ESG 방법론Metrics를 활용한 ESG 평가rating를 도입하는 것이 해당한다.

세 번째 단계는 기후와 환경요소를 반영한 리스크관리체계를 구축하는 것이다. 기후변화위험을 중앙은행의 정책적 고려사항으로 반영하고 투자환경에 대한 위험을 측정하고 평가하는 툴tool을 도입하는 한편, 구체적인 타겟도 설정해 놓는다. 기후시나리오를 설정하고 전사적인 위험관리체계에 물리적위험과 전환위험을 통합시키는 한편, 파리기후협약 등에서 제시된 목표에 맞추어 시기에 따라 자산 구성을 조정해 나간다.

네 번째 단계는 투자대상 기업에 대한 적극적 관여engagement와 정보공개 등을 실시하는 것이다. 지속가능성 네트워크 내에서 활동하면서 지속가능성을 표방하지 않는 상대방과의 관계를 지양하는 한편, 적극적인 주주활동을 펼치면서 적절한 공시 등을 통해 투명성을 높여나간다.

중앙은행 자산으로서 유의할 운용 목표

외환보유액으로서의 운용 목표를 추구하면서도 중앙은행의 자산으로서의 수익 창출에도 유념해야 한다

한국은행의 자산 대부분은 외화자산으로서 외환보유액에 포함된다. 따라서 외화자산의 운용이 한국은행 수익의 원천이므로 한국은행은 부채 비용을 상회하는 수익을 창출하여만 흑자를 낼 수 있다. 한국은행 회계처리가 원가주의를 채택하고 있으며 수지 산출이 원화 기준으로 이루어지는 점도 고려되어야 한다.

이러한 관점에서 한국은행의 외화자산 운용은 외환보유액으로서의 운용목표 뿐만 아니라 한국은행의 안정적 수지 확보를 위해서도 주의를 기울이는 것이 맞다. 다만, 전자의 목표가 우선시되어야 하므로 외환보유액으로서의 유동성, 안전성을 확보한 범위에서 한국은행 당기순이익을 확보해야 할 것이다.[32]

한국은행은 2004년부터 2007년까지 4년 연속 당기순손실을 기록한 바 있다. 그 기간중에 주요국 국채금리가 우리나라 국공채금리를 하회한 데다 원화가 강세를 보임에 따라 시장개입이 증가하면서 외환보유액이 증가했고 동시에 통화안정증권 발행 규모도 크게 증가하였다. 외환보유액 운용이 안전성과 유동성에 주안점을 두고 미 국채 등 안전자산 위주로 이루어지기 때문에 이러한 여건 하에서 한국은행의 역마진 발생은 불가피하다.

한국은행 수지에 적자가 발생한 경우 우선 내부 적립금으로 보전하고 내부적립금이 고갈되면 정부 예산으로 보전하도록 한국은행법에서 정하고 있다. 4년간의 수지 적자로 인해 법정적립금 규모는 2008년말 1.5조원을 밑돌았다. 이러한 경험을 토대로 2011년 한국은행법 개정시 법정 적립금 적립 비율을 종전의 100분의 10에서 100분의 30으로 상향조정한 바 있다. 고도의 중립성과 자주성이 요구되는 중앙은행이 정부의 예산 지원을 받게 될 경우 통화신용정책에 대한

중앙은행 수지가 일시적으로 적자가 발생하더라도 외환보유액은 최적 상태로 유지되도록 해야한다

---

32) 제12장 외환보유액 운용의 리스크와 성과 참조

신뢰가 저하될 수 있으며 정부의 재정건전성도 악화될 수 있다는 점을 간과해서는 안된다. 따라서 한국은행이 이러한 경우에 대비하여 적자 발생분이 자체 재원으로 보전될 수 있도록 순이익을 일정 규모까지는 전액 적립하여야 할 필요성이 있다.

오랜 기간 국제금융시장의 저금리 여건 하에서 역마진 발생을 피하기 위하여 한국은행을 포함한 많은 중앙은행들이 위험자산 비중을 높이면서 포트폴리오를 다변화해 왔다. 다만, 위험자산은 변동성이 큰 만큼 시장상황에 따라 유가증권 매매손이 외화채권이자나 주식배당소득을 상회할 수 있으므로 오히려 다변화의 과도한 추진으로 인해 역마진을 초래할 가능성도 배제할 수 없다는 점에 유의해야 한다.

아울러 한국은행의 외화자산 운용은 원가주의 회계원칙에 의한 수지 결과에 유의하면서도 외환보유액의 가치 보전을 위해서 시가평가 손익을 포함한 총수익total return관점에서의 자산운용에 최선을 다해야 할 것이다.

<참고 8-1>

한국은행의 외자운용 조직 변천

(2000년 이전) 1976년 국제금융부를 신설하고 외화자산 운용 체제를 갖추었다. 1992년에 해외 자산운용사에 위탁운용을 시작하고 1993년 기준포트폴리오 개념을 도입하였다. 1997년에는 트랜칭tranching 개념을 도입하였으며 환매조건부 증권매매거래, 증권대여거래, 금대여거래 등을 시작하였다.

(2000년대) 2001년 외환보유액이 1천억달러를 상회하면서 외화자금국을 신설하고 뉴욕과 런던에 운용데스크를 설치하였다. 2005년에 조직체계를 front-middle-back office 등으로 정비하고 준법감시인을 두었다. 2005년 한국투자공사 설립후 주식위탁운용을 시작하고 직접투자대상에 회사채를 포함하고 파생상품 거래를 활용하였으며, 커런시 오버레이currency overlay 등도 실시하였다. 아울러 기존의 전략적 운용기준 외에 전술적 운용기준을 도입하였다.

(2010년대 이후) 2011년 자문위원회를 신설하고, 연차보고서를 통해 외자운용관련 내용을 공개했다. 2012년 중국 위안화 상품에 대한 투자를 시작하고 2011~2013년 기간중 금을 추가로 매입했다. 또한 거래 및 위탁기관으로서 국내 금융회사의 참여를 허용했다. 2019년에는 ESG 책무 수행을 위한 위탁운용을 시작하였다.

제9장 외화자산의 통화구성

전 세계 외환보유액의 통화 구성

전 세계 외환보유액의 통화구성은 IMF에서 공개하는 소위 코퍼 COFER: Currency Composition of Official Foreign Exchange Reserves 자료를 통해 알 수 있는데, 2022년말 현재 149개 국가들의 통계만을 포함하고 있다. IMF가 국제금융통계 IFS: International Financial Statistics 에서 집계하는 외환보유액이 194개 국가 및 지역을 대상으로 하고 있는 것과 차이가 난다. 즉, 외환보유액 총액을 보고하는 국가들중에서 통화구성을 공개하지 않은 국가들이 상당수라는 의미이다.

IMF 코퍼자료를 기준으로 할 때 전 세계 외환보유액중 미달러화가 차지하는 비중은 2001년까지만 해도 70%를 상회하였으나 최근 통계에 따르면 58%대로 하락하였다. 이와 관련하여 몇 가지 유의할 점이 있다.

첫째, 앞서 언급한 대로 IMF가 공개한 전 세계 외환보유액의 통화별 비중은 자국이 통화구성을 공개한 국가들만을 대

외환보유액에서 미달러화의 비중이 감소하고 있으며 향후 그 지속여부에 주목할 필요가 있다

상_{Allocated Reserves}으로 한 것이므로 통화구성을 공개하지 않은 국가들
Unallocated Reserve이 포함될 때마다 수치가 달라질 수 있다. 예를 들어 중
국의 경우 위안화가 2016년 10월 SDR 구성통화로 편입될 즈음에 그
전제조건의 이행 차원에서 통화 구성 정보를 제공하였다고 알려졌다.
즉, 중국이 포함되기 전 통화구성과 이후의 통화구성은 서로 기준이
다를 수 있다.

둘째, 최근 비중이 감소한 미달러화를 대신해서 비중이 증가한 통
화를 살펴보면 전통적 국제통화인 유로화나 파운드화, 일본엔화 등에
는 큰 변화가 없다. 대체로 미달러화 비중 감소폭의 약 1/4은 중국위안
화 비중의 증가로 설명되고 나머지는 호주달러화, 캐나다달러화, 스웨
덴크로네화, 싱가포르달러화, 그리고 우리나라 원화 등의 증가로 설명
된다.

이들 통화들은 상대적으로 소규모 개방경제국가의 통화들이지만
국내 금융시장의 유동성이 대체로 우수한 것이 특징이다. 게다가 전자
플랫폼 등이 발전하면서 거래비용이 크게 낮아진 데 힘입어 적극적인
다변화를 통해 수익성을 추구하고자 하는 중앙은행들이 이들 통화에
대한 접근성을 높인 것으로 보인다. 이러한 추세라면 국제통화시스템
은 미달러화, 유로화, 중국위안화로 이루어지는 3각 체제보다는 보다
다각화된 체제로 발전될 가능성도 배제할 수 없어 보인다.

셋째, 장기적으로 볼 때 전 세계 외환보유액의 통화 구성의 변화는
미달러화의 가치 변화에 따라 부침을 보이며 매우 점진적인 형태로 미
달러화 비중이 감소하는 추세를 보였다.

역사적으로 1970년대 후반까지만 해도 전 세계 외환보유액에서

85%나 차지하고 있던 미달러화는 이후 미국이 높은 인플레이션을 겪으면서 통화 매력도가 크게 감소하였음에도 불구하고 실제 중앙은행들이 미달러화 비중을 줄이는 속도는 매우 느리게 진행되었다. 오히려 미 연준이 급진적인 통화정책을 통해 인플레이션을 억제

중국 경제규모에 비해 위안화 비중이 크게 확대되지 못하고 있는 것은 자본통제 우려와도 무관하지 않다

하기 시작한 10년간에 걸쳐 서서히 미달러화 비중이 감소하여 40% 후반대까지 떨어졌다. 이를 바닥으로 이후 인플레이션이 안정되면서 미달러화 비중은 반등하였으나 1999년 유로화의 등장과 함께 중앙은행들의 통화 다변화에 대한 관심이 높아지면서 다시 감소세에 접어 들었다. 2015년을 전후하여 미달러화 비중이 증가하기도 했으나 장기적인 추세를 전환시키지는 못하였다.

넷째, 중국 위안화는 꾸준한 증가세를 보이고 있으나 그 속도를 감안할때 10%를 상회하려면 상당한 기간이 소요될 것으로 보인다. 세계 2위 경제규모를 감안할 때 위안화 비중이 더 빠르게 증가할 수 있는 여력이 있지만 여전히 통화의 교환성 측면에서 신뢰성의 문제를 내포하고 있기 때문이다. 무역거래에서는 자유로운 전환이 가능하지만 여전히 자본통제 관련 불확실성이 지속되고 있다는 인식이 지배적이다.

다섯째, 산유국들이 많은 중동지역 국가들의 경우에는 미달러화 의존도를 줄이고 있는 모습이 뚜렷하다. 원유는 1974년 석유파동이후 미국과 사우디아라비아간의 약속에 따라 그동안 미달러화로 가격이 산정되었기 때문에 중동지역 국가들의 미달러화에 대한 의존도는 매우 높았었다. 그런데 최근 탈 미국 움직임과 더불어 미달러화 의존도를 줄이려는 시도가 있다. 그리고 외환보유액이 많은 중국, 러시아 등 비

우크라이나 전쟁 등에 따른 세계 정세의 양극화는 다수의 국가들이 미달러화 의존도를 줄이는 요인으로 작용하고 있다

서방국가들이 정치적 의도를 가지고 미달러화 비중을 줄인 점도 전체적으로 미달러화 비중의 감소 요인으로 작용하고 있다.

특히 러시아의 우크라이나 침공에 따른 대 러시아 경제제재의 일환으로 미국이 취한 러시아 외환보유액의 동결 조치는 여타국들의 통화 다변화 움직임을 부추기는 요인으로 작용하였다.

여섯째, 미중 패권경쟁이 심화되는 상황에서 브릭스BRICS를 중심으로 탈 미달러화에 드라이브를 걸고 있다. 중국의 주도로 당초 브라질, 러시아, 인도, 중국, 남아프리카공화국 등으로 구성되어 있던 브릭스에 사우디아라비아, 이란, UAE, 이집트, 아르헨티나, 에티오피아 등을 포함시켜 소위 브릭스+로 확대함으로써 G7 주도 국제질서에 맞서는 플랫폼으로 키우고 있다. 이와 함께 브릭스내에서 중국이 위안화를 중심으로 한 공동통화 도입을 추진하고, 러시아나 브라질 등과의 무역거래에서 중국 위안화 활용도 확대하고 있다.

물론 이에 대한 반론도 만만치 않다. 특히 인도의 경우에는 중국을 중심으로 브릭스의 구도가 형성되고 위안화가 중심통화로 부상하는데 경계하고 있으며 안보 면에서 미국에 의존하고 있는 점을 감안할 때 더욱 그러하다. 브라질도 회원국 확대 시 브릭스의 위상 저하를 우려한다. 그럼에도 불구하고 전통적 친미 국가이며 최대 산유국인 사우디아라비아의 브릭스 가입은 국제사회 영향력과 외교적 행보를 감안할 때 의미가 크다 할 수 있다.[33]

_____

33) 제25장 탈세계화와 경제여건의 변화 참조

이상과 같이 탈 미달러화_{de-dollarization}의 움직임이 곳곳에서 진행되고 있으나 미달러화가 기축통화로서의 위상이 확연히 약화되었다고 보기는 어렵다. 세계 경제 및 금융여건의 불확실성이 지속되는 가운데 미달러화는 외환보유액의 요건인 유동성과 안정성 측면에서 독보적인 경쟁력이 유지되고 있기 때문이다. 게다가 민간 부문을 제외하고 외환보유액만으로 달러화 위상을 논하기도 제한적이다. 금융시장 패닉 등 유사시 필요한 대외지급통화로서의 미달러화 현금 수요 등을 고려할 때 그 비중이 급격히 줄어들지는 않을 것으로 본다.

한편, 중앙은행이 발행하는 디지털 화폐인 CBCD_{Central Bank Digital Currency}의 경우 국가별로 진전 상황이 다르고 향후 활용 분야, 비거주자의 보유 허용 정도 등에 대하여 불확실성이 큰 상황이지만 국가간 결제효율화 차원에서 활발히 논의되고 있는 점을 고려해 볼 때 예상보다 조기에 실용화될 가능성도 배제할 수 없다. 그런 만큼 장기적으로 통화구성에도 영향을 줄 가능성에도 유의할 필요가 있으며 특히, 2023년 World Bank가 125개 중앙은행 등 공적투자기관을 대상으로 실시한 설문조사 결과 1% 정도의 매우 적은 비율이기는 하나 CBDC를 투자 가능상품으로 포함시킨 점은 주목할 만 하다.[34]

우리나라의 미달러화 중심 경제체제

한국은행이 보유하는 외환보유액 중에서 SDR, IMF포지션, 금을 제외한 나머지 외화자산을 대상으로 통화비중을 산출해 보면 2022년

---

34) World Bank(2023)

국내 외환시장에서
결정되는 환율이
미달러화뿐이므로
시장안정을 위해
필요한 외환보유액도
미달러화 중심이 될
수 밖에 없다

말 현재 미달러화가 차지하는 비중은 72%이다. 나머지 통화들은 유로화, 일본엔화, 영국파운드화, 호주달러화, 캐나다 달러화, 중국 위안화 등이다.

IMF에 통화구성을 보고한 중앙은행들의 외환보유액인 소위 Allocated Reserves의 미달러화 비중이 58%대인 점을 감안할 때 상대적으로 미달러화 비중이 큰 편이다. 우리나라의 미달러화 비중이 높은 것은 다음과 같은 배경에 기인한다.

첫째, 우리나라에서 외국통화 대비 원화의 환율이 은행간 외환시장의 수급에 의해 결정되는 외국통화는 미달러화 뿐이다. 즉, 국내 외환시장은 미달러화 시장만 있는 것이다. 나머지 통화에 대한 원화의 환율은 국제금융시장에서 형성된 미달러화와 해당통화의 환율에다 국내외환시장의 미달러화에 대한 원화의 환율을 서로 재정$_{cross}$ 함으로써 산출한 것일 뿐이다. 이는 외환당국이 국내 외환시장에서 외환보유액을 활용하고자 할 경우 궁극적으로는 미달러화를 필요로 한다는 의미이다.

둘째, 우리나라의 경상수입 및 외채의 구성을 보면 미달러화 비중이 80%를 상회한다. 외환보유액이 최종 대외지급준비금이라는 점을 감안한다면 유사시 필요한 재화와 용역을 수입하고 외채 상환의무를 이행하기 위해서는 통화구성도 이와 유사할 수밖에 없다. 실제 연구결과에서도 세

외환보유액이 최종
대외지급준비금이라는
관점에서는 통화
구성으로 경상수입과
외채의 통화구성을
우선적으로 고려하게
된다

계 주요국의 외환보유액의 통화구성이 대외지급 통화와 상관관계가 높은 것으로 나타났으며[35] 경상거래에서 미달러화 비중이 높을수록 외환보유액에서도 미달러화 비중이 높은 것으로 나타났다.[36]

이러한 배경에도 불구하고 미달러화 이외에 유로화, 일본엔화, 호주달러화, 캐나다달러화 등도 교환성이 높은 통화들인 만큼 국제외환시장에서 언제든지 미달러화로 환전할 수 있기 때문에 굳이 실수요 중심으로 외환보유액을 구성해야 하는지는 의구심이 있다.

따라서 외환보유액의 구성통화를 다변화해야 하는 이유를 이러한 실수요적 관점보다는 우리나라 경제규모 및 외환보유액 규모 등을 감안하여 국부적 관점에서 살펴 보아야 한다. 외환보유액의 장기적으로 실효적 자산가치를 보존하고 증식을 도모하기 위해서 특정 국가에 대한 편향성을 완화해야 한다는 것이 다변화에 대한 보다 설득력 있는 주장이라 할 수 있다.

운용목표에 부합하는 통화구성

외환보유액의 개념에 부합하도록 최종적인 대외지급에 필요한 통화를 우선적으로 고려해야 한다면 경상지급과 외채의 통화비중을 따르는 것이 기본적인 출발점이 되어야 할 것이다. 이는 환율의 전망과

---

35) Eichengreen & Mathieson, Ito & McCauley

36) Stein & Gopinath

는 무관하게 결정된 통화구성이다.

한 나라 외환보유액의 벤치마크 통화구성은 그 나라 실물경제의 의존도를 기본으로 한다

경상지급 통화구성을 따르는 것은 유사시 국민 전체가 향후 재화와 용역을 수입에 의존할 경우에 대비한다는 극단적 전제에서 출발한 것이고 외채통화 구성을 따르는 것은 국가 전체적인 관점에서의 자산-부채 종합관리ALM: Asset-Liability Management의 취지에 부합된다. 실제 연구 결과에서도 외환보유액 통화구성이 주로 경상지급과 단기외채의 통화구성[37]을 표방하거나 경상거래, 외채, 통화의 유동성, 국내통화와 기축통화간의 공행성co-movement과도 긴밀하게 연계되어 있는 것[38]으로 나타났다. 그리고 외환보유액의 규모가 크면 클수록 국제금융시장에서 통용되는 통화를 대표하기 위해서 국제채권시장의 통화 구성을 고려할 수 있다. 이는 가장 효율적인 투자는 시장 포트폴리오market portfolio를 표방하는 것이라는 자본자산 가격결정 모형이론CAPM: Capital Asset Pricing Model 에 근거한다. 또한 전 세계 중앙은행의 외환보유액 통화구성도 고려사항이 될 수 있다. 이는 대내외 평판위험을 고려한다는 취지가 있으나 중앙은행마다 처한 여건이 다르기 때문에 각 중앙은행 통화비중의 단순 합산은 설득력이 떨어질 수 밖에 없다.

외환보유액 규모가 클수록 전 세계 외환보유액이나 국제채권시장의 통화 구성까지 고려할 필요가 있다

한편, 외화자산 운용 행태에 대한 세계은행World Bank 서베이 결과에 따르면 실제 통화구성이 외환시장 개입, 자산부채관리 등 거시경제적 요인 뿐만 아니라 위험-수익 프

---

37) Lu and Wang(2019)

38) Schanz(2019), Ito and McCauley(2019)

로파일_{risk-return profile}의 다변화, 유동성 제고 등과 같은 포트폴리오 요인에 의해서도 영향을 받는 것으로 나타났다. 즉, 실제 통화구성은 중립적 통화구성에다 중장기적인 환율전망 등을 반영하여 최종 결정된다는 것이다.

한국은행도 이와 유사한 원칙에 따라 미달러화 외에 유로화, 일본 엔화, 영국 파운드화, 호주 달러화 및 캐나다 달러화 등 주요 6개 통화를 중심으로 분산투자하고 있고 2012년부터는 중국의 세계경제에서 차지하는 위상과 우리나라와의 경제적 연계성 등을 고려하여 중국위안화표시 자산에도 투자하고 있다.

<표 9-1>

전 세계 외환보유액의 통화구성 추이

	미달러	유로	파운드	엔	위안	기타	보고율[2]
2001	71.5	19.2	2.7	5.0	-	1.6	76.6
2005	66.5	23.9	3.8	4.0	-	1.8	65.8
2010	62.2	25.7	3.9	3.7	-	4.6	55.7
2013	61.2	24.2	4.0	3.8	-	6.8	53.3
2016	65.4	19.1	4.3	4.0	1.1	6.1	78.6
2020	58.9	21.3	4.7	6.0	2.3	6.7	93.4
2021	58.8	20.6	4.8	5.6	2.8	7.4	93.2
2022	58.4	20.5	4.9	5.5	2.7	8.0	92.7

주 : 1) 단위는 %
    2) Allocated reserves의 비중
자료: IMF COFER

제10장 외화자산의 상품 구성

당좌예금에서 투자자산으로 전환

우리나라 은행들은 한국은행에 지급준비금예치계정을 개설해 놓고 있다. 동 계정에 원화 및 외화 지급준비금을 예치하고 한국은행과 금융거래가 발생하는 경우 동 계정을 통해 자금을 수수하게 된다.

한국은행이 원화를 재원으로 금융기관으로부터 외환보유액을 확보하는 과정을 예로 들어 보자. 한국은행이 외환시장 안정화 조치의 일환으로 하나은행에 원화를 주고 달러화를 매입하였다면 한국은행에 개설된 하나은행의 원화지급준비금계정 잔액이 증가하게 되고 하나은행은 한국은행이 매입한 미달러자금을 한국은행의 외화 주결제은행인 제이피모건은행의 한국은행 명의의 외화당좌계정으로 송금하게 된다. 이로써 한국은행은 외화당좌예치금 형태로 외화자산으로 보유하게 되고 이는 곧 외환보유액의 증가이다.

외환보유액은 외화당좌예치금에서 시작하여 다양한 형태의 투자자산으로 전환된다

다음으로는 외환보유액의 형태가 외화당좌예치금에서 미 국채로 전환되는 과정을 예로 들어 보자. 한국은행이 국제금융시장에서 골드만삭스증권으로부터 미 국채를 매입하였다면 매입금액에 해당하는 외화자금이 제이피모건은행에 있는 한국은행 외화당좌계정에서 인출되어 골드만삭스증권의 당좌예금계정으로 송금된다. 그리고 매입한 미 국채는 골드만삭스의 보관계정에서 미 연준에 개설되어 있는 한국은행 국채 보관계정으로 전달_{delivery}됨으로써 거래가 완료된다.

투자자산의 다변화

2022년말 현재 외환보유액은 유가증권과 예치금, SDR, IMF포지션, 그리고 금으로 구성되어 있다. 큰 분류상으로는 1980년대와 구성이 달라진 게 없어 보이지만 유가증권내의 구성은 크게 다양화되었다.

우선 유가증권중 채권의 만기가 단기채권에서 장기채권으로 확대되었고 상품종류 역시 국채 중심에서 신용상품_{spread product}으로 다양화되었다. 신용상품의 종류도 국채대비 위험도가 크게 높지 않은 정부기관채_{Government Agency bonds}, 주택저당채권_{MBS: mortgage backed securities}부터 신용위험에 보다 유의해야 하는 자산유동화채_{ABS: asset backed securities}, 회사채, 주식 등으로 크게 다변화되었다.

외환보유액의 특성에 비추어 안전성을 저해하지 않으면서 신용상품을 포함시키기 위해서는 엄격한 리스크 기준을 필요로 한다. 투자가능한 유가증권의 조건을 신용등급이 일정 등급 이상인 해외 경제주체가 발행

투자자산은 만기의 장기화, 신용위험 증가 등의 방향으로 다변화되면서 수익성 제고를 도모하였다

한 것으로 제한하고 예치금도 신용도가 일정 등급 이상인 외국 금융기관으로 한정하고 수개월 이내 만기로 제한하는 것 등이 이에 해당된다.

투자자산의 다변화는 1997년 아시아 외환위기 이후 신흥국을 중심으로 경쟁적으로 외환보유액을 증대시키는 과정에서 수익성을 도외시할 수 없다는 인식에서 비롯되었으며 2000년대 이후 전 세계적인 초저금리 여건 하에서 수익성 제고는 최대 화두로 부상하였다. 특히 한국은행의 경우 2004년부터 2007년까지 수지가 적자를 보인 데 따른 대책의 일환으로 수익성 제고 필요성이 증대되었으며 자산 다변화는 불가피한 선택이 되었다.

외환보유액과 금

금은 실물자산임에도 불구하고 과거 금본위제도 등 국제통화제도의 역사적 배경을 바탕으로 환금성marketability이 뛰어난 안전자산으로 각광 받아 왔다. 특히 전쟁 등 극단적 위기 상황에서 최종 지급수단으로 활용될 수 있다는 점에서 꼬리위험tail risk에 대한 보험적 성격을 갖는다.

금은 최후의 보루 성격의 자산이라는 인식으로 인하여 일상적인 거래수단이 되기 어려웠고 미달러화의 가치 변동에 따라 부침이 컸다

지정학적으로 불안하거나 시스템 리스크에 대한 우려가 고조되는 경우 그리고 물가가 급등하는 경우에도 금의 가치는 안정적으로 유지된다는 점에서 여러모로 유용한 헤지수단이기도 하다. 안전자산으로서의 금의 위상은 글로벌 금융위기 이후 크게 높아지면서 금 보유 성향이 높아졌다. 일례로 스위스의 경우 2014년중 한 포퓰리즘 정당이 스위스 중앙은행의 금 매각을 금지하고 외환보유액의 20% 이상을 금으로 보유하도록 하고 해외에 보관중인 금을 본국으로 송환하도록 하자는 법안을 국민투표에 상정하였으나 부결된 적이 있다.

금은 거래 유동성 측면에서 볼 때 일평균 거래규모가 300억달러를 상회하는 수준으로 6천억달러에 근접하는 미 국채에 비해서는 크게 낮다고 볼 수 있다. 게다가 금은 외환보유액중 최후의 보루라는 인식이 있어 시장전망에 대응하여 자유롭게 사고 팔기가 제한적이다. 중앙은행별로 금 보유잔액 변동이 공개되고 있기 때문에 보유규모의 변동은 시장에 예상치 못한 시그널을 줄 가능성도 배제할 수 없다. 또한 금은 여타 금융자산에 비해 사실상 무수익 자산이다. 금을 대여함으로써 이자를 수취할 수는 있겠으나 주식, 채권 등과 같이 보유 자체만으로 이자, 배당 등이 지급되지는 않기 때문에 안정적인 현금흐름을 만들기 어렵다.

1973년 이후 연평균 수익률에 대하여 전년동월대비 월별수익률의 표준편차로 계산한 가격변동성 위험을 대비시켜 위험조정수익률을 산출해 보면 미국 주식의 경우 0.44인 반면 금은 0.26으로 더 낮게 나타났다. 금의 가격변동성이 크다는 점을 알 수 있다. 따라서 금이 환금성이 좋은 자산이기는 하지만 이러한 제약요인을 감안할 때 적극적으로 보유 규모를 늘려야 하는 시점에 대해서는 신중한 판단이 필요하다.

금은 기본적으로 무수익자산인 데다 일상적 현금화가 어렵고 가치 변동성이 크다는 점을 인식하면서 포트폴리오 산입 정도를 고려해야 한다

다만, 미달러화 중심의 국제통화제도에 대한 불신이 확산될 때에 대비하여 미래 어느 시점에서는 유동성 목적으로 금을 보유해야 할 때가 올 수도 있다는 점을 염두에 두어야 할 것이다.

금 본위제도와 주요국의 금 보유

　금 본위제도는 자국화폐의 가치를 금의 일정량을 기준으로 결정하는 것이다. 1816년 영국이 시작하였으나 제1차 세계대전과 경제대공황을 거치면서 붕괴되었다가 제2차 세계대전 이후 브레튼우즈Bretton Woods체제가 출범하면서 미국에서 부활하였다. 미달러화와 금의 가치 비율이 금 1온스당 35달러에 고정되고 다른 통화는 미달러화와의 평가를 통해 금에 간접적으로 연계시키는 금환본위제gold-exchange standard system라 할 수 있다. 그러나 국제유동성이 기본적으로 금 생산과 미국의 국제수지 적자에 의존하여 공급될 수 밖에 없는 상황에서 금 생산은 한정되어 있고 미국이 만성적인 국제수지 적자에 시달렸기 때문에 1971년 미달러화의 금 태환convertibility은 정지되고 브레튼우즈 체제는 마감하게 되었다. 이후 미달러화를 기축통화로 하는 새로운 통화질서가 확립되면서 금의 위상은 쇠락하였으나 오랫동안 금 중심의 국제통화질서가 유지되어 왔으므로 오늘날까지도 미국, 유럽 등 선진국 중앙은행들을 중심으로 금 보유량이 많다. 현행 불환통화fiat money 체제 하에서 대외교환성이 높은 통화의 국가들은 금 보유를

금본위제도의 영향으로 미국과 유럽 개별국 중앙은행들의 금 보유량이 두드러진다

늘릴 이유가 없고 오히려 매각하려는 움직임이 많았던 것이 사실이다. 그래서 한때는 중앙은행들간에 경쟁적으로 금을 매각하려는 움직임을 방지하기 위하여 유럽 중앙은행들을 중심으로 금 매각 제한 협정Central Bank Gold Agreement를 맺기도 하였다. 동 협정은 1999년에 5년간의 협정을 체결한 이후 4차까지 연장된 후 2019년 종료되었다. 3차 협정까지는 국별로 아예 연도별 매각한도를 400~500톤으로 명시하기도 했다.

2019년 9월 현재 전 세계 중앙은행의 금 보유규모는 31,695톤으로 이중 60% 이상을 미국과 유럽 중앙은행들이 보유하고 있다. 미국, 독일, 이탈리아, 프랑스, 러시아, 중국, 스위스, 일본, 인도, 네덜란드, 튀르키예 순으로 중앙은행들이 금을 많이 보유하고 있으며 IMF가 독일 다음이다. 이들 국가중 러시아, 중국, 인도 등은 비교적 최근 국제수지 흑자 및 외환보유액 증가에 따라 금을 비축한 나라들이다. 2010년 이후 2020년 상반기까지 중앙은행 등 공적기관이 매입한 금의 규모는 4,737톤인데 그중 66%를 러시아, 중국, 튀르키예가 차지하고 카자흐스탄, 우즈벡, 폴란드, 멕시코, 아제르바이젠, 인도, 이라크 등이 뒤를 잇는다. 이들중 상당수가 반서방 국가라는 점에서 미국과의 외교적 갈등 및 경제제재 등에 대한 대응, 미달러 패권주의 탈피 등 해당국의 대내외 정치경제적 여건 변화가 반영된 것으로 보인다.

최근에는 미국과 대립하는 반서방 국가들의 금매입 추세가 두드러진다

외환보유액에서 차지하는 금 비중이 높은 국가들을 살펴보면 베네수엘라가 금 보유규모로는 전 세계 25번째이나 금 비중으로는 83.0%로 가장 높다. 금 보유규모 25위 이내의 국가들중 미국(67.1%)과 유로지역 국가인 포르투갈(69.2%), 독일(66.5%), 이태리(63.6%), 프랑스(58.6%), 네덜란드(55.4%), 오스트리아(49.3%), 벨기에(32.1%) 등이 금 비중이 높다. 이들은 금 본위제도의 역사적 흔적에 주로 기인한다. 그밖에 우즈베키스탄(64.5%), 카자흐스탄(58.4%), 튀르키예(27.6%), 러시아(21.2%) 등이 높은 비중을 차지하고 있으며 중동국가로서 레바논(51.3%), 사우디아라비아(33.8%) 등도 두드러진다.

금 보유규모가 많은 서방국가들중에서는 해외에 보관중인 금을 본국으로 환수한 사례들이 있다. 독일의 경우 냉전시대 소련의 침공에 대비하기 위해 금을 미국, 프랑스, 영국 등에 분산 보관하였으나 2016년과 2017년 두 해에 걸쳐 미국과 프랑스에 보관중이던 금괴 674톤을 본국으로 환수하였다. 이는 글로벌 금융위기와 유럽재정위기 등으로 국제통화제도에 대한 의구심이 제기된 가운데 향후 위기 발생시 즉각적인 금 매각이 가능하도록 하자는 취지와 함께 타국에 보관중인 금의 안전성에 대한 국민적 의심이 확산된 데 주로 기인한다. 이로써 독일은 금 보유액의 50%를 자국에 보관하게 되었고, 미국 뉴욕에 37%, 영국 런던에 13%씩 보관중이다. 또한, 이란, 시리아와 베네수엘라 등 반 서방국가들도 금을 본국으로 환수하는 움직임을 보였다.

글로벌 금융위기 이후 해외보관 금의 본국 환수 요구가 증가하였다

<표 10-1>

순위	국가	규모[1]	비중[2]	순위	국가	규모[1]	비중[2]
			금 보유규모 상위 10개국 보유 현황				
1	미국	8.1	67.1	6	중국	2.0	3.6
2	독일	3.4	66.5	7	스위스	1.0	6.7
3	이태리	2.5	63.6	8	일본	0.8	4.0
4	프랑스	2.4	58.6	9	인도	0.8	8.1
5	러시아	2.3	21.2	10	네덜란드	0.6	55.4

주: 1) 단위는 천톤
　　2) 미달러화 표시 금 보유액이 외환보유액에서 차지하는 비중, 단위는 %

우리나라 금 보유의 역사

우리나라에서 외환보유액으로서 금이 세간의 관심을 불러일으킨 것은 1997년 외환위기 당시의 금 모으기 운동을 통해서이다. 1998년 1월부터 4월까지 총 225톤의 금이 걷혔으며 대부분 해외로 수출되어 외환시장 공급요인으로 작용하면서 환율안정에 적잖은 기여를 하였다. 한국은행은 이중 약 3톤가량을 매입하여 외환보유액으로 편입시켰다.

우리나라는 금 보유 규모가 미미하다가 2011년 이후 3년에 걸쳐 90톤의 금을 매입하였다

우리나라는 2011년부터 3년에 걸쳐 90톤의 금을 매입하기 전까지는 금 보유규모가 매우 미미하였다. 기록에 따르면 한국전쟁 발발 당시 한국은행은 보유하고 있는 금 1,070kg, 은 2천 513kg을 담은 89개 상자를 군 트럭에 싣고 진해 해군 통제부로 이송하였다. 긴박한 당시 정세와 수송력 부족으로 인해 금 260kg과 은 1만 5천 970kg, 미발행 조선은행권 등이 본점에 그대로 남겨졌고 6월 28일 북한군이 본점 건물을 접수하면서 북한군 수중에 들어간 것으로 보고 있다. 한국전쟁 이후에 보유하고 있던 금은 샌프란시스코로 보내졌고 그 뒤 미국 뉴욕연방준비은행에 임치되었다.

금은 한국전쟁중 상당부분 진해로 이송되었으나 일부는 북한군에 넘어간 것으로 기록되어 있다

우리나라는 이렇게 어렵게 보관해 온 금을 활용하여 1955년 IMF 및 IBRD에 가입할 때 금시장에서 추가 매입한 0.7톤의 금을 더하여 2.1톤을 지분출자로 납입했다. 1977년부터 IMF로부터 2.1톤의 금을 반환받고 1978년에는 IMF의 금 공매 응찰을 통해 2.2톤, 국제금시장에서 1.2톤을 매입하여 뉴욕연준과 UBS 등에 보관하고 있다가 1990년에 영란은행으로 이관하였다.

런던에 국제 금시장이 발달되어 있다는 점을 감안하여 유사시 현금화하거나 금 대여거래 등의 편리성 등을 고려한 선택이었던 것으로 보이며 당시 실물을 이동시키지 않고 금대여거래 만기에 금의 반환장소를 영란은행으로 변경하는 방식으로 이관을 실시하였다. 외환위기 당시 금 모으기 운동으로 확보한 금 3톤도 한국은행 대구지점에 보관중었던 소량의 금과 함께 정련과정을 거쳐 2004년에 영란은행으로 이관하였다. 보유금이 전량 영란은행에 집중되어 있다는 비판이 제기될 수 있으나 금 보유량이 크지 않은 점을 감안할 때 추후 추가로 매입하는 경우 여타 중앙은행 등으로

금은 뉴욕연준, UBS, 한국은행 대구지점 등에 보관되었다가 1990년 이후 영란은행으로 보관장소가 일원화되었다

분산 보관하는 방안도 고려해 볼 만 하다.

2022년말 현재 금 보유규모는 104톤을 상회하며 장부가액 기준으로 약 48억달러 상당이다. 2011년 당시 외환보유액이 3천억달러를 넘어서자 자산구성 다변화 차원에서 금 보유 규모를 늘렸다. 우리나라 외에도 2009년 이후 5년 동안 금을 30톤 이상 매입한 중앙은행은 12개 정도인 것으로 알려졌다.[39]

IMF가 창출한 통화 SDR

SDR$_{\text{Special Drawing Rights}}$,은 IMF가 1969년에 브레튼우즈 체제 하에서 금을 대신할 준비자산으로 인위적으로 만든 국제유동성이다. 주요 기축통화에 대한 청구권으로서 IMF 및 동 회원국, 일부 국제금융기구간에 통용된다.

1970년 미국의 국제수지 적자가 지속되면서 미달러화의 금 태환에 대한 신뢰성이 크게 저하되자 이를 해소하기 위해 처음 창출되었다. IMF 회원국에게 쿼타에 따라 배분되는 일반 배분$_{\text{General allocation}}$과 함께 특별 배분$_{\text{special allocation}}$이 이루어지기도 한다. 우리나라가 1997년 12월 외환위기 당시 IMF로부터 받은 구제금융도 210억달러 상당의 SDR로서 이를 미달러화로 받은 것이었다.

IMF는 통상 5년마다 장기적인 국제유동성 보충 또는 감축 필요성, 세계경제 상황을 고려하여 SDR의 창출 및 말소 여부를 검토하고 있다. 2021년 8월에 코로나 위기대응 및 회원국들의 장기 자금수요 등을

---

39) <참고 10-1> 한국은행 보유금의 관리 현황 참조

감안하여 6,500억달러 상당의 4,560억 SDR을 창출하였다. 이는 전례없는 규모의 배분이었으며 우리나라도 회원국 쿼타 비중에 따라 1.8%에 해당하는 81.65억SDR을 배분받았다. 이는 116억달러 상당으로 2022년말 현재 우리나라의 SDR 보유 총규모는 약 148억달러 상당이다.

코로나 위기대응 차원에서 IMF는 전례없이 회원국 모두에게 SDR을 배분함으로써 각국 외환보유액이 증가하게 되었다

SDR은 브레튼우즈 체제 하에서 처음 등장할 당시에는 SDR 한 단위를 당시 1달러의 가치인 금 0.88671그램로 설정하였다. 이후 브레튼우즈 체제의 붕괴로 SDR은 당시 국제금융시장에서 많이 통용되던 16개 통화들로 구성된 바스켓에 의해 가치를 산정하게 되었다. 그러다가 1981년부터 미달러화, 독일마르크화, 영국파운드화, 프랑스프랑화, 일본엔화로 구성된 통화바스켓을 이용하게 되었다.

현재 통화바스켓에 포함될 수 있는 통화의 기준은 두 가지이다. 하나는 해당 통화국가가 IMF 회원국이면서 세계 5대 수출국 중 하나이어야 하고 다른 하나는 국제거래의 지불수단으로서 뿐만 아니라 주요 금융시장에서 원활하게 거래되어야 한다는 것이다. 이러한 기준으로 5년마다 바스켓에 포함되는 통화에 대한 적정성을 검토하고 있다. 2016년부터 중국위안화가 SDR 통화구성에 편입되어 미달러화 41.73%, 유로화 30.93%에 이어 세 번째로 높은 10.92%의 비중을 적용받고 있다.

IMF에 대한 출자 및 융자

외환보유액에 포함되는 것 중 IMF포지션이라 불리는 자산이 있다. 이는 IMF 회원국이 IMF에 출자금을 납입하거나 IMF에 교환성있는 통화로 자금을 대출해 준 경우 보유하게 되는 IMF에 대한 청구권을 나타내는 것이다. 즉, 추후 IMF로부터 교환성 통화로 자금을 돌려받을 수 있는 권리이다. IMF 포지션은 필요시 언제든지 꺼내쓸 수 있다는 점에서 외환보유액에 포함되는 반면 IMF이외의 국제기구 출자액은 유동화할 수 없다는 이유로 외환보유액에 포함되지 않는다.

IMF포지션은 리저브 트란쉐IMF Reserve Tranche와 IMF 융자금액으로 구성된다. 리저브 트란쉐는 회원국의 쿼타 범위내에서 언제든지 교환성 통화로 인출할 수 있는 한도이다. IMF 융자금액은 신차입협정New Arrangement to Borrow, NAB과 빈곤감축 및 성장지원기금 약정Poverty Reduction and Growth Trust, PRGT에 따른 것으로 전자는 글로벌 금융위기 이후 자금지원능력을 제고하기 위하여, 후자는 저소득국가에 유리한 양허성 융자재원 마련을 위한 것이다. 또한 우리나라를 포함한 50여개 회원국들은 IMF의 금융거래계획Financial Transactions Plan에 따라 IMF가 요청할 경우 교환성 통화와 자국통화간 교환거래에 응해야 하는 의무가 있다. 이 경우 리저브 트란쉐가 변동하면서 외환보유액이 변동할 수 있다. 2022년말 현재 IMF포지션은 약 45억달러 수준이다.

IMF의 회원국으로서 IMF로부터 아무 조건 없이 인출가능한 청구권과 IMF요청에 의해 발생한 대출 자산은 외환보유액에 포함된다

주식을 통한 투자다변화

IMF의 가이드라인에 따르면 외환보유액의 투자대상Investment Universe 은 주요국의 국채, 정부기관채, 투자적격 회사채, 그리고 금 이외에도 상장주식을 포함하고 있다. 특히 상장주식을 포함시킨 것이 주목할 만 하다. 거래소 상장 주식은 유동성에 문제가 없고 주식의 특성상 투자 다 변화를 통해 헤지상품으로도 활용할 수 있다는 취지로 받아들여진다.

현재 우리나라의 외환보유액 상품구성은 IMF의 가이드라인을 충 실히 따르고 있다. 2022년말 현재 한국은행 외화자산에서 차지하는 상 품별 비중을 보면 예치금 12.6%, 정부채 39.4%, 정부기관채 14.1%, 회사채 11.0%, 자산유동화채 11.5% 외에 주식이 11.4%를 차치하고 있다. 사실 주식투자잔액이 한국은행의 외화자산으로 포함되어 있기 는 하나 한국은행이 직접 운용하지 않고 전액 한국투자공사와 그밖의 유수 자산운용사에 위탁하여 운용하고 있다. 실질적으로는 중앙은행 이 주식을 운용한다고 보기보다는 중앙은행 자금으로 국부펀드 등이 주식을 운용하고 있다고 보는 것이 적절해 보인다. 전 세계적으로 외 환보유액의 일부를 주식에 투자하고 있는 중앙은행은 스위스, 노르웨이, 이스라엘 중 앙은행 등이다. 그중 스위스와 노르웨이는 주식 비중이 약 20% 내외를 차지하고 있 다. 특히 스위스의 경우 우리나라와 달리 국부펀드가 없기 때문에 중앙은행이 전적 으로 직접 주식을 운용하고 있다.[40]

스위스는 중앙은행이 직접 20% 상당의 주식을 운용하고 있는 데 반해 우리나라는 10%대의 주식을 국부펀드 등에 위탁하여 운용하고 있다

---

40) <참고 10-2> 스위스 중앙은행의 외환보유액 다변화 참조

*주식 운용은
중장기적인
포트폴리오 관점에서
다변화의 핵심이라
할 수 있다*

외환보유액의 다변화의 정점은 주식의 운용여부에 있다해도 과언이 아니다. 주가의 단기 변동성이 채권금리에 비해 크다는 점에서 주식운용은 상대적으로 안전성이 미흡한 것이 사실이나 주식이 채권포트폴리오에 적절히 배합될 경우 동일한 수익을 보다 적은 위험을 감수함으로써 획득하는 위험-수익 구조_{risk-return profile}의 개선, 즉, 분산효과를 누릴 수 있다.

주식은 2008년 금융위기 당시 주가가 한달간 17% 하락한 것과 같이 국제금융시장 위기 상황에서 위험회피성향이 높아지면 대규모 평가손실이 불가피하다. 그러나 지난 30년간의 연평균 수익률을 비교해 보면 S&P500지수 상승률이 미국채 10년물 수익률을 크게 상회하는 것으로 나타나 장기 운용성과면에서 주식이 탁월하다. 변동성을 고려한 위험조정수익률_{sharpe ratio} 측면에서 보더라도 오히려 주식을 적정 수준으로 보유함으로써 성과가 더 개선된 것으로 나타났다. 노르웨이 중앙은행은 미 국채 5종류 만기물, 미국 주식, 현금성 자산 등으로 구성된 포트폴리오를 대상으로 1987년에서 2016년까지의 수익률과 변동성을 분석한 결과 주식비중이 20~30%일 때 가장 높은 위험조정수익률을 달성한다는 결과를 내놓았다.[41] 다소 단순한 가정 하에 얻은 결과이기는 하지만 중장기적으로 부_{wealth}의 증식의 관점에서 볼 때 외환보유액의 적정 주식비중을 어느 정도 가져가야 할 지 판단할 때 참고해 볼 만하다.

---

41) Norges Bank (2016)

또한 유동성 측면에서 볼 때 거래소 상장 주식의 경우 호가별 거래량 및 가격이 실시간 공개되는 데다 시가총액이 큰 선진국 주식의 경우 거래량 및 비용 면에서 유사시 대규모 매각을 통한 현금화도 용이하다.

다만, 분산효과와 관련하여 초 저금리 시대에는 추가 금리 하락에 한계가 있으므로 주가 하락분을 상쇄할 만큼 채권가격이 상승하는 데 제약이 있었던 게 사실이다. 또한 2022년중에는 인플레이션 급증과 함께 미 연준의 공격적인 정책금리 인상으로 채권금리가 빠르게 상승하는 가운데 주가도 유동성 축소 전망으로 빠르게 하락하는 양상으로 보여 미 국채 10년물 금리가 233bp 상승하고 S&P500지수는 13.8% 하락하는 등 분산효과가 크게 약화되기도 하였다.

종합해 보면 주식은 중장기적으로 높은 가격복원력을 바탕으로 양호한 성과를 나타내었다는 점을 고려하여 외화자산의 다변화 효과가 극대화되도록 적정 비중을 탐색해야 할 것이다.

<참고 10-1>

한국은행 보유금의 관리 현황

한국은행은 보유금 104.4톤을 전량 영란은행에 보관하고 있다. 런던시장에서 원활한 거래를 위해 런던금시장협회_{LBMA}에서 지정한 순도, 무게, 형태로 규격화된 Good Delivery 형태로 보관하며 골드바의 개수는 8,380개이다. 영란은행은 한국은행 등 70개의 중앙은행을 포함하여 100여개 내외의 금융기관을 대상으로 금 보관 서비스를 제공하고 있다. 런던은 글로벌 금 시장 중심지로서 금거래 표준, 거래가격 등이 결정되고 있기 때문에 다수의 금융기관들이 영란은행에 금 계좌를 보유하면서 금 거래에 참여하고 있다.

한국은행 홈페이지 자료에 따르면 2023.5월 한국은행은 영란은행에 보관중인 금에 대하여 현지실사를 처음 실시하였다. 205개의 샘플 추출방식을 통해 보유금의 안전성, 보관상태 등을 점검한 결과 모두 양호하게 보관되어 있음을 확인하였다. 샘플검사로 진행한 것은 금대여거래로 장부상 보유내역이 수시 변동되는 데다 물리적으로 제련업자별로 금고에 나누어 보관되어 있어 검사를 위해 이동시켜야 하는 문제 등을 고려한 것이다.

샘플중 200개는 현장에서 장부와 실물을 비교하여 골드바 표면의 관리번호, 제련업자, 순도 정보의 일치 여부를 점검하고 30개에 대해서는 무게를 측정하여 장부와의 일부 여부를 확인하는 한편, 5개는 현장에서 임의지정하여 보관상태와 함께 금보관 금고의 배치 상황까지 파악한 것으로 알려졌다.

<참고 10-2>

스위스 중앙은행의 외환보유액 다변화

　　스위스 중앙은행SNB:Swiss National Bank은 2010년 이후 유럽재정위기 여파로 스위스프랑화가 유로화 대비 초강세를 보이자 이를 저지하기 위해 스위스프랑화를 매도하고 유로화를 매입하는 시장개입을 하였다. 특히 2011년 9월에 스위스프랑 1단위당 1.20유로를 저지선으로 설정하고 무제한 시장개입을 실시한 이후 외환보유액의 증가폭은 배가되었다. 그러나 대규모 시장개입으로 인한 경제적 부담을 이기지 못하고 동 조치는 2014년 1월 폐지되었다. 이후에도 스위스프랑화의 강세가 이어졌으므로 이를 저지하기 위한 시장개입은 불가피하게 지속되었고 외환보유액의 증가세는 계속되었다.

　　스위스 중앙은행은 2005년부터 해외 주식을 운용하기 시작하였으며 2022년말 현재 채권과 주식의 비율은 75:25이고 채권내에서 정부채와 기타채권의 비율은 85:15이다. 기타채권은 국제기구채, 지방정부채, 회사채 등이다.

　　스위스 중앙은행이 외환보유액 구성을 주식으로 다변화한 것은 주식이 단기적으로는 가격변동성의 영향으로 안전성이 다소 취약할 수 있으나 장기적으로는 안정적인 수익을 제공해주므로 위험-수익 구조상 전반적인 효익이 더 크다는 인식에서 비롯된다. 스위스의 경우 주식을 처음 투자하기 시작한 2005년부터 2022년까지 스위스프랑화로 산출한 연평균 운용수익률이 4.1%로서 같은 기간 채권의 운용수익률 -0.2%를 크게 상회하는 것으로 나타났다.

제11장 외화자산 국외운용의 계획과 실행

운용 계획의 작성

일반적으로 자산운용은 운용정책서IPS: Investment Policy Statement를 기반으로 이루어진다. 여기에는 자산운용기관의 운용 정책방향과 목표, 운용지침, 성과 평가 등의 기준 등이 포함되어 있다.

자산운용은 운용계획 작성부터 시작되는데 이는 전략적 자산배분SAA: Strategical Asset Allocation을 구체화하는 과정으로서 통상 다섯 단계로 구분할 수 있다. 첫 번째, 운용 목표Investment Objectives를 통해 자산운용의 방향을 설정하는 것이다. 이는 기준포트폴리오와 운용지침을 마련하는 데 근거가 된다. 외환보유액의 경우 운용 목표는 안전성과 유동성을 추구하고 제한된 범위에서 수익성을 추구하는 것이므로 그에 적합한 기준포트폴리오와 운용지침이 만들어지게 되는 것이다. 외부기관에 자산운용을 위탁하는 경우에는 계약서IMA: Investment Management Agreement와 부속서류schedule의 형태로 운용 방향을 제시하게 된다.

두 번째, 제약조건Constraints을 설정하는 것으로 투자시계investment horizon를 얼마로 할 것인지, 최소한으로 필요로 하는 유동성 규모는 얼마인지 등을 정하는 것이며 그 외에 법적 제약 등 고려사항들도 포함된다.

세 번째, 최적 배분결과에 포함될 수 있는 적합한 투자대상 범위investment universe를 설정하는 것이다. 이때 자산군을 세분화할수록 다양한 시장 전망을 반영할 수 있으나 공매도가 허용되지 않은 상황에서는 투자비중이 영zero인 자산이 존재하는 구석해corner solution의 가능성이 높아진 점도 고려해야 한다.

네 번째는 투자시계 동안의 금리, 환율, 주가 등 주요 변수에 대한 시장전망capital market expectation을 완성하는 것이다. 이를 토대로 자산별 기대수익률 및 자산간 공분산행렬 등 투입변수를 추정[42]하고 이를 평균-분산 모형mean-variance model에 적용함으로써 효율적 투자선efficient frontier을 도출한다. 평균-분산 모형은 포트폴리오의 미래 수익이 정규분포를 따른다는 전제로 불확실성 하에서 기대효용을 극대화하려는 합리적 투자자가 자산의 기대수익률과 위험만으로 최적 포트폴리오를 선택할 수 있다는 이론을 기반으로 한다. 즉, 효율적 투자선은 투자대상범위, 투입변수 등이 주어진 상태에서 동일한 위험수준 하에 기대수

운용목표의 정의
(Investment Objective)

↓

제약조건의 설정
(Constrains)

↓

투자대상범위 설정
(Investment Universe)

↓

시장전망
(Capital Market Expectation)

↓

최적자산배분
(Optimal Asset Allocation)

---

42) 통계적기법(statistical tools), 현금흐름할인법(discounted cash flow models), 리스크 프리미엄접근법(risk premium approach), 금융균형모형(financial equilibrium model) 등의 툴이 있다.

기준포트폴리오의
작성을 위하여
효율적 투자선과
효용함수 등을 통해
최적의 자산배분을
도출한다

익이 가장 크거나 동일 기대수익 하에 위험이 가장 작은 포트폴리오 집합을 위험-수익 평면에 도시한 것이다.

최종적으로는 투자자의 리스크 목표가 반영된 효용함수를 활용하여 최적의 포트폴리오_{optimal portfolio}를 선택함으로써 최적자산배분을 완성한다. 이상과 같이 장기 운용목표 달성을 위해 투자자산별 비중을 설정하는 과정을 전략적 자산배분_{SAA}이라 하고 그 결과물인 최적 포트폴리오를 기준_{benchmark} 포트폴리오라 하는 것이다.

운용 계획의 실행

전략적 자산배분_{SAA}이 완성되면 운용 계획을 실행하는 단계로서 전술적 자산배분_{TAA: Tatical Asset Allocation}를 실시하게 된다. 이는 중기적 시계에서 투자기회를 모색하기 위해 중기 시장 전망을 토대로 SAA내 자산비중을 조정하는 것이다. SAA와 TAA가 결정되면 이제는 운용지침_{Investment Guildline}을 준수하면서 투자대상범위에서 선택된 상품들로 실제 포트폴리오_{actual portfolio}를 구성한다. 운용 지침은 운용담당자가 운용기준 대비 자유롭게 포지션을 조정할 수 있는 여지를 부여한 것이다. 즉, 리스크를 부담할 수 있는 한도이므로 운용담당자들은 이를 준수하면서 시장전망에 의거 포지션을 취함으로써 전략적 자산배분 및 전술적 자산배분에 의해 달성할 수 있는 수익률을 초과하는 성과를 내고자 한다. SAA, TAA, 실제운용으로 이어지는 3단계 운용방식_{three layers of}

governance을 대부분 주요국 중앙은행들도 채택하고 있다.

ECB는 전략적 운용방향strategical investment policy을 설정하고 중기시계로 전술적 방안을 마련medium-term tactical positioning한 후 일상적 포토폴리오 관리day-to-day portfolio management를 해 나간다. 이를 통해 ECB 최고의사결정기구인 집행위governing council에서 정한 장기 위험-수익 선호에 부합하면서 단기적으로 투자수익 창출 기회를 모색하는 운용 체계가 작동하게 되는 것이다.

전략적
자산배분(SAA)

↓

전술적
자산배분(TAA)

↓

실제 자산운용
(Actual
management)

현재 한국은행의 국외운용체계도 전략적 자산배분, 전술적 자산배분, 실제 포트폴리오 구성 등 3단계 방식을 따르고 있다. 한국은행은 현재 1년 단위로 외화자산 운용방향과 전략적 운용기준, 투자지침 등을 결정하고 있다. 우선 큰 그림으로서 당해 연도의 외화자산 운용계획의 운용방향에 대해서 한국은행의 최고의사결정기구인 금융통화위원회가 의결하여 확정한다. 그리고 구체적 운용 계획은 외부 교수 및 전문가들로 구성된 외화자산 운용자문위원회와 한국은행 주요 부서장들이 참여하는 외화자산 리스크위원회에서 광범위하게 의견을 수렴한 후 총재가 결정한다.

금융통화위원회가 기본방향을 설정하고 한국은행총재가 연간운용계획을 확정한다

연간운용계획이 결정되면 실무 부서인 외자운용원에서 전술적 자산배분을 실시하고 운용지침을 준수하면서 실제 포트폴리오를 구성하게 된다.

기본적인 투자 실행전략

실제 운용은 전망 등을 기초로 하여 기준포트폴리오의 자산별 비중과 실제 자산별 비중을 얼마나 차이 나게 운용하느냐에 따라 수동적$_{passive}$ 운용과 적극적$_{active}$ 운용 그리고 그 중간단계$_{enhanced}$로 구분할 수 있다. 수동적 운용은 기준포트폴리오를 그대로 복사$_{replication}$하여 기준포트폴리오 수익률을 표방하는 것이다. 이를 위해 기준포트폴리오 자산구성을 잘 복사해야 하는데 새로운 채권 발행 등으로 그 구성이 변화할 때 이를 추적하는 일이 중요하다.

기준포트폴리오보다 나은 성과를 내기 위하여 전술적 자산배분을 하고 리스크 한도내에서 실제 포트폴리오를 구성한다

적극적 운용은 환율, 금리, 스프레드 등의 방향성을 예측하여 자산구성을 기준포트폴리오와 다르게 유지함으로써 적극적인 초과수익을 도모하는 반면 수동적 운용은 운용기준을 대체로 추종$_{benchmarking}$하는 소위 베타$_{beta}$ 전략을 구사하는 것이고, 중간단계의 운용은 쉽게 말해 적극적 운용에 비해 덜 적극적으로 비중의 차이를 크지 않게 가져가는 것이라 할 수 있다.

적극적 운용은 베타수익을 초과하는 소위 알파$_{alpha}$ 수익을 창출하기 위한 것으로 톱-다운$_{top-down}$ 전략과 바톰-업$_{bottom-up}$ 전략으로 구분된다. 톱-다운전략은 우선 환율, 금리, 스프레드 등 전반적인 매크로$_{macro}$

변수의 방향성에 따라 개별 자산구성 등을 조정하며 운용하는 방식인 반면, 바톰-업전략은 개별 자산들의 상대가치$_{relative\ value}$ 분석 및 매매를 통해 수익을 추구하는 전략이다.

바톰-업전략은 투자대상별 상대가치 분석을 위해 서로 다른 통화, 국가, 상품, 만기구간, 개별채권들을 대상으로 공정가치$_{fair\ value}$와의 비교 및 평가를 통해 상대적으로 나은 투자대안을 찾아내는 방법이다. 대표적으로 채권의 수익률곡선 전략$_{yield\ curve\ strategy}$을 들 수 있다. 이는 채권수익률 곡선의 형태가 향후 어떻게 변화할 지에 대한 전망을 기초한 것으로 구체적으로 곡선이 전반적으로 평행적으로 이동할지$_{parallel}$ $_{shift}$, 기울기가 변하면서 이동할지$_{steepening/flattening}$, 곡률$_{curvature}$이 변화할 지 등의 전망에 따라 각각 듀레이션$_{duration}$ 전략, 커브$_{curve}$ 전략, 버터플라이$_{butterfly}$ 전략 등을 구사할 수 있다. 이를 위해 다양한 매크로 또는 기술적 분석이 이루어지며 평균회귀$_{No\ regime\ change}$ 가정 하에 구간거래 $_{range\ trading}$가 활용되기도 한다. 따라서 기본적인 거시경제 여건이나 플로우 등에 구조적인 변화가 없는지 시장을 면밀히 모니터링해야 한다.

한편, 운용전략의 실행은 기관 자체적으로 직접 이루어질수도 있지만 특정 부문에 대해서는 전문성이 높은 위탁기관을 통해 간접적으로 행해질 수도 있다. 예를 들어 한국은행은 대부분 자산을 자체 전문조직인 외자운용원을 통하여 직접 운용하지만 일부는 해외 유수의 자산운용사들과 한국투자공사에 맡겨서 간접 운용하기도 한다. 이는 외부 전문성 활용, 투자방식의 다변화 등을 통한 수익성 제고를 위한 것으로 주로 직접운용자산에 비해 신용등급이 낮은 채권이나 변동성이 큰 주식 등의 투자에 보다 전문성이 높은 기관이 활용된다. 사실 민간 자산운용사들도 일반적으로 포트폴리오 전략의 다양화 등을 통해 더 높은 수익성을 추구하기 위해서 특정 부문에 역량이 높은 타 자산운용사에 일부 자금을 위탁 운용하는 경우가 많다. 참고로 2021년 운용규모 기준으로 전 세계 10대 자산운용사는 블랙록, 뱅가드, 피델리티, 스테이트스트리트, 캐피탈그룹, JP모건, 핌코, BNY멜론, 아문디, 골드만삭스 순이다. 아울러 한국은행 등 공적 자산운용기관들은 우리나라 금융산업 발전을 지원하기 위하여 국내 자산운용사들을 위탁운용사로 활용하고 있다.

위탁기관을 이용하여 운용하는 자산의 종류와 규모가 커질수록 이들을 관리하는 데 자산보관은행custodian을 활용하게 된다. 이들은 투자자산 보관 및 관리, 결제, 대사 등과 같은 커스터디 서비스custody service를 수행한다. 이에 더해 회계, 세무, 준법여부점검compliance check, 기업공시corporate action 관리 등 보다 포괄적인 서비스를 제공하는 기관을 마스터 커스터디안master custodian이라고 한다. 대표적으로는 BNY멜론, 스테이트스트리트, JP 모건, 시티그룹 등이 있다. 또한 이들의 수익원중 중요한 부분을 차지하고 있는 업무가 증권대여Security Lending로서 채권운용기관들이 환매조건부 증권매도거래RP: repurchase agreement와 함께 추가수익 획득 수단으로 주로 활용중이다.

외환보유액을 직접 운용과 위탁 운용을 적절히 배합하면서 운용목표를 극대화시키도록 노력한다

제12장 외화자산 국외운용의 리스크와 성과

리스크 관리 체계

외환보유액 운용체계에서 중요한 축은 제대로 갖추어진 리스크 관리 체계_{framework}이다. 이는 글로벌 최적관행_{best practice}에 비추어 볼 때 몇 가지 단계로 구분할 수 있다. 첫 번째는 리스크 타겟팅_{risk targeting}이다. 운용목표 달성을 위하여 리스크를 어느 정도까지 허용_{risk tolerance}할 것인지 리스크 목표를 정하는 것이다. 기준 대비 어느 정도나 벗어날 수 있게 허용할 것인지 추적오차_{TE: Tracking Error}를 기준으로 목표를 설정할 수도 있고 또는 총량적 지표인 VaR_{Value-at-Risk}를 기준으로 허용 한도를 설정할 수도 있다.

추적오차는 기준포트폴리오 수익률 대비 초과수익률의 표준편차를 의미하며 기준포트폴리오 대비 자산구성의 비중 차이를 크게 벌리려는 적극적 운용일수록 크게 나타난다. VaR는 어떤 시장 여건 하에서 일정 기간 동안 발생할 수 있는 포트폴리오의 최대손실금액으로서 예를 들어 목표기간 1년, 95%의 신뢰수준에서 산출된 VaR 값이 10억달러라면 1년 동안 발생가능한 최대손실금액이 10억달러보다 적을 확률이 95%라는 의미이다.

리스크 목표설정 (risk targeting)
↓
리스크 할당 (risk allocation)
↓
리스크 통제 및 관리 (risk control & management)

앞서 살펴본 대로 기준포트폴리오를 결정하는 최적 자산배분 과정에서 리스크 한도를 반영한다. 예를 들어 포트폴리오 수익률이 물가상승률을 상회하도록 최적자산배분을 하는 경우 이때 물가상승률이 임계수익률이 되며 기준포트폴리오의 시장수익률이 이를 하회할 확률shortfall risk을 어느 정도로 제한할 것인지를 최적자산배분과정에 반영하는 것이다.

효율적 투자선상에 있는 자산배분 조합중 리스크 목표에 부합하는 조합을 선택함으로써 비로소 리스크 타겟팅이 완료된 전략적 자산배분이 이루어진다. 이렇게 기준포트폴리오에 내재된 리스크로서 리스크 타게팅을 통해 배분된 리스크를 베타리스크라고 한다.

두 번째 단계는 리스크 할당risk allocation이다. 시장리스크, 신용리스크, 유동성리스크, 운영리스크 등 다양한 리스크 팩터risk factor별로 리스크를 파악하기 위하여 앞서 설정한 리스크 총한도를 배분하는 것을 말한다. 예를 들어 실제 운용과정에서 기준포트폴리오로부터 벗어나도록 허용된 추적오차tracking error를 기준으로 리스크 총한도를 정했다면 이를 리스크 팩터별로 배분하는 것이다. 추적오차는 초과수익률 창출을 위해 하부포트폴리오를 운용함에 있어서 수익 극대화를 위해 부담할 수 있는 위험의 실질적 한도로서 의미가 있다.

마지막 단계는 리스크를 통제control하고 관리management하는 것이다.

자산운용과 관련된 금융리스크는 시장리스크, 신용리스크, 유동성리스크, 운영리스크 뿐만 아니라 거래상대방 리스크, 집중리스크, 파생상품리스크 등 다양하다. 이들에 대해 각각의 한도를 설정할 수 있는데 이를 준수하도록 하기 위해서는 필요한 리스크 지표를 측정$_{risk\ measurement}$하고 한도 준수 여부를 점검하는 한편, 시나리오별 시뮬레이션을 통한 스트레스 테스트 등 일련의 리스크 관리$_{management}$를 실시해야 한다.

한편, 리스크 버제팅$_{risk\ budgeting}$이라는 용어가 많이 사용되는데 이는 리스크 타게팅, 리스크 할당, 리스크 통제 및 관리를 포괄하는 것으로서 외화자산 전체를 대상으로 목표 초과 수익률과 목표 추적오차를 설정하고 이를 달성할 수 있도록 각각의 하부 포트폴리오에 리스크를 할당하는 한편, 이렇게 할당된 리스크를 모니터링하고 위험조정 성과를 평가함으로써 이를 피드백하는 일련의 작업을 가리킨다.

리스크 목표를 설정하고 이를 달성하기 위해 하부포트폴리오에 리스크를 할당하고 사용 실적을 모니터링하면서 피드백하는 일련의 과정이 리스크 버제팅이다

외환보유액 운용의 주요 리스크

외화자산 운용과정에서 발생할 수 있는 리스크는 주요 팩터별로 시장리스크, 신용리스크, 유동성리스크, 운영리스크 등으로 구분할 수 있고 이외에도 거래기관 리스크$_{Counterparty\ Risk}$, 법적리스크$_{Legal\ Risk}$ 등 다양하다. 이들을 관리하기 위하여 리스크 한도를 설정하고 최신 리스크

유동성리스크 관리를
위해 현금성 자산을
트랜칭하고 국채
비중을 적절히
유지한다

관리 기법과 모델을 이용하여 리스크를 측정하면서 적정 수준으로 유지해야 한다.

첫 번째, 유동성리스크는 외환시장 개입, 대외채무 지급 등 외화자금의 지급이 필요하지만 현금이 부족하거나 자산매각이 적시에 이루어지지 못한 데 따른 위험으로서 유동성 확보과정에서 상황에 따라 불가피하게 자산가치 상의 큰 손실이 초래될 수 있다. 따라서 지급 시기 및 규모 등을 예측하거나 그에 대비하여 여유자금을 어느 정도로 가져갈 것인가에 대한 의사결정이 중요하다. 유동성위험 관리를 위해서는 시장규모가 크고 거래가 활발한 금융상품으로 투자대상을 제한하고 정부채 등 유동성이 높은 자산의 비중이 일정수준 이상이 되도록 해야 한다. 이 밖에 평소 매매호가 스프레드 등을 활용하여 외화자산의 유동성 수준 및 유동화 비용을 점검할 필요가 있다.

두 번째로 시장리스크는 금리, 주가, 환율변동에 따른 위험이다. 특히 외환보유액에서 채권이 큰 비중을 차지하는 점을 감안할 때 시장금리의 변동에 따른 보유자산의 금리민감도를 어떻게 관리해 나갈 것인지는 매우 중요한 의사결정이다. 또한 외환보유액의 통화구성에 있어서 미달러화 이외의 통화 비중이 상당한 만큼 보유자산의 가치는 환율변동에 더 민감하게 변동할 수 있다. 따라서 통화 및 투자상품, 투자만기 등에 대해 운용기준을 설정하고 이를 벗어날 수 있는 허용폭을 설정하는 한편, 추적오차 한도를 관리하고

시장리스크 관리를
위해 듀레이션 및
통화비중 변동
허용범위를 관리하며
스트레스 테스트 등을
활용한다

스트레스 테스트 등 시나리오 분석을 통해 극단적 위기 발생시 손실에 대비해야 한다.

신용리스크 관리를 위해 거래상대방에 대한 분석과 한도관리가 필요하다

세 번째로 신용리스크는 투자자산의 원리금이 완전히 상환되지 못하거나 정해진 기일보다 지연 상환될 가능성으로 투자대상국 위험Sovereign Risk, 채무자위험Obligor Risk, 투자상품위험Instrument Risk 등이 이에 해당된다. 투자대상국 위험은 그 나라의 외환관리제도 변경, 전쟁, 천재지변 및 국제수지 악화 등으로 채무지급이 불가능해지거나 채무지급 중단을 선언할 가능성이다. 채무자위험은 특정 금융상품의 채무자가 도산 등의 이유로 원리금 지급이 불가능해질 가능성이다. 투자상품위험은 특정 금융자산의 고유한 성질에 따라 원리금 지급이 중단될 가능성이다. 신용위험이 큰 금융자산일수록 그에 대한 보상으로 수익률이 높은 것이 일반적이므로 어느 정도의 위험을 부담하면서 수익률을 제고할 것인가 하는 의사결정이 중요하다. 따라서 투자 적격 기준에 맞는 투자자산을 정하고 일정 신용등급 기준을 충족하지 못하는 거래상대방counterparty과의 거래를 제한하는 한편, 시장지표 등을 적극 모니터링하여 선제적으로 신용위험이 확대되지 못하도록 할 필요가 있다.

네 번째로 운영리스크는 부적절하거나 잘못된 내부절차, 인력, 시스템 또는 외부의 사건으로 인해 발생하는 손실위험으로 정의되며 법률리스크를 포함한다. 운영리스크는 정의와 범위가 다양하고 관련 데이터도 일관성이 없어 리스크의 측정, 관리방법 등에 대한 체계적인 접근이 이루어지지 못한 경향이 있었다. 그러나 1999년 BIS의 은행 자기자본규제제도 개편으로 운영리스크에도 필요 자기자본을 부과하면

서 중요성이 부각되었으며 크게는 인력, 업무절차, 시스템, 외부요인 등으로 범주화되었다. 운영위험을 관리하기 위해서는 조직을 견제와 균형 원칙에 따라 전략수립, 운용실행, 리스크 관리, 결제 및 IT 등으로 분리하여 운영하는 것이 필요하다. 또한 준법감시인을 두고 직원들이 업무수행과 관련한 제반 법령 및 규정등을 절처히 준수할 수 있도록 체제를 갖추고 핵심리스크 지표 모니터링 등을 통해 위험발생 가능성을 점검하는 것도 필요하다.

외환보유액 운용 성과의 의미

외환보유액의 목표를 감안할 때 운용성과를 수익률이라는 잣대로 비교하는 데 한계가 있다

각 나라마다 외환보유액이 갖는 의미와 운용목표가 다른 상황에서 외환보유액의 운용 수익률을 서로 비교 평가하는 것은 매우 조심해야 한다. 외환보유액의 수익성 제고가 안전성과 유동성을 확보한 다음의 목표라는 점을 고려할 때 수익률에 의미를 두는 것은 부적절하다. 언제든 필요할 때 자금을 인출하기 위한 입출금통장의 수익률을 따지는 것과 유사해 보인다.

반면에 국부펀드와 공적연금펀드의 경우에는 장기 수익성 제고를 목표로 한다는 점에서 수익률은 의미가 있다. 외환보유액이 아닌 국부펀드에서 자금을 운용하는 것은 입출금통장에 자금의 여유가 충분히 있을 때 수익률이 높은 계좌나 상품으로 자금을 운용하는 것과 유사하므로 수익성을 잘 따져보는 것이 합당하다.

자산운용 수익률은 기준시점 대비 비교
시점의 자산가치의 변동금액을 기준시점
의 가액으로 나누어 백분율로 표시한다. 자
산가치의 변동은 이자손익, 매매손익은 물론 환평가손익 및 자산시가
평가 손익 등 모든 실현_{realized} 및 미실현 손익 등에 의해 초래된다. 이를
모두 반영한 수익률이 총수익률_{total rate of return}이다. 이와는 달리 실현수
익률_{realized return}은 시가기준이 아닌 장부가액 기준으로 산출하므로 시가
평가에 의한 손익을 제외하고 이자수입이나 자산처분 시의 가격변동
만을 반영한다.

총수익률과
실현수익률은
장기적으로 수렴한다

총수익률과 실현수익률을 비교해 보면 수익의 인식시점이 다를 뿐
이므로 총수익률이 시차를 두고 실현수익률에 반영되어 장기적으로
양자가 서로 수렴한다. 따라서 총수익률 극대화 전략은 곧 장기적으로
실현수익률 극대화를 위한 전략이 되는 것이다.

한편, 외화자산의 운용성과는 어떤 통화를 기준으로 산출하느냐에
따라 달라지는 점도 유의해야 한다. 자국통화로 하는 경우와 기축통화
인 미달러화로 하는 경우로 크게 나누어지는데 신흥국의 경우에는 미
달러화를 기준으로 산출하는 경우가 일반적이고 선진국의 경우에는
주로 자국통화로 산출하는 경향이 있다. 외화자산이 미달러화를 비롯
한 주요국 통화로 표시되어 있는 만큼 미
달러화로 평가한 수익률은 주요국 통화의
대미달러화 환율 변동에 크게 좌우된다.
그리고 평가기간이 짧을수록 기간별로 시
장변수의 등락이 다르므로 기간 수익률의

외환보유액 성과 산출
기준통화에 따라
수익률의 크기와
의미가 다르다는 점에
유의해야 한다

등락폭이 커진다.

외환보유액 운용 성과와 한국은행의 수지

*외환보유액 운용
성과는 한국은행
결산결과에 일부
포함되어 있으나
충분한 정보가
제공된 것은 아니다*

　우리나라 외환보유액 대부분이 한국은행
의 외화자산이므로 외환보유액의 운용성과
는 한국은행의 매 회계연도 결산 결과에 나
타나게 된다. 그러나 결산서상에 당기순이
익중 외화자산 운용수익을 별도로 구분하고
있지 않은 점, 한국은행 외화자산이 외환보
유액의 전부가 아니므로 전체 외환보유액의 성과라고 보기 어려운 점,
외화자산 운용수익률을 별도로 계산해서 수치로 공표하고 있지 않은
점 등을 고려할 때 정보로서의 한계는 존재한다. 게다가 한국은행 결
산이 원가주의 회계원칙에 따른 점을 감안할 때 운용성과중 미실현 평
가손익이 제외되고 실현된 이자수익과 매매손익 등만이 수수료 등 제
비용이 차감된 후 당기순이익에 반영되어 있다는 점에 유의해야 한다.

　한편, 한국은행 자산의 대부분이 외환보유액인 만큼 그 운용결과에
따라 한국은행 수지를 좌우하게 된다. 그리고 원화로 계산되므로 외화
자산 관련 수익과 비용은 발생 당시의 환율로 환산되어 처리된다. 따
라서 회계연도중 환율이 상승할수록 원화환산 수익금액이 증가하므로
수지에는 긍정적이다.

　한국은행의 당기순이익은 법인세와 지방세 등을 납부하고 한은법
제99조에 의거 30%를 법정적립금과 일부 임의적립금을 적립하고 난

후 나머지 금액 전부를 정부 세입으로 납부한다. 2020회계연도에 한국은행의 국고납입액은 거의 8조원에 달하였다. 이는 법인세 등으로 2.8조원을 납부하고도 세후순이익중 법정적립금을 적립한 뒤 나머지 5.1조원을 정부에 납부한 결과이다. 한편, 한국은행이 정부세입으로 납부하는 회계상의 절차는 미처분이익잉여금을 정부예금으로 전환함으로써 이루어진다. 정부예금 중에서 정부가 필요에 의해 예금을 인출할 경우 본원통화가 증가하게 되는데 한국은행은 필요시 이에 대응하여 공개시장조작을 하게 된다. 즉, 정부가 정부예금을 인출하면 한국은행 부채항목중 정부예금은 감소하고 당좌예금이 증가한다. 궁극적으로 볼때 외화자산 실현수익은 외화자산 증가와 더불어 법인세 및 정부세입 납부를 통해 당좌예금 또는 통화안정증권 증가로 나타나는 것이다.

외환보유액의 운용성과는 한국은행 수지를 좌우한다

운용 성과에 대한 공개 필요성

일반적으로 국부펀드는 매년 수익률을 공개한다. 국부펀드는 자산운용 목적이 국부의 증진인 만큼 국민의 알권리 보장을 위하여 수익률 공개는 당연하다. 한국투자공사를 비롯하여 전 세계 대부분의 국부펀드들이 주로 1년 단위로 수익률을 공개하고 있다.

반면에 중앙은행 등이 운용하는 외환보유액의 경우에는 매년 공개하는 것이 일반적이지는 않다. 그뿐만 아니라 외환보유액의 운용에 대한 정보 공개 폭 자체가 그다지 크지 않다. 수익률을 매년 공개하는 중

외환보유액 운용을
국부펀드 운용과
동일한 잣대로
수익률을 비교
해서는 안된다

앙은행은 스위스, 브라질, 홍콩, 체코, 러시아 등이다. 이들은 외환보유액 규모가 전 세계에서 상위권이면서 러시아를 제외하고는 국부펀드가 없다. 외환보유액 운용을 통해 국부펀드의 역할까지 기대한다면 수익률 공개에 대한 요구가 더 컸을 것으로 보인다.

우리나라의 경우 국회 등에서 한국은행의 운용수익률 공개를 요구하고 있으나 한국은행은 아직까지 공개하지 않고 있다. 앞서 살펴본대로 외환보유액의 취지상 수익률이 큰 의미가 없다는 점, 수익률 공개시 서로 다른 목적을 가진 운용기관간 단순 비교로 부작용이 크다는 점 등이 주 이유이다. 이와 관련하여 중국의 외환보유액을 관리하고 있는 외환관리공사_{SAFE: State Administration of Foreign Exchange}의 경우 10년 평균, 20년 평균 운용수익률을 발표하고 있는 점을 참고해 볼만 하다. 2020년 SAFE 연차보고서에 따르면 1997년부터 2016년까지 20년간의 수익률이 4.23%, 2007년부터 2016년까지 10년간의 수익률은 3.42%이다. 한국은행의 운용수익률도 이와 크게 다르지 않을 것으로 추정된다.

한편, 한국은행과 한국투자공사간의 운용수익률은 운용목적, 운용대상, 위험기준 등이 각기 다르기 때문에 비교하는 것이 의미가 없다. 어설프게 수익률이라는 잣대로 기관의 운용역량 등을 판단한다면 잘못된 비판을 야기하고 외환보유액의 안전성과 유동성 훼손으로 이어질 수 있다는 점을 간과해서는 안된다.

제13장 중앙은행의 ESG 운용

중앙은행의 기후변화 대응

지속가능한 미래를 위한 ESG운용은 새로운 트렌드로서 자리 매김하고 있다

글로벌 자산운용사 및 연기금 등을 중심으로 ESG투자가 증가하는 가운데 중앙은행의 동참이 확산되는 양상이다. 2020년에 BIS가 실시한 중앙은행 외환보유액 담당자 서베이에서 응답자의 2/3 정도가 지속가능성 목표를 외환보유액 운용의 4번째 목표로 추가하는 데 동의한다고 응답하였다. 이미 외환보유액 운용목표로 명시하며 공식화한 국가들도 늘어나고 있다. 일본, 홍콩, 싱가포르, 이탈리아, 노르웨이, 덴마크 등이다. 사실 중앙은행의 ESG에 대한 대부분의 관심은 E, 즉, 기후변화에 초점이 맞추어져 있다.

전 세계적으로 가장 먼저 책임투자 관련 이니셔티브를 주도한 것은 국제연합기구UN: United Nations이었다. 2006년에 만들어진 UN 책임투자원칙UN PRI: UN principles for responsible investment은 글로벌 자산운용사가 중심이 되어 ESG 투자 활성화 및 주요 원칙을 실천하기 위해 만든 것으로 2022년말 5천개 이상의 기관이 가입하고 가입기관의 총 운용자산 규모도

약 121조 달러에 이른다. 여기에 가입한 기관들은 의무적으로 총자산의 절반이상에 대해 책임투자 정책을 적용해야 하고 이행 현황 보고 및 점검 등의 조건들을 준수해야 한다. 중앙은행중에서는 홍콩과 핀란드, 네덜란드 등만이 가입되어 있다. 평판리스크에 민감한 중앙은행 등 정부기관은 가입에 신중한 모습이다.[43]

UN PRI와 함께 ESG 흐름을 주도하고 있는 또 하나의 단체는 NGFS_{Network of Greening Financial System, NGFS}이다. 이는 기후 및 환경 관련 금융리스크 관리를 위한 중앙은행 및 감독기구의 자발적 논의체로서 외환보유액 운용에 지속가능성 요인을 반영할 것을 권고하고 있다. 2017.12월 One Planet Summit 기간중 프랑스 중앙은행의 제안으로 설립되어 현재 미 연준, ECB 등 총 120여개 기관이 회원으로 참여하고 있고 한국은행도 2019년에 가입하였다.[44]

또한, BIS도 회원국 중앙은행의 자금을 위탁받아 그린본드 펀드 Green Bond Fund for Central Banks를 출범시키고 BIS가 자체 운용하는 등 적극적인 행보를 보이고 있다. 2019년 10억달러 규모의 미달러화펀드에 이어 2021년 6억유로 규모의 유로화펀드를 조성하였다.

중앙은행들은 국제적으로 환경, 사회에 대한 영향력을 확대하고 평판 관리 등을 위해 ESG 투자에 대한 관심을 높이고 있는 추세이다. 다만, ESG 운용방침이 기존 외환보

ESG운용은 주요 기관들의 UN PRI와 NGFS 등의 가입이 증가하면서 전 세계적으로 공조적 흐름을 보이고 있다

---

43) 국민연금은 2009년, 한국투자공사는 2022년에 가입하였다.

44) 금융위원회와 금융감독원도 2021.5월 가입하였다.

세계 중앙은행들은 환경 및 사회에 대한 영향력과 평판 관리 등을 위해 ESG투자를 확대하고 있다

유액 운용체계에 부합되도록 하는 것이 관건이다. 외환보유액 상위 30개국중 16개국이 중앙은행 연차보고서 등을 통해 ESG 운용사실을 공개하면서 ESG 투자가 외환보유액 운용의 일부로 자리잡았음을 보여주고 있다. 우리나라를 비롯해 싱가포르, 덴마크, 이탈리아, 폴란드, 체코, 브라질 등 7개국은 ESG 투자금액까지 공개하고 있다.

스웨덴 중앙은행은 2019년에 고탄소 배출국가인 호주 및 캐나다의 일부 지방채를 투자대상에서 제외한 바 있고 네덜란드, 프랑스, 이탈리아 중앙은행은 지속가능투자의 기준sustainability standard을 마련하여 시행 중이다.

일본은 2021년 10월 중앙은행이 아닌 재무성에서 외환보유액을 운용함에 있어 안전성, 유동성, 수익성 목표를 유지하는 가운데 지속가능성을 제고할 것이라고 발표한 바 있다. 즉, ESG통합integration을 통해 운용목표 분석 및 종목선택 등 운용전반에 있어 ESG요인을 고려한다는 것이다.

독일, 영국 등 유럽국가들의 경우 외환보유액 운용과 관련해서는 ESG요인을 고려하고 있지 않은 경우가 많으나 직원연금, 법정적립금과 같은 고유자산의 운용이나 회사채 매입프로그램 운영 등 통화정책 차원에서는 ESG요인을 고려하고 있다.

ESG 운용전략 측면에서 보면 그린본드Green Bond, 소셜본드Social Bond 등과 같이 ESG 라벨이 붙어 있는 상품에 투자하는 경우가 가장 많다. 이를 임팩트impact 전략이라고 한다.[45] 그린본드는 2007년 유럽투자

---

45) <참고13-1> ESG투자전략의 분류와 중앙은행의 전략

은행EIB: European Investment Bank이 Climate Awareness Bond라는 명칭으로 주식연계채권Equity linked bond을 발행한 것이 시초가 되었으며 2008년 World Bank가 그린본드라는 명칭으로 일반 채권을 처음 발행한 것으로 알려져 있다. 회사채로는 2016년에 Apple사가 처음 그린본드를 발행하였으며 국채로는 그해 폴란드가 처음 발행하였다. 그밖에 소셜본드Social Bond는 저소득층 지원, 사회 인프라 구축, 범죄 예방 등 사회 문제 해결을 목적으로 발행되는 채권이며, 그린본드와 소셜본드가 결합된 형태로 지속가능채권Sustainablility Bond도 발행되고 있다. 운용 상품군에 따라서는 회사채 및 주식의 경우 네거티브 스크리닝 전략을, 국채 및 정부기관채에 대해서는 임팩트 전략을 가장 많이 활용하고 있다.

전체적으로 볼 때 아직 ESG 시장 규모와 투자상품 선택의 폭이 작은 데다 데이터가 부족하고 투자자에 따른 재무적 영향이 불분명하며 지속가능성의 영향에 대한 보고서 작성이 어렵다는 점 등이 중앙은행들이 ESG운용을 확대시키는 데 제약요인으로 작용하고 있다.

한편, 주요 선진국 중앙은행들은 ESG와 관련하여 외환보유액 운용의 관점을 넘어 기후 변화 관련 금융 리스크에 대한 적극적인 대응과 역할을 표방하고 있다.[46] 미 연준의 경우 2022년 12월 총자산 1,000억달러 이상인 은행을 대상으로 6가지 영역의 기후 원칙[47]을 제안하였다. 이는 기후리스크를 신용, 유동성, 운영 리

주요국 중앙은행들이 기후변화 관련 금융 리스크에 적극 대응하는 가운데 한국 은행도 동참중이다

---

46) <참고 13-2> 중앙은행의 통화금융정책 관련 기후변화 대응 참조

47) ① 거버넌스, ② 정책, 절차 및 한도, ③ 전략 계획, ④ 위험 관리, ⑤ 데이터, 리스크 측정 및 보고, ⑥ 시나리오 분석 등

스크 등의 범주에서 어떻게 다룰 지에 대하여 대형은행들에게 권고하는 것이다.

영란은행은 2021년부터 매년 대형 은행 및 보험사 대상으로 기후변화 스트레스 테스트를 시행하고 있으며 그 결과를 바탕으로 금융기관들이 넷제로 경제로의 전환비용_{transition cost}과 손실 등을 충분히 감당할 것으로 보고 이를 금융안정 정책 수립 및 집행에 반영한다.

EU의 경우 ECB의 기후 스트레스 테스트 참여은행 중 약 65%가 기후리스크에 대응할 역량이 충분하지 않고 상당수가 내부모델에 기후리스크를 적절히 반영하지 않은 것으로 확인되었다. 이에 ECB는 EU 은행들로 하여금 기후 관련 리스크를 적절하게 분류하고 동 리스크가 영업활동에 미치는 영향에 대해 평가하도록 하는 한편, 거버넌스와 전략, 리스크 관리 등에 기후와 환경 관련 리스크를 포함시키도록 함으로써 최종적으로 2024년말까지 자본적정성과 기후 스트레스 테스트를 포함한 모든 규제를 충족하도록 하였다.

한국은행의 ESG 운용

한국은행도 2021년도에 금융안정 차원에서 은행부문에 대한 기후 스트레스 테스트를 실시하였다. 그리고 기후변화에 따른 금융경제 리스크 분석을 강화하여 통화신용정책 운영에 반영하기로 하였다. 이를 위해 통합 스트레스 테스트 모형을 개발하고 대내외 친환경 정책 시행에 따른 영향을 분석하는 한편, 지속가능금융 관련 조사 및 연구 등을 추진하고 있다.

외화자산 운용 측면에서는 그보다 앞서 2019년 12월부터 공적 책임성 요구에 부응한다는 취지에서 외부 운용사가 설정한 ESG 주식 펀드에 대한 투자를 시작하였다. 그리고 2021년에는 향후 외화자산 운용에 있어서 ESG 운용에 대한 기본방향 및 계획을 공식적으로 발표하였다. 이에 따르면 안전성, 유동성, 수익성 요건에 부합하는 범위 내에서 그린본드, 소셜본드 및 지속가능채권 등을 꾸준히 매입하는 한편, 회사채 및 주식운용 등에 네거티브 스크리닝전략을 우선 실시하고 장기적으로 ESG통합 전략 도입을 추진하기로 하였다. 이후 직접운용자산에 대해 외부 인덱스를 활용하여 회사채 포트폴리오를 대상으로 네거티브 스크리닝의 적용을 완료하는 한편, 위탁운용자산에 대해서는 ESG전략을 표방하는 채권 및 주식 펀드의 투자를 늘려가고 있다.

2022년말 기준 한국은행이 보유한 ESG 채권 규모는 직접투자자산이 68.5억달러, 위탁자산이 약 13억달러이다. 주식의 경우 네거티브 스크리닝, Best-in-class, ESG통합, 임팩트투자 등 4가지 전략을 적용한 펀드에 투자중이며 총규모는 65억달러를 상회한다.

<참고 13-1>

ESG 투자전략의 분류와 중앙은행의 전략

첫째, 테마투자 또는 임팩트 투자로서 그린본드, 소셜본드 등 ESG labelled 상품에 투자함으로써 탄소배출 감축과 같은 특정 사회 환경 문제 해결을 목표로 하고 부수적으로 금융수익을 추구한다. 우리나라, 일본, 홍콩, 중국, 브라질, 이탈리아, 폴란드, 체코, 스페인, 인도네시아 등 많은 중앙은행들이 적용하고 있다.

둘째. Negative Screening 전략으로 술, 담배, 도박, 무기 등 일부 죄악산업$_{sin\ industry}$을 투자대상에서 배제하는 데서 시작하여 ESG기준에 부합하지 않는 산업, 기업 등을 배제하는 것으로 확대하는 것이다. 우리나라를 비롯해, 스위스, 노르웨이, 이탈리아. 덴마크, 사우디아라비아, 싱가포르 중앙은행이 동 전략을 적용하고 있다.

셋째, Best-in-class 전략으로 ESG성과가 높은 기업에 선별투자$_{positive\ screening}$ 또는 투자비중 상향조정$_{ESG\ tilting}$을 하는 것이다. 우리나라와 싱가포르 중앙은행이 동 전략을 적용하고 있다.

넷째, ESG통합$_{integration}$ 전략으로서 자산배분 및 종목 선정, 리스크 관리 등 전체 투자프로세스에 ESG분석을 연계시켜서 위험-수익 프로파일 개선을 추구한다. 홍콩, 일본, 이탈리아 중앙은행이 동 전략을 적용하고 있다.

다섯째는 의결권 행사 및 경영관여 전략으로서 이미 투자중인 기업의 ESG활동을 촉진하기 위해 의결권 행사, 기업과의 대화, 주주제안 등 주주권한을 행사하는 것이다. 홍콩, 싱가포르, 스위스, 노르웨이, 덴마크 중앙은행이 동 전략을 적용하고 있다.

<참고 13-2>

중앙은행의 통화금융정책 관련 기후변화 대응

영란은행은 중앙은행중 처음으로 기후변화 대응을 공식적인 정책책무로 삼았으며 미 연준은 기후변화 관련 위원회를 운영하는 한편, ECB는 스트레스테스트에서 기후변화 영향을 반영하고 있다.

NGFS_{The Network of Central Banks and Supervisors for Greening the Financial System}는 중앙은행이 통화정책 수단으로 정부의 친환경정책을 지원할 수 있는 방법 등을 제시하였다. 예를 들면 중앙은행이 양적완화 프로그램 수행시 기후변화 관련 위험 등을 기준으로 자산 매입 규모를 달리 하는 틸팅전략_{tilting strategy}이나 기후변화 기준을 충족하지 못하는 경우 매입 대상에서 배제하는 네거티브 스크리닝_{negative screening} 등이다. 다만, 일부 중앙은행들은 중립성 훼손 가능성을 들어 이에 반대하고 있다.

한편, 중앙은행들이 시중은행으로부터 받는 담보와 관련해서 탄소집약도와 연계하여 헤어컷_{haircut}을 정하거나 담보 인정 여부를 결정하는 스크리닝 전략을 사용할 수 있다. 또한 시중은행에 대한 신용지원과 관련해서 기후변화 관련 유동성 지원 대출 기준을 정하여 은행에 우대금리를 적용하거나 조건부로 자금을 지원하는 방식도 고려할 수 있다. 다만, 기준을 정하는 데 사용할 수 있는 데이터가 충분하지 않고 방법론상의 논란이 있을 수 있다.

아울러 기후변화의 영향을 정량적으로 파악하고 국제 비교가 가능하도록 표준화를 목표로 실천지침을 설정하거나 금융기관 건전성을 검증하는 스트레스테스트도 실시할 필요가 있다.

제4부
국부펀드와 공적연금펀드의
외화자산 운용

제14장 국부펀드의 의의

국부펀드의 설립과 역할

국부펀드는 중앙정부 또는 정부기관이 소유하면서 수익추구 목적_{financial objectives}으로 외화자산 등에 투자하는 기금으로 정의할 수 있다. 연금계약자가 수혜자인 공적연금펀드나 안전성과 유동성이 중시되는 외환보유액과 구별된다.

국부펀드는 잉여 재정자금으로 장기적 수익성 제고를 목표로 운용하는 정부기금이다

국부펀드의 존재가 세상에 본격적으로 알려지게 된 것은 2000년대 중반에 일부 중동계 국부펀드가 미국 내 주요 회사를 적극적으로 매입하고 있다는 소식이 전해지면서부터이다. 특히 글로벌 금융위기 와중에 아시아계 국부펀드들까지 나서서 부실화된 미국 금융기관 지분을 매집하고 있다고 알려지면서 그 존재감은 더욱 두드러졌다.

이는 국부펀드에 대해 주요 선진국들의 경계심을 자극하는 계기가 되었다. 특히 신흥국일수록 국부펀드가 지배구조나 운용방식에 있어서 투명성이 부족하다는 인식이 있었다. 순수한 경제적 목적 이외에 정치적 목적으로 타국의 부동산, 주식 등에 투자하여 기업 경영에 관

국부펀드가 자국 뿐만 아니라 타국 경제에 미치는 영향력이 확대되면서 투명성에 대한 요구가 높아졌다

여할 가능성을 배제할 수 없기 때문이다. 이에 따라 2009년 IMF는 26개 국부펀드와 합의를 거쳐 소위 산티아고 원칙_{Santiago Principles}을 수립하였다. 여기에서 국부펀드의 정보공개 범위, 투자 목적, 지배구조, 위험관리 등 총 24개의 세부원칙_{GAPP: Generally Accepted Principles and Practices}을 설정하고 이를 준수하도록 권고하고 있다.

사실 최초의 국부펀드는 1953년으로 거슬러 올라간다. 쿠웨이트 등 원유 수출국들이 막대한 재정잉여자금을 운용하기 위해 설립한 것이 시작이었다. 그러나 설립이 본격화된 것은 2000년대 중반 산유국과 신흥국 중심으로 경상수지 흑자가 크게 누적되면서 소위 글로벌 불균형_{Global Imbalance}이 심화된 데 기인한다. 즉, 경상수지 흑자국들이 자국통화 가치 절상 등으로 인한 거시경제적 충격을 완화하기 위해 국부펀드를 설립하여 해외투자를 촉진하고자 한 것이다. 우리나라도 2005년 한국투자공사를 설립함으로써 세계 국부펀드 대열에 합류하게 되었다.

국부펀드는 외환보유액을 운용하는 중앙은행, 공적연금펀드 등과 함께 공적투자기관_{Public Investors}이라 불리운다. 이들은 대규모 운용자금을 바탕으로 전 세계 자산운용시장에 막대한 영향력을 행사한다.

이들에 대한 동향 및 투자흐름을 파악하고 있는 독립적 싱크탱크인 OMFIF_{Official Monetary and Finanacial Institutions Forum}가 2021년 기준으로 조사한 바에 따르면 중앙은행, 국부펀드, 공적연금펀드 등 전 세계 850개 공적투자기관_{GPI: Global Public Investors}이 약 43조달러 상당을 운용하고 있다고 한다. 그중 174개 중앙은행의 운용규모가 15조달러를 상회하고 128개

국부펀드가 9조달러를 상회하는 자금을 운용중이다.[48]

국부펀드는 유동성이나 안전성에 대한 고려보다는 단기적인 변동성을 감수하더라도 장기적인 수익성 제고를 목표로 하므로 사모펀드 PEF: private equity fund를 통해 외국기업 지분을 인수하여 경영권에 참여하기도 한다. 투자대상 등에 있어서 제약이 크지 않다는 점에서 헤지펀드의 사업 모델과도 유사하다.

반면, 단순한 수익 창출 이외에 경제 정책적 목표를 위해 역할을 수행하도록 설립된 국부펀드도 있다. 해외사업 진출을 위한 교두보로 활용함으로써 자국의 장기성장동력을 확보하는 데에도 기여할 수 있기 때문이다.

국부펀드로서 외환보유액의 역할과 관련성이 큰 경우도 있다. 일부 원자재 수출국의 경우에는 원유판매수익으로 축적된 국부펀드가 외환보유액 같은 기능을 수행하기도 한다. 자국 경제가 원자재 가격의 변동성에 지나치게 노출되지 않도록 시장변동성을 완화시키는 역할이다.

국부펀드의 행태는 각 설립배경에 따라 외환보유액의 수익성 제고, 국내시장 안정, 개발프로젝트 수행 등 다양하다

세계 국부펀드의 형태

국부펀드의 형태를 구분하는 기준은 여러 가지가 있을 수 있다. 우선 IMF가 제시한 기준으로서 일반적으로 학술적 목적으로 다섯가지

---

48) OMFIF(2021)

형태로 분류된다.

국부펀드는 그 책무를
기준으로 형태별로
분류할 수 있으나
경계가 뚜렷하지 않아
분류 자체가 크게
의미 있지는 않다

첫 번째는 국제수지 흑자가 지속되는 상황을 배경으로 설립된 투자공사_{Reserve Investment Corporations}의 형태이다. 싱가포르 GIC_{Singapore GIC Private Ltd}, 한국투자공사_{Korea Investment Corporation} 등이 이에 해당된다. 싱가포르의 경우 중앙은행격인 통화청에서 적정 규모의 최소한의 외환보유액만을 운용하고 나머지는 GIC로 이관하고 있다.

두 번째는 안정기금_{stabilizaion funds}의 형태이다. 주로 원자재에 대한 경제의존도가 높은 국가들이 급격한 원자재 가격 변동성이나 국제금융시장에서 비롯된 대외충격으로부터 국가 경제를 보호한다는 취지로 설립되었다. 즉, 원자재 가격 상승시에 축적된 재정흑자를 이용하여 원자재 가격 하락시에 재정적자를 보전하는 것이다. 칠레의 경제사회안정기금_{Economic and Social Stabilization Fund}, 러시아의 원유안정기금_{Oil Stabilizaion Fund} 등이 해당된다.

세 번째는 개발기금_{Development funds}이다. 인프라 확충 등과 같이 사회경제적 프로젝트 수행을 목적으로 설립된 국부펀드로서 싱가포르 테마섹_{Temasek}, UAE의 무바달라_{Mubadala}, 이란의 국가개발펀드_{National Development Fund}, 아일랜드의 전략투자펀드_{Strategic Investment Fund} 등이 있다..

네 번째는 저축기금_{Saving funds}이다. 자원부국이라 하더라도 장기적으로 원자재 등이 고갈되거나 대체에너지 개발이 급속히 진행되는 것에 대비하기 위하여 기금의 축적을 통해 미래세대의 소득을 보전하는 데 목적이 있다. UAE, 쿠웨이트, 카타르 등의 투자청_{Investment Authority}, 러시아의 국부펀드_{National Wealth Fund} 등이 해당된다.

마지막 다섯 번째는 연금기금_{Pension reserve funds}이다. 정부의 우발채무라 할 수 있는 미래 연금지급관련 소요자금을 충당하기 위해 설립된 것으로 중국의 국가사회안전기금_{National Social Security Fund}, 뉴질랜드의 수퍼연금기금 _{Superannuation Fund}, 호주의 미래기금_{Future Fund} 등이 그 예이다.

이상의 다섯가지 분류간에는 서로 운용 행태가 비슷하고 설립 목적들도 혼재된 경향이 있다. 대표적으로 중국 CIC_{China Investment Corporation}의 경우에는 중국정부가 위안화 특별채권을 발행하여 중국인민은행으로부터 매입한 2천억달러 상당을 밑천으로 운용하기 시작하였기 때문에 투자공사의 성격을 가지고 있으나 인프라 확충 등 사회경제적 프로젝트를 수행한다는 점에서 개발기금의 성격도 가지고 있다.

이 같은 5가지의 분류보다는 이중에서 연금기금을 아예 국부펀드의 범주에서 제외시키고 설립목적에 따라 국부펀드를 안정기금_{stabilizaion funds}, 저축기금 _{Saving funds}, 개발기금_{Development funds} 등 3가지 형태로 분류하기도 한다. 이 경우 투자공사는 저축기금에 포함시킨다.

그리고 기금투자재원이 원자재 수출과 관련이 있느냐에 따라 둘로 구분하여 원자재기금_{commodity funds}과 비원자재기금_{non-commodity}

*국부펀드를
5가지로 분류하면
① 투자공사,
② 안정기금,
③ 개발기금,
④ 저축기금,
⑤ 연금기금*

*국부펀드를
3가지로 분류하면
① 안정기금,
② 저축기금,
③ 개발기금*

*2가지로 분류하면
① 원자재기금
② 비원자재기금*

_{funds}으로 분류할 수도 있다. 원자재기금은 국가기관이나 민간이 원자재 수출로 획득한 소득 등으로 형성한 재정 잉여 외화자금으로 설립한 것으로 사우디아라비아, 쿠웨이트, UAE, 카타르 등 중동국가들, 그리고 노르웨이, 칠레, 러시아, 리비아 등의 국부펀드가 해당된다. 비원자재기금은 국제수지 흑자 등을 통해 축적된 외화자금으로 설립한 것으로 중국, 싱가포르, 우리나라 등이 해당된다.

국가별로는 그 형태에 따라 다수의 국부펀드가 존재하는 경우도 있다. 대표적인 국가가 싱가포르, 중국, UAE 등이다. 전 세계 400여개 국부펀드와 공적연금펀드를 대상으로 조사하는 데이터 플랫폼 기관 Global SWF에 따르면 자산규모 기준 전 세계 15위안에 드는 국부펀드들중에는 싱가포르는 GIC와 테마섹 등 2개, 중국은 CIC, SAFE IC_{Investment Center}, 국가사회안전기금_{National Social Security Fund}, 등 3개, UAE는 아부다비투자청_{ADIA: Abudabi Investment Authority}, 두바이투자공사_{ICD: Investment Corporation of Dubai}, 무바달라 등 3개가 포함되어 있다.[49] 중국 SAFE IC는 중국인민은행의 자회사격인 기관으로 약 1조달러의 규모로 채권, 주식 등 전통자산과 대체자산에 투자하고 있는 것으로 알려져 있다.

중국 SAFE처럼 중앙은행과 연계되어 운용되고 있는 또 하나의 주목할만한 기관은 노르웨이 NBIM_{Norges Bank Investment Management}이다. 기존의 정부석유기금_{Government Petroleum Fund}이라는 국부펀드가 2006년 글로벌연금펀드_{Global Pension Fund-Global}로 개편된 후에는 노르웨이 중앙은행내 독립투자기구인 NBIM이 운용을 맡아 채권, 주식 등 전통자산과 부동산 등 대체자산에 투자하고 있다. 2017년부터는 외환보유액에 대해서도

---

49) <참고 14-2> 자산규모 Top15 국부펀드와 공적연금펀드 참조

대부분 NBIM이 장기포트폴리오를 구성하여 주식과 채권으로 운용하고 있으며 노르웨이 중앙은행은 일부만 채권으로 운용하고 있다.

<참고 14-1>

싱가포르 국부펀드 GIC와 테마섹 비교

GIC는 1981년 정부의 재정 및 경제목표 달성에 기여할 수 있도록 인플레이션보다 높은 장기적 수익을 달성하는 것을 목표로 함으로써 외환보유액의 국제 구매력을 향상시키기 위해 설립되었다. 채권에서부터 인프라투자에 이르기까지 다양한 투자상품을 다루고 전체자산의 80%를 직접 운용한다.

Temasek은 1974년 설립된 국영 투자 지주회사로서 싱가포르 국가경제에 전략적으로 중요한 국내외 기업에 산업다각화 등의 목적으로 직접투자를 통해 장기적인 국가이익을 창출하고자 설립하였다. 에어비앤비, 스탠다드차타드, 셀트리온, DBS은행, 알리바바, 싱가포르텔레콤, 싱가포르항공 등의 주요 주주이며 스타트업에도 적극 투자하고 있다. 주요재원은 보유 지분에서 나오는 배당금과 투자차익으로서 공격적인 투자를 통해 경영권 인수도 불사한다.

국부펀드를 설립하지 않은 국가들

국가별 특성에 맞게 외화자산의 원천과 특성을 고려하여 외환보유액과 국부펀드간의 관계가 다양하게 설정될 수 있다. 예를 들면 경상수지 누적액이 크다고 해서 반드시 국부펀드가 설립된 것은 아니다. 2000년부터 2019년까지 경상수지 누적액 기준 세계 10권 국가는 독일, 일본, 중국, 네덜란드, 스위스, 러시아, 대만, 싱가포르, 한국, 이탈리아 등인데 이중 중국, 러시아, 싱가포르, 우리나라 등 4개국만이 국부펀드를 보유하고 있다. 또한 전 세계에서 외환보유액 크기가 상위권에 있는 국가로서 별도의 국부펀드까지 보유하고 있는 국가는 중국, 러시아, 홍콩, 사우디아라비아, 우리나라, 싱가포르 등이다. 외환보유액을 포함하여 대외자산 규모가 큰 나라중에서 국부펀드를 설치하지 않은 나라는 스위스, 인도, 일본, 대만 등이 대표적이다.

스위스는 1조달러가 넘는 외환보유액을 중앙은행이 보유하고 있으나 국부펀드를 별도로 설치하지 않았다. 다만, 외환보유액 규모가 큰 만큼 수익성을 고려하지 않을 수 없으므로 일정 부분을 주식으로도 운용하고 있다. 이는 안전성과 유동성을 최우선 목표로 하면서 수익성을 추구하는 우리나라 외환보유액의 운용목표와도 일맥상통한다.

스위스, 인도, 일본, 대만 등의 경우와 같이 외환보유액 규모가 크다고 해서 모두 국부펀드가 있지는 않다

인도의 경우에는 외환보유액 규모가 전 세계 4위임에도 불구하고 경상수지가 적자를 보임에 따라 국부펀드를 별도로 설립하고 있지 않다. 그 이유에 대해 인도 중앙은행에서는 경상수지가 적자를 보이고 자본수지가 흑자를 보이는 가운데 외환보유액이 증가한 것이기 때문에 자본유출 가능성에 대비해야 한다는 취지로 설명하고 있다. 즉, 외환보유액의 기반이 안정적이지 않은 만큼 외환보유액을 본연의 목적에 맞게 유지 관리하는 것이 중요하다는 인식하에 국부펀드 설립에 대한 요구에 대해서 아직까지 부정적 입장을 고수하고 있는 것이다.

인도는 외자유입의 원천의 대부분이 유출가능성이 상존하는 자본거래에 기반한다는 점에서 국부펀드 설립을 자제하고 있다

일본의 경우 국부펀드 설립이 추진되기도 했었으나 현실화되지 못하고 있다. 2008년경 중국, 러시아 등의 국부펀드 설립에 영향을 받아 설립 논의에 상당한 진전이 있었으나 재무성이 대외지급준비금으로서의 외환보유액의 기본 성격을 유지해야 한다는 입장을 고수하였기 때문이다. 운용손실에 대한 책임 소재 등이 표면적인 이유이기도 하였으나 여전히 경제 구조적으로 필요성에 대한 논란이 지속되고 있다.

특히 2000년대 중반을 기점으로 경상수지 흑자의 주요인이 무역수지에서 해외 직접 및 증권투자수익인 소득수지로 전환되었다는 점이 큰 고려요인이 되고 있다. 2022년중 일본의 경상수지 흑자는 11조엔을 상회하고 있으나 무역 및 서비스수지는 21조엔 적자인 반면 소득수지 흑자가 35조엔을 상회하였다. 즉, 민간의 해외투자가 활발히 이루어진 결과 막대한 소득수지 흑자가 발생하고 있는 데 굳이 별도의 공적투자기관을 설립할 필요성이 있느냐는 것이다. 아직까지 일본은 국부펀드 신설보다는 공적

일본은 민간 해외투자로 인한 소득수지 흑자에 기반하고 있는 만큼 별도의 공적투자기관을 설립하는 데 회의적이다

연금펀드인 GPIF의 수익률을 제고하고 리스크 부담능력을 확대하는 데 역점을 두고 있다. 그럼에도 불구하고 일본의 국부펀드 설립 주장은 여전히 제기되고 있다. 2018년 미국과의 무역분쟁에 대한 해법으로 엔화 채권을 발행하여 국부펀드를 조성한 후 미국의 인프라 재건사업에 투자하는 방안이 검토되기도 했다. 일본 장기금리가 마이너스로 진입할 경우 제로금리로 채권을 발행하여 국부펀드를 조성한 후 엔화가 강세가 될 때 미국 인프라에 투자함으로써 무역분쟁과 엔고를 동시에 해결하려는 구상이었다.

대만도 탄탄한 경상수지 흑자를 바탕으로 대규모 외환보유액을 보유하고 있으나 국부펀드를 설립하지 않고 있다. 주된 이유는 불분명하지만 중국이 대만의 국부펀드 자산을 강탈할지 모른다는 우려 때문이라는 설도 있다. 대만에는 현재 행정원 국가발전기금이 사실상 국부펀드로서 TSMC 등 주요기업의 지분을 보유하고 있다.

한편, 자국의 인프라 등의 투자를 위해 해외자본을 유치하려는 목적으로 설립된 국가기구를 국부펀드로 분류하기도 한다. 인도의 국가투자인프라펀드NIIF: National Investment and Infrastructure Fund, 인도네시아의 투자청Indonesia Investment Authority 등이 이에 해당된다. 이들 기관은 자국 경제정책 목표를 위해 자국내 인프라, 의료, 에너지, 자원, 관광, 기술 분야에 투자하고 있다. 엄격한 의미에서 그 재원이 재정 여유자금이나 외환보유액이 아니고 일본 국제협력은행Japan Bank for International Cooperation, 미국 국제개발금융공사International Development Finance Corporation 등과 같은 외국 공공투자기관들로부터 직접투자자금으로 유치한 것이라는 점에서 국부펀드로 분류하기 어렵다는 주장도 있다.

<참고 14-2>

자산규모 상위 15개 국부펀드

	이름		국가	설립	규모
1	CIC	China Investment Coporation	중국	2007	1,351
2	NBIM	Norges Bank Investment Management	노르웨이	1997	1,145
3	ADIA	Abudabi Investment Authority	UAE	1967	993
4	SAFE IC	State Administration of Foreign Exchange Investment Center	중국	1997	980
5	KIA	kuwait investment authority	쿠웨이트	1953	769
6	GIC	Singapore GIC Private Ltd	싱가포르	1981	690
7	PIF	Public Investment Fund	사우디	1971	620
8	HKMA EF	Hong Kong Monetary Authority Exchagne Fund	홍콩	1993	500
9	NSSF	National Social Security Fund	중국	2000	474
10	QIA	Quatar Investment Authority	카타르	2005	450
11	ICD	Investment Corporation of Dubai	UAE	2006	300
12	테마섹	Temasek	싱가포르	1974	298
13	무바달라	Mubadala	UAE	1984	284
14	KIC	Korea Investment Corporation	한국	2005	205
15	NWF	National Wealth Fund	러시아	2008	187

주 : 규모 단위는 십억달러
자료: SWF Institute 2023년 연차보고서

제15장 우리나라의 국부펀드

한국투자공사 설립 배경 및 조직

　　2000년 10월 30일 당시 재경부장관은 언론 인터뷰를 통해 싱가포르 투자공사와 같이 외환보유액 일부를 이용해 해외투자 전담기구 발족을 검토중이라고 밝혔다. 당시 외환보유액은 927억달러였다.

　　이후 외환보유액은 2003년말 1천 5백억달러를 상회하는 등 빠른 증가추세를 이어감에 따라 설립에 추진력을 얻을 수 있었다. 게다가 당시 정부가 우리나라를 동북아 금융허브로 추진한다는 야심찬 계획을 구상하던 터이기도 했다. 이는 2007년까지 세계 50대 자산운용사의 지역거점을 유치하고 2012년까지 특화된 금융허브를 완성한다는 것이었다. 이러한 분위기에 편승하여 2005년 3월 한국투자공사_{KIC} 설립에 관한 법률이 제정되고 그해 7월 정부는 1천억원을 출자함으로써 공식 출범했다. 법상으로는 정부가 1조원까지 출자할 수 있지만 이후 지금까지 추가 출자는 없었다.

　　한국투자공사법에서는 설립 목적으로

KIC 설립 추진은 외환위기에서 막 벗어나 외환보유액이 증가세로 전환되자마자 이루어졌다

정부와 한국은행 등으로부터 위탁받은 자산을 효율적으로 운용함으로써 금융산업의 발전에 이바지한다고 적시하고 있다. 동 법을 토대로 투자정책서IPS: Investment Policy Statement를 제정하여 투자목표와 원칙, 투자자산군과 리스크관리 등의 기본사항 등을 정하고 있다.

한국투자공사는 최고 의사결정기구로서 운영위원회를 두고 민간위원 6명과 사장, 1조원 이상의 자산을 위탁한 기관의 장인 기획재정부장관, 한국은행 총재 등을 위원으로 하며 위원장은 민간 위원중 호선으로 선출된다. 본점에 투자운용, 투자관리, 경영관리 등 3개 부문 아래 미래전략, 증권운용, 대체투자, 운용지원 등 4개 본부와 24개실을 두고 뉴욕, 런던, 싱가포르, 샌프란시스코 등 4개 해외지사를 운영 중이며 전체 임직원은 약 330명이다.

한국투자공사의 운용자산

2006년 한국은행으로부터 위탁받은 10억달러로 채권 투자를 시작하였으며 2007년 추가로 위탁받은 111억달러로 주식투자를 개시하였다.

KIC는 정부와 한국은행 위탁 자금만을 운용중이며 타 기관으로부터 운용자금을 유치한 실적은 아직 없다

이후 한국은행으로부터는 네차례 더 위탁받음으로써 총 300억달러의 원금을 운용 중이다. 정부로부터는 2007년 27억달러를 시작으로 거의 매년 위탁을 받음으로써 원금기준 총 861억달러의 위탁자산을 운용중이다.

2009년부터는 정부 위탁자산중 일부를 대체자산에 투자하기 시작

KIC는 대체투자도
한다는 점이
한국은행 운용
자산과의 가장 큰
차이이다

하였다. 외환보유액에 포함되지 않는 대체자산 운용을 통해 투자상품의 경계를 확장시킴으로써 국부펀드로서의 위상을 높이는 계기가 되었다. 당시 정부는 외환시장 개입 등을 통해 외환보유액이 더 증가할 수 있는 여지가 충분히 있다고 예측하고 이를 감안하여 정부가 확보한 외화자금에 대해서는 장기 수익성 확보 차원에서 과감히 위험자산에 대한 투자를 선택한 것으로 보인다. 일각에서는 이를 두고 정부 스스로 당시 외환보유액 수준이 적정규모에 비해 부족하지 않다는 것을 시사한 것으로 받아들이기도 했지만 한국투자공사의 발전을 위해서는 반드시 필요한 결정이기도 했다. 당시 2009년말 외환보유액은 약 2천 700억달러 수준이었다.

대체자산은 전통적 투자자산과는 위험-수익 특성이 다르므로 포트폴리오의 투자다변화를 통해 장기적으로 안정적인 수익 창출에 기여할 수 있다. 세부적 자산구성은 사모주식, 부동산, 인프라스트럭쳐, 헤지펀드 등 다양하며 전 세계 국부펀드에서 각 자산이 차지하는 비중은 2021년 현재 12:6:6:2의 비율로 사모주식의 비중이 상대적으로 큰 것으로 알려져 있다. 사모주식은 유동성이 적지만 성장형 투자전략으로서 지역별 또는 전략별로 다각화된 포트폴리오를 구축할 수 있어서 장기 시계 관점에서 지속적으로 양호한 수익률을 구현할 수 있다. 부동산은 안정적 현금흐름 창출이 가능한 주요 도시의 핵심 자산이나 추세적 흐름상 수혜가 예상되는 자산에 투자를 확대함으로써 적극적인 수익을 창출한다. 인프라스트럭처 투자는 신재생에너지, 통신, 교통 등 사회에 필수적인 서비스를 제공함으로써 장기 투자기간 동안 예측 가능한 현금흐름을 창출할 수 있을 뿐 아니라, 물가 상승에 따라 수익도 증가하는 인플레이션방어 효과도 볼 수 있다.

2022년말 현재 한국투자공사가 운용하고 있는 주식, 채권 등 전통자산의 순자산가치는 1,306억달러이고 헤지펀드, 사모주식, 부동산 등 대체자산의 순자산가치는 387억달러이다. 전체 자산기준 순자산가치가 원금을 582억달러 상회함으로써 최초 투자이후 2022년까지 연환산 수익률은 4.12%를 기록중이다.

한국투자공사의 운용 계획 및 실행

정부와 한국은행은 계약서를 통해 운용기준과 지침을 부여하며 KIC는 이를 토대로 세부 운용 계획을 작성한다

외화자산 운용의 전반적인 프로세스는 한국은행과 크게 다르지 않다. 한국투자공사 운영위원회는 관련법을 토대로 기관의 투자정책서IPS: Investment Policy Statement를 마련해 두고 있다. 운용자산은 모두 위탁기관으로부터 수탁한 것이므로 위탁기관과의 계약서IMA: Investment Management Agreement와 부속서류schedule에 투자목적, 운용기준, 평가기준, 투자대상 및 각종 투자지침 등이 구체적으로 포함되어 있다.

이를 바탕으로 장기 시계에서 자산군별 역할과 기능을 정의하고 거시경제 및 자본시장 분석을 통해 기대수익률과 리스크를 추정하며, 최적화과정을 거쳐 장기적 수익률 제고를 위한 전략적 자산배분SAA: Strategic Asset Allocation을 완성한다. 그리고 중기적인 금융시장 전망 하에 연간 운용계획을 수립하고 투자전략을 실행한다. 즉, 중기적 관점에서 각 자산군의 비중을 전략적으로 조정Strategic Tilting함으로써 시장수익beta을 추구하는 한편, 전술적 자산배분TAA: Tactical Asset Allocation을 통해 적절한 한도 범위 내에서 적극적으로 운용함으로써 초과수익alpha도 추구한다.

투자상품별로 보면 주식과 채권 등 전통자산은 금융시장 전망을 통해 자산군별 기대수익률을 도출하고, 전사적 위험 수준을 고려하면서 최적의 자산군별 비중을 설정하여 분산투자 효과를 극대화함으로써 투자 수익을 확대해 나간다.

대체자산은 2009년 사모주식 투자를 시작으로 부동산 및 인프라 투자, 헤지펀드 등으로 투자 범위 및 규모를 계속 확대해 나간 결과 2022년말 현재 기준포트폴리오내 비중이 23%에 육박하고 있다. 특히 2022년도에는 사모채권 시장의 가파른 성장에 주목하면서 사모채권 운용사의 지분을 인수하기도 하였다.

한편, 자체 인력 및 조직에 의한 직접 운용외에도 2009년부터 특정 지역, 전략 및 자산군에 전문화된 외부운용사를 활용하여 위탁 운용도 하고 있다.

[KIC의 투자프로세스]

투자목표 설정

↓

거시경제 및 자본시장 분석

↓

전략적 자산배분

↓

투자운용계획 수립

↓

투자전략 실행

한국투자공사의 리스크 관리

KIC는 과거 메릴린치 지분투자 과정에서의 교훈을 토대로 리스크 관리에 관한 의사 결정체계를 보강하여 왔다

글로벌 금융위기를 계기로 리스크 관리본부를 신설하고 담당 임원 CRO_{Chief Risk Officer}제도를 도입함으로써 리스크 관리체계가 운용부서에서부터 리스크 통제조직을 통해 이사회 등으로 이어지도록 하는 3단계의 구조를 확립하였다. 2008년 한국투자공사가 메릴린치에 20억달러를 투자하는 과정에서 이사회의 권한과 심의기능이 미흡하였다는 인식이 높았기 때문이다. 당시 일본 미즈호은행, 쿠웨이트 투자청과 함께 우선주를 매입하였으나 메릴린치는 2009년 8월 뱅크오브아메리카에 인수 합병되었다.

운영위원회가 리스크관리 정책을 심의 의결하며 이사회는 위탁기관이 제시한 투자지침을 토대로 리스크 한도 설정 등 리스크관리 가이드라인을 수립한다. 이 과정에서 운영위원회와 이사회 산하에 있는 소위원회와 전문위원회에서 구체적인 리스크관리 실행방안을 마련하게 된다. 실무적으로 관리부문을 운용부문과 엄격히 분리하여 운영함으로써 투자안건에 대한 리스크에 대해 독립적으로 검토하고 사후 모니터링 등을 전담하도록 하고 있다. 리스크관리는 위탁기관별로, 자산군별로, 개별 펀드별로 세분화되어 이루어진다. 주식, 채권 등 전통자산의 시장리스크에 대해서는 위탁기관이 부여한 벤치마크 대비 초과수익률의 변동성으로 측정되며, 사전적 추적오차를 사용하여 그 한도를 설정하고 관리하고 있다.

또한 자산배분 차원의 절대수익률 운용 목표에 맞추어 포트폴리오의 변동성을 추정하는 VaR_Value at Risk, 조건부_conditional VaR 등의 지표[50]를 측정하고 모니터링하는 한편, 스트레스 테스트를 통해 예상투자손실 규모를 다각도로 추정하고 있다.

신용리스크에 대해서는 유가증권으로부터 발생하는 리스크와 거래상대방에 대한 리스크로 구분하여 관리한다. 파생상품 거래 과정에서 투자가능한 파생상품군 지정 및 포지션 한도 설정 등을 통해 레버리지 거래가 과도하게 이루어지지 않도록 하고 있다.

운영리스크 관리를 위하여 부적절한 내부절차, 외부 사건 등으로부터 발생하는 경제적 손실을 사전에 예방할 수 있는 관리 체계를 구축하고 준법감시인은 금융사고 예방 등을 위해 독립적인 지위에서 운영리스크 관리 업무를 점검하고 있다.

KIC는 운영위원회가 승인한 리스크 관리 정책을 바탕으로 리스크 한도를 설정하고 한도 준수 여부를 주기적으로 점검한다

한국투자공사의 ESG 운용

2018년 수탁자 책임에 관한 원칙_Stewardship Principles을 제정하고 2019년에는 투자정책서_IPS에 책임투자 관련 조항을 신설한 데 이어 2021년 한국투자공사법을 개정하여 법적 근거를 더했다.

구체적으로 ESG 통합_Integration 체계 하에서 다양한 자산군에 적합

---

50) 제12장 외환보유액 운용의 리스크와 성과 참조

한 방식으로 ESG 요인을 고려하고 있다. 우선 Green, Social and Sustainability 채권, ESG 전략 주식 위탁운용 펀드, Green and Social Project 대체자산 등 ESG 투자_{Investing}를 적극 실시하였다. 그리고 위탁운용사에 대

KIC는 ESG 전략 운용에 있어서 적극적이고 선도적으로 임하고 있다

하여 질문서_{Questionnaires} 및 실사 자료 등을 통해 ESG 정책 및 투자 프로세스 반영 여부 등을 점검하는 한편 개별 프로젝트의 ESG 요인을 다각적으로 검토하여 투자 의사결정에 반영한다. 기후변화 위험에 대한 대응차원에서 주식 및 채권 포트폴리오의 탄소 배출량을 파악하고 기후 시나리오 분석을 수행하여 TCFD_{Task Force on Climate-Related Financial Disclosures} 기준을 적용한 결과를 공시하고 있다.

또한 ESG 하위 기업에 대한 투자 비중을 제한하고 있으며, ESG 측면에서 문제가 되는 특정 테마 및 산업에 대한 투자를 배제하는 전략 등을 수행하고 있다.

수탁자로서 의무를 다하고 주주권리 활동을 강화하는 차원에서 스튜어드십 원칙에 따라 투자 대상 기업에 대한 의결권을 행사하고 있다. 직접투자의 경우 글로벌 전문기관을 선정해 의결권을 행사하고 있으며, 간접투자의 경우 위탁운용사를 통해 의결권을 행사하고 있디.

기업 경영 개선을 통한 중장기적 기업가치 제고를 위하여 경영진과의 직접 대화, 서면 질의, 주주서한 등 경영 관여_{Engagement}에도 적극적으로 임하고 있다.

한편, 정부는 2019년 5억달러, 2021년 7억유로 상당의 두차례 녹색 및 지속가능채권_{Green and Sustainability Bond}을 발행하여 KIC에 위탁운용중이

다. 동 자금은 관련 프로젝트에 투자하고 환경적 영향과 사회적 영향을 점검하여 공시함으로써 투자자 신뢰를 제고시키고 UN 지속가능발전목표SDGs: Sustainable Development Goals 달성에도 기여하고 있다. 또한 2022년에는 ESG투자 활성화를 위해 결성된 세계 최대 책임투자 협의체인 UN 책임투자원칙PRI: Principles for Responsible Investment에도 가입하였다.

제16장 공적연금펀드의 의의

공적연금펀드 개요

공적연금펀드는 장기적 수익을 추구하는 점에서 국부펀드와 동일하다

공적연금펀드PPF: Public Pension Funds는 사회보장체제의 일환으로 노후 연금급여지급을 목적으로 연금재정을 장기적으로 안정적으로 유지하기 위하여 설립되었다.

이는 장기적인 수익 추구를 통해 국부를 증식함으로 미래세대에게 전달하고자 한다는 점에서 국부펀드와 공통점이 있다. Global SWF의 조사에 따르면 2022년말 현재 전 세계 국부펀드 규모가 11조달러를 상회하는 수준인 데 비해 공적연금펀드의 규모는 21조달러에 이른다.

공적연금펀드는 연금보험료 등으로 적립된 기금을 재원으로 자국통화표시 자산 뿐만 아니라 외화표시 자산 등에 투자하여 운용수익을 극대화하는 데 목적을 두고 있으므로 자산운용적 측면에서 국부펀드와 큰 차이가 없다. 다만, 공적연금펀드는 연금지급과 관련된 자국통화표시 부채가 존재하는 가운데 수익성 제고를 위해 자국통화표시 상품이외에 외화표시자산으로의 다변화를 추구하는 반면 국부펀드는 부채 관리에 대한 부담 없이 자산운용에만 중점을 둘 수 있으므로 연금

펀드에 비해 보다 유연하게 장기 투자전략
을 구사할 수 있다. 국부펀드와 공적연금펀
드는 모두 소유권이 정부에게 있는 국가투
자기관_{SOI: State-Owned Investors}이다. 다만, 공적

연금지급이라는
부채가 존재하며
국내외 자산에 모두
투자가능하다

연금펀드는 지배구조상 권한을 국부펀드보다 더 독립된 민간기구에게
부여하고 있는 점, 국부펀드와 달리 수혜자인 민간에 대한 채무관계가
있는 점에서 차이가 있다.

한편, 전 세계 최대 규모의 공적연금펀드는 일본 GPIF_{Government}
_{Pension Investment Fund}로서 2022년말 현재 자산규모가 1조 3천억달러를 상
회하며 전체 자산의 절반을 외화자산으로 보유하고 있다. 이와 함께
일본은 세계 2위 규모의 외환보유액을 보유중이나 국부펀드는 설립되
어 있지 않다.

<그림 16-1>

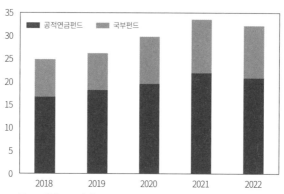

공적연금펀드과 국부펀드의 자산규모 추이

주 : 단위는 조달러
자료: Global SWF annual report 2022

공적연금펀드의 운용상품

　공적연금펀드의 운용상품은 국부펀드와 유사하지만 국내외 자산을 구별하지 않는다. 반면 국부펀드 중에서는 한국투자공사의 경우처럼 자국통화자산에 대한 투자를 허용하지 않는 경우도 있다.

　그리고 외환보유액의 상품구성과 차이나는 점은 수익성을 위해서는 위험자산 투자에 특별한 제한이 없기 때문에 국부펀드와 마찬가지로 대체자산을 운용하고 있다는 점이다.

　국부펀드와 공적연금펀드가 보유하고 있는 자산중 전통자산이 아닌 자산의 비중은 2021년 현재 각각 25%, 19%이며 전통자산중에서 주식과 채권의 비중은 각각 46:29, 42:39로서 주식 비중이 높다.

<표 16-1>

공적연금펀드과 국부펀드의 자산구성

2021년 기준	채권	주식	부동산	인프라	사모주식	헤지펀드
국부펀드	29	46	6	6	12	2
공적연금펀드	39	42	7	4	7	1

주 　: 1) 단위는 %
자료: Global SWF annual report 2022

<참고 16-1>

자산규모 상위 15개 공적연금펀드

	이름		국가	설립	규모
1	GPIF	Government Pension Investment Fund	일본	2006	1,325
2	FRTIB	Federal Retirement Thrift Investment Board	미국	1986	690
3	국민연금	National Pension Fund	한국	1988	608
4	APG	All Pension Group	네덜란드	1922	522
5	캘퍼스	California Public Employees' Retirement System	미국	1932	430
6	CPP	Canada Pension Plan	캐나다	1997	387
7	GPF	Government Pension Fund	노르웨이	1955	377
8	PGGM	Stichting Pensioenfonds Zorg en Welzijn (PFZW)	네덜란드	1969	332
9	CDPQ	Caisse de dépôt et placement du Québec	캐나다	1965	304
10	CalSTRS	California State Teachers' Retirement System	미국	1913	298
11	AP 1-7	AP-Fonden	스웨덴	2001	273
12	GOSI	General Organization for Social Insurance	사우디	2022	250
13	NYC Compt	NYC Comptroller's Bureau of Asset Management	미국	1920	242
14	NYSCRF	New York State Common Retirement Fund	미국	1983	233
15	SBA Florida	State Board of Administration of Florida	미국	1943	218

주 : 규모 단위는 십억달러
자료: SWF Institute 2023년 연차보고서

제17장 우리나라의 공적연금펀드

국민연금기금을 운용하는 조직

우리나라의 대표적인 공적연금펀드는 국민연금기금이다. 이는 기본적으로 연금가입자들이 납부한 연금보험료 누적액에다 적립된 기금의 운용수익 등으로 조성된다. 2022년 말 현재 기금총액은 약 891조원에 달한다.

국민연금 기금운용을 담당하는 기관은 국민연금관리공단<small>NPS: National Pension Fund</small> 내의 기금운용본부이다. 이는 실무를 담당하는 조직일 뿐 의사결정 대부분은 각종 위원회들을 통하여 이루어진다. 국민연금기금의 운용에 관한 최고 의사결정기구는 국민연금 기금운용위원회이다. 보건복지부장관을 위원장으로 하고 국민연금공단 이사장, 관계부처 차관 4인 등 당연직 위원 6명과 사용자 · 근로자 · 지역가입자

```
┌─────────────────┐
│     국민연금      │
│  기금운용위원회   │
│  ┌───────────┐  │
│  │  보건복지부  │  │
│  │   (장관)    │  │
│  └───────────┘  │
└─────────────────┘
         ↓
┌─────────────────┐
│  국민연금관리공단  │
│     (이사장)     │
│  ┌───────────┐  │
│  │ 기금운용본부 │  │
│  │   (본부장)   │  │
│  └───────────┘  │
└─────────────────┘
```

대표 12명, 관계 전문가 2명 등 총 20명으로 구성된다.

국민연금 기금운용위원회는 운용지침, 중장기 및 연간운용계획, 위험관리에 관한 사항, 성과평가 및 성과보상에 관한 사항 등을 심의하고 의결한다. 매년 작성되는 기금운용계획은 대통령의 승인을 받고 국회에 보고한다.

국민연금 기금운용위원회의 長인 보건복지부장관이 기금의 운용과 관리를 관장하고 해당 실무를 국민연금공단에 위탁하는 구조이다. 국민연금 기금운용위원회 심의 의결 사항은 사전에 검토하고 심의할 수 있도록 3개의 전문위원회를 두고 있다. 투자정책위원회, 수탁자책임위원회, 위험관리 및 성과보상위원회 등이며 여기에는 사용자, 근로자, 지역가입자 단체에서 1명씩 추천받아 각 전문위원회의 長을 맡도록 하고 있다.

또한 분야별 전문성 강화 및 의사결정의 투명성을 높인다는 취지로 국민연금공단내에 네 개의 내부위원회를 두고 주요사안을 심의 의결한다. 리스크관리위원회, 대체투자위원회, 투자관리위원회 등이며 이 중 리스크관리위원회는 공단이사장이 위원장을 맡고 나머지는 기금운용 본부장 또는 본부내 부문장이 맡고 있다.

기금운용 전담조직인 기금운용본부는 국민연금기금운용위원회에서 정한 정책과 지침에 따라 전술적 자산 배분과 투자집행을 실시하고, 각 자산군의 특성을 고려하면서 포트폴리오를 관리한다.

국민연금 기금운용본부는 2022년말 현재 본부장 이하 전략부문, 리스크관리부문, 지원부문 등 3명의 부문장과 13실 1단 3개의 해외사무소를 갖추고 있으며 임직원 정원은 435명이다. 투자대상도 국내외 주식 및 채권, 부동산, 인프라, 사모투자 등으로 다변화하고 해외 헤지펀드 및 사모대출 등 신규 자산군으로 투자대상을 확대하고 있다. 2022년말 현재 외화자산의 비중은 약 48%이다.

국민연금기금 운용프로세스

국민연금 기금운용위원회는 5년 단위의 중기 자산배분계획과 그 이행을 위한 연간 기금운용계획을 결정한다.

중기 자산배분계획은 국내외 경제전망을 토대로 자산군별 기대수익률과 변동성 등을 고려하여 수립되며, 목표수익률과 위험한도를 제시하고, 자산군별 목표비중을 설정한다. 목표수익률은 실질경제성장률에 소비자물가상승률을 더하고 조정치를 반영하여 결정하며, 위험한도는 5년 동안의 누적 운용수익률이 같은 기간의 누적 소비자물가상승률 이하로 떨어질 가능성_{Shortfall Risk}을 15% 이하로 통제할 수 있도록 설정한다.

자산군별 목표 비중은 5년간에 걸쳐 단계적으로 달성해야 할 자산배분 목표로서 현실적인 제약을 감안하여 연도별 이행 포트폴리오인 연간 기금운용계획을 수립하게 된다. 즉, 국내외 투자 여건 및 포트폴리오 현황 등을 고려한 전략적 이행 목표로서 연간 자산군별 목표 비중 등을 제시하는 것이다.

기금운용본부장이 투자위원회를 주관하여 연간 및 월간 자금운용계획을 결정하

기금운용위원회가 전략적 자산배분을 확정하면 기금운용본부가 전술적 자산배분을 하고 포트폴리오를 관리한다

고 있는데 대체투자위원회의 경우에는 외부전문가가 의사결정에 참여하도록 하고 있다. 다만, 일정규모 이내의 투자건에 대해서는 내부위원으로만 구성된 소위원회가 결정하고 현장실사 등도 생략할 수 있다.

기금운용 의사결정은 기금운용본부 내부 임직원으로 구성된 위원회가 하지만 대체투자의 경우만 외부전문가가 포함된 위원회에서 결정한다

한편, 리스크관리를 위하여 공단이사장을 위원장으로 하고 외부전문가를 포함하는 리스크관리위원회를 운영하고 있으며 기금운용본부에는 리스크관리실을 두어 시장위험, 신용위험, 유동성위험, 운영위험 및 법규위험 등을 관리하고 통제하고 있다. 연 단위의 총 위험한도와 자산 종류별 위험한도를 설정하여 상시 점검하면서 수익대비 과도하거나 추가적인 위험에 노출되지 않도록 관리한다. 또한 준법감시인을 별도로 두어 기금운용의 내부통제 업무를 독립적으로 수행한다.

기타 공적 연금 및 기금

국민연금 외의 대표적 공적연금펀드로는 사학연금기금과 공무원연금기금이 있다. 이들의 운용규모는 각각 21조원, 6조원을 상회한다. 그밖에 다양한 공공의 목적을 위해 조성되고 있는 공적기금으로는 주택도시기금과 산업재해보상보험 및 예방기금, 고용보험기금 등이 있고 소형기금까지 포함하면 68개의 공적기금이 운용 중인 것으로 알려져 있다. 사학연금과 공무원연금은 별도의 운용 조직을 갖추고 내부인력에 의한 직접운용과 외부 자산운용사에 의한 위탁운용을 병행하

우리나라의 공적연금
펀드는 국민연금,
사학연금, 공무원연금
등이고 그밖에
공공목적으로 조성된
다양한 기금들이 있다

고 있는 반면, 나머지 공적기금들은 여유자금을 연기금투자풀 또는 OCIO_{Outsourced Chief Investment Officer}등을 활용하여 자산을 위탁운용 하고 있다.

한편, 공동의 이해관계로 모인 사람들이 자금을 모아 운영하는 조합 형태의 각종 공제회가 있다. 대표적으로 교직원공제회, 경찰공제회, 지방행정공제회, 노란우산공제회, 군인공제회 등이며 이들도 상당 규모의 외화자산 운용을 하고 있는 것으로 알려져 있다.

공적연금펀드의 ESG 운용

국민연금기금에 의해 책임투자가 시작된 것은 2006년으로 국내주식부문에서 위탁운용을 통해 사회책임투자_{SRI}를 도입하면서부터이다. 2009년 UN PRI 서명기관으로 참여하고 사회책임투자 유형의 비중을 확대해 나갔다. 2015년 자체 책임투자 원칙을 마련하고 배당 확대 등 위한 주주관여 활동을 시작으로 주주권을 적극적으로 행사하고 있다. 2018년 수탁자 책임 원칙_{Stewardship code} 도입을 기점으로 수탁자책임활동을 강화하였다. 또한 ESG 통합 전략의 성공을 위해서는 ESG 요인에 대한 평가체계와 이를 기반으로 하는 구체적인 실행이 중요하다는 인식 하에 2015년부터 자체적인 ESG 평가체계를 구축하고 국내주식 직접운용에 ESG 평가 결과를 적용하고 있다.

사학연금의 경우 2020년 말에 수탁자 책임 활동에 관한 지침을 제정하고 외부전문가 중심의 수탁자책임위원회를 설치함으로써 의결권 행사와 같은 수탁자 책임 이행에 관련된 의사결정을 하고 있다. 공무원연금기금 역시 사학연금과 유사한 구조의 책임투자 체계를 구축하고 있다. 특히 ESG 투자 강화라는 전략 목표를 위해 외화자산의 위탁운용시 사회책임투자펀드를 확대하고 있다.

> 국민연금은 일찍이 사회책임투자를 시작하여 자체적인 ESG요소 평가체계를 갖출 만큼 선도적인 발전을 지속해 왔다

기타 공적기금들의 경우 ESG 요인을 고려하는 움직임은 아직 크게 나타나고 있지 않으나 정부가 기금운용평가에 ESG 투자를 평가항목으로 추가함으로써 앞으로는 ESG 투자를 확대할 것으로 보인다.

제5부
글로벌 금융안전망

제18장 IMF 신용공여제도와 글로벌 금융안전망

IMF 신용공여제도의 한계와 개선 노력

1945년 IMF가 창설된 이후 1952년 대기성 차관_{Stand-by Agreement}을 시작으로 신용지원제도가 유지되어 왔다. IMF의 재원은 자본금 성격의 쿼타_{Quota}와 회원국으로부터 필요시 지원받을 수 있는 차입협정으로 구성된다. 우리나라는 1965년부터 1985년까지 대기성 차관을 받았는데 이는 국제수지 불균형이 발생한 회원국들로 하여금 마이너스 통장과 같이 IMF 쿼타의 600% 까지 자유롭게 인출할 수 있도록 한 것으로 흔히 크레딧 트란셰_{Credit tranche}라 부른다.

1997년 외환위기를 겪으면서 우리나라는 대기성 차관에 더해 긴급수혈자금_{Supplemental Reserve Facility}까지 받았다. IMF는 동 유동성지원을 위한 조건_{conditionality}으로 지나치게 엄격한 거시경제정책의 이행 의무를 부과했다. 이는 도덕적 해이_{moral hazard}를 막기 위한 장치로서 쿼타를 크게 초과하여 자금을 지원하는 것인 만큼 여타 회원국의 동의를 구하기 위해서라도 불가피한 조치로 풀이된다. 그러나 해당국에게 부과된 거시경제정책이 국가별 특성을 충분히 반영하지 못할 뿐만 아니라 해당국의 경제주권을 과도하게 침해한다는 비판도 피할수 없었다. 특히 회원국 입장에서는 불가피하게 결정한 IMF 지원 요청으로 인해 일종의 오명, 즉, 낙인효과_{stigma effect}를 감수할 수 밖에 없다.

IMF 신용공여제도는 위기발생 후에 엄격한 대출조건을 부과하는 점과 낙인효과 등이 문제점으로 지적되어 왔다

IMF는 아시아 외환위기 직후 우발적 크레딧 라인_{CCL: Contingent Credit Line}을 도입하였다. 이는 기초경제여건이 대체로 양호함에도 불구하고 주변국의 유동성 위기가 전염되어 어려움을 겪는 경우 긴급유동성을 공급해주는 제도이다. 다만, 기존 제도와 마찬가지로 자금 수혜를 받은 국가는 대출의 댓가로 엄격한 관리를 받아야 했기 때문에 지원 실적이 전무함에 따라 2003년 폐지되었다.

글로벌 금융위기 직후인 2009년에는 기초경제여건이 양호하더라도 위기를 예방하는 차원에서 언제든지 자금을 지원받을 수 있는 신축적 크레딧 라인_{FCL: Flexible Credit Line} 제도를 도입하였다. 이전의 제도와는 달리 위기가 발생하더라도 사후적으로 어떠한 엄격한 조건도 부과하지 않기로 했다. 현재까지 칠레, 콜롬비아, 멕시코, 페루, 폴란드, 모로코 등이 이 제도를 활용하였다.

IMF는 2010년에 보완적 수단으로서 위기 발생 이전에 자금지원을 요청할 수 있는 예방적 크레딧 라인_{PCL: Precautionary Credit Line}을 도입하였고 이를 이듬해 위기발생 후에도 신청할 수 있는 예방적 유동성라인_{PLL: Precautionary and Liquidity Line} 제도로 확대 개편하였다. 현재까지 모로코와 북

IMF 신용공여 제도는 위기예방 기능을 강화하는 방향으로 개선하고자 하였다

마케도니아 등이 동 제도를 이용하였다. 예방적 유동성 라인PLL 제도도 신축적 크레딧 라인FCL 제도와 마찬가지로 경제펀더멘털 및 정책이 비교적 양호한 국가를 대상으로 하면서 대외포지션 및 시장접근성, 재정정책, 통화정책, 금융부문 건전성 및 감독, 적절한 통계 등 점검항목 5가지 중 1~2개 항목에 취약성이 있더라도 자금을 수혜받을 수 있도록 하고 취약 부문에 대하여 정책 프로그램을 부과하면서 6개월마다 점검을 받도록 했다. 이상의 5가지 항목을 9가지 항목으로 세분하여 이를 모두 충족하여야 했던 신축적 크레딧라인에 비해 자격조건이 완화된 것이다. 모로코의 경우 2012년에 처음 62억달러의 예방적 유동성 라인PLL 자금을 수혜한 후 2년마다 네차례 갱신하여 2020년까지 이용하였으며 2023년 2월에는 신축적 크레딧라인FCL 수혜 자격을 충족하여 동 자금 50억달러를 2년간 지원받게 되었다.

2020년에는 코로나 팬데믹에 대응하여 일반 회원국 대상의 신속금융제도RFI: Rapid Financing Instrument와 저소득국 대상의 신속신용제도RCF: Rapid Credit Facility를 통해 다수 국가가 자금지원을 받았다. 또한 경제여건이 양호하지만 일시적으로 단기유동성이 필요한 회원국을 대상으로 단기유동성라인SLL: Short-Term Liquidity Line을 신설하였으며 2022년 5월에는 기후변화 관련 위기 대응을 위하여 복원력ㆍ지속가능성 신용제도RSF: Resilience and Sustainability Facility를 신설하였다.

한편, IMF는 쿼타에 의한 재원마련을 보완하기 위해 신차입협정NAB: New Arrangements to Borrow과 양자차입협정BBA: Bilateral Borrowing agreements을 두고 있으나 코로나 팬데믹에 대응하는 데 한계가 있어서 2021년 약 6,500억달러 상당의 4,565억SDR을 회원국에게 배분하였다.

IMF의 주요 신용공여제도	
일반 융자	대기성 차관제도_{SBA: Stand-by Agreement}
	확대신용[51] _{EFF: Extended Fund Facility}
위기예방 융자	탄력적 크레딧라인_{FCL: Flexible Credit Line}
	예방적유동성 크레딧라인_{PLL: Precautionary and Liquidity Line}
특별 융자	신속금융제도[52] _{RFI: Rapid Financing Instrument}
양허성 융자	빈곤감축 및 성장지원기금[53] _{PRGT: Poverty Reduction and Growth Trus}

글로벌 금융안전망의 확립

IMF의 신용공여제도는 다양한 개선 노력에도 불구하고 기본적으로 위기를 사후 수습하기 위한 제도인 만큼 초기에 위기로 확대되는 것을 억제하는 데는 한계가 있다. 아시아 외환위기 이후 우리나라를 비롯하여

중층적 위기방어 체계로서 글로벌 금융안전망을 구축함으로써 미래 금융위기에 효과적 대응 태세를 갖출 수 있다

---

51) 융자기간이 길다는 점외에는 대기성차관제도와 동일하다.

52) 1962년 긴급 자연재해 지원금융(ENDA: Emergency Natural Disaster Assistance)과 1995년 긴급 분쟁종식지역 지원금융(EPCA: Emergency Post-Conflict Assistance)이 2011년에 통합된 것이다.

53) 저소득국가의 다양한 수요에 대한 맞춤식 금융지원을 위해 산하에 ECF(Extended Credit Facility), SCF(Standby Credit Facility), RCF(Rapid Credit Facility) 등 3개의 융자제도를 두고 있다.

많은 신흥국들이 외환보유액을 경쟁적으로 늘려왔으나 2008년 글로벌 금융위기의 충격을 피하기는 어려웠다. 자국통화가 국제화되어 있지 않은 이상 신흥국의 외환보유액이 외환의 최종대부자_{lender} of last resort로서의 역할하는 데 한계가 있음을 드러낸 것이다. 게다가 신흥국에서 자본유출이 확대된 원인이 신흥국 내부 요인 때문이 아니라 선진국 정책 변화 등으로 인한 국제자본이동에서 비롯된 것이라면 아무리 개별국가가 정책적으로 대응하더라도 한계가 있을 수 밖에 없다. 이런 가운데 글로벌 금융안정망은 그 규모가 증가하면서 위기대응을 위한 제2선 방어막으로서 역할이 크게 부각되었다.

글로벌 금융안전망은 궁극적으로 외환보유액 축적의 필요성을 낮추는 데 기여할 것이다

글로벌 금융안전망GFSN: Global Financial Safety Nets이란 외화유동성이 부족한 국가들이 활용할 수 있는 국제적인 유동성 지원 체계 또는 협약 등을 총칭하는 것으로서 그 종류로는 전통적인 IMF의 긴급융자제도이외에 중앙은행간 통화스왑계약, 그리고 치앙마이 이니셔티브 협정CMI: Chiang Mai Initiative 등과 같은 지역금융협정RFA: Regional Financial Arrangements 등을 들 수 있다. 글로벌 금융안전망에 대한 논의는 2008년 금융위기를 겪은 이후 G20국가들을 중심으로 범세계적 차원에서 빠르게 진행되었다. G20은 1999년 9월에 국제금융체제 강화에 관한 G7 재무장관 보고서에 기초하여 창설된 회의체로서 미국, 일본, 독일, 영국, 캐나다, 이탈리아, 프랑스 등 G7국가와 우리나라, 중국, 인도, 인도

금융위기 이후 중앙은행간 통화스왑은 기축통화국 유동성 지원의 창구로서 막중한 역할하였다

네시아, 아르헨티나, 브라질, 멕시코, 러시아, 튀르키예, 호주, 남아프리카공화국, 사우디아라비아 등 12개 신흥국 그리고 EU, IMF, World Bank 등 국제기구로 구성되어 있다. G20국가들중에서 자국통화의 국제적 통용성이 약한 나라의 입장에서는 글로벌 금융안전망중에서 기축통화국과의 통화스왑이야말로 외환보유액을 뛰어넘는 가장 실효성 있는 제도로 인식되고 있다.

양자간 및 다자간 금융협정과 국제금융기구의 자금지원제도 등이 중층적multi-layered으로 상호보완적이면서 효과적으로 운영될 수 있다면 글로벌 금융안전망이 금융위기에 대한 대응력을 높이면서 궁극적으로는 외환보유액의 과다한 축적 필요성도 낮추게 될 것이다.

<그림 18-1>

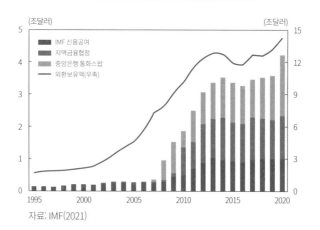

자료: IMF(2021)

중앙은행간 통화스왑의 의의

글로벌 금융안전망으로서 중앙은행간 통화스왑은 상대방 통화를 필요로 하는 중앙은행이 일정 기간동안 자국 통화를 담보로 제공하고 상대국 통화의 자금을 지원받는 제도이다. 글로벌 금융위기 이후 중앙은행간 통화스왑은 그 성격을 두가지로 구분할 수 있다.

첫째는 미 연준과의 통화스왑과 같이 기축통화국이나 교환성이 높은 통화의 국가들과 계약을 통해 외화유동성을 지원받기 위한 것이다. 신흥국 등 교환성이 부족한 통화의 국가들이 미국, 일본, 스위스, 캐나다, 호주 등의 중앙은행과 체결하는 통화스왑이 이에 해당된다. 이들과의 계약은 기축통화나 교환성이 높은 통화의 시장 유동성을 이용할 수 있는 채널을 확보하였다는 점에서 외환보유액 이상의 의미가 있으며 국내 외환 및 외화자금시장의 안정에 결정적으로 기여한다. 유한한 외환보유액의 한계를 뛰어넘는 무한 자금공급원과의 연결이라는 점에서 선진 중앙은행과의 외환시장 공조 개입과 유사한 심리적 효과를 발휘한다. 미 연준이 유로지역, 일본, 영국, 캐나다, 스위스 등의 중앙은행과 상시적인 통화스왑라인을 유지하고 있는 점을 감안할 때 미 연준이 아닌 나머지 국가 중앙은행과의 통화스왑계약도 미 연준과 간접적인 네트워크를 유지한다는 점에서 의미가 있다.

주변 교역상대국과의 통화스왑은 금융협력을 발전시키고 자국통화 활용도를 높임으로써 지역내 위기전염을 예방하는 역할을 하였다

둘째는 주변국과의 금융협력을 강화함으로써 교역을 촉진하고 환리스크를 축소하면서 자국통화의 국제적 활용을 높이는 차원이다. 교환성이 높은 통화 국가가 아닌 주요 교역상대국과의 통화스왑은 양국이 자국통화를 무역대금 결제에 활용할수 있도록 지원한다는 점에서 미달러화에 의한 결제 편중 현상을 완화시킬 수 있고 나아가 금융시장에서의 리스크 대응 능력도 제고시킬 수 있다. 특히 아시아국가들의 중국과의 통화스왑은 중국 경제와의 밀접성, G2 국가로서 중국이 세계경제에 미치는 영향력 등을 감안할 때 의미가 있다.

그리고 지역금융안전망 차원에서 이루어진 ASEAN+3 회원국간 CMI_{Chian Mai Initiative} 다자간 및 양자간 통화스왑, EU국가들간 통화스왑 등은 지리적으로 인접한 국가의 위기가 지역내 쉽게 전염되는 것을 방지하기 위해 국가간 공동의 이해를 바탕으로 한 공동 대응이라는 점에서 의의가 있다.[54]

---

54) 제20장 지역금융안전망과 중앙은행간 통화스왑 참조

제19장 미 연준의 중앙은행간 통화스왑

과거 미 연준 통화스왑의 활용

우리나라에는 글로벌 금융위기 당시 한국은행과 미 연준이 통화스왑계약을 체결하면서 본격적으로 알려졌지만 사실 미국은 오래전부터 활용해 오던 제도이다. 미 연준이 최초로 타국 중앙은행들과 통화스왑계약을 체결한 것은 1962년으로 유럽의 주요 9개국인 영국, 프랑스, 독일, 이태리, 네덜란드, 오스트리아, 벨기에, 스위스, 캐나다 등과 체결하였다. 그리고 브레튼우즈 체제가 붕괴되기 전까지 덴마크, 노르웨이, 스웨덴, 일본, 멕시코 등 14개국으로 확대하였으며 BIS와도 통화스왑계약을 체결하였다. 당시의 배경은 미 연준에서 금이 유출되는 것을 방지하기 위한 것이었다. 이때는 브레튼우즈 체제하에서 미달러화의 가치를 금 1온스당 35달러로 정해놓았으나 미달러화 가치가 금 대비 절하될 가능성이 높았다. 왜냐하면 미국이 세계대전 후 경제개발 지원 등에 나서면서 국제수지 적자가 누적되었기 때문이다. 이에 미달러화를 보유하고 있던 타국 중앙은행들이 미

> 브레튼우즈 체제하에서는 미연준이 통화스왑을 통해 타 중앙은행의 금 태환 요구를 무마시켰다

연준에 대해 이를 금으로 바꿔달라는 요구가 빠르게 확산되기에 이르렀다. 특히 당시 안전통화로 각광받던 스위스프랑화에 대한 수요가 높아지면서 스위스중앙은행에는 필요 이상으로 미달러화가 축적되었고 이를 금으로 바꾸고자 하는 유인이 컸다.

이에 미 연준은 스위스중앙은행과의 통화스왑을 체결함으로써 당장의 금 태환 요구를 무마시켰다. 통화스왑을 통해 스위스중앙은행은 향후 미달러화가 평가절하되더라도 환리스크를 피할 수 있기 때문이다. 스위스중앙은행의 미달러화 현물 매입포지션이 통화스왑을 통해 선물 매도포지션으로 커버된 결과이다. 이러한 통화스왑은 1971년 미국이 금 태환 중단을 선언할 때까지 타 중앙은행의 금 태환 요구를 저지하는 데 유용한 조치였다. 그러나 1970년대 초 미달러화 가치가 큰 폭으로 평가절하되면서 통화스왑 만기에 미달러화를 받고 타 통화를 내주어야 하는 미국 입장에서는 큰 폭의 환리스크를 우려하지 않을 수 없었다.

이후 변동환율제로 전환된 다음에는 미 연준의 통화스왑은 미달러화의 가치를 안정시키기 위하여 시장개입재원을 마련하는 수단으로 활용되었다. 미 연준은 외환보유액이 적었기 때문에 통화스왑을 통해 타 중앙은행들로부터 기타통화들을 확보함으로써 필요시 미달러화를 매입하는 데 사용할 수 있기 때문이다. 다만, 실제 외환시장개입에 활용된 규모는 미미하였는데 이는 그만큼 미달러화 가치 안정 의지를 피력하는 데 중앙은행간 공조라는 신호효과가 위력적이었기 때문이다.

그러나 독일연방은행이 미 연준이 통화

> 브레튼우즈 체제 붕괴 이후 미 연준은 미달러화 가치안정을 위한 시장개입 재원 마련을 위해 통화스왑을 활용하였다

스왑거래를 이용하여 독일마르크화를 인출하여 매각할 경우 자국의 인플레이션이 증가할 가능성을 우려한 데다 미국의 통화스왑 관련 손실을 공유해야 한다는 점에 반발하면서 1980년대 들어서는 더 이상 외환시장 개입과 관련된 통화스왑에 대해서는 논의되지 않았다.

사실 미 연준내에서도 통화스왑이 개입자금 마련을 위해 사용되는 것에 대해서 상당한 논쟁이 있었다. 마침내 연방공개시장위원회에서 중앙은행간 통화스왑은 여타 국가들이 미달러화의 유동성 조달에 어려움이 있을 경우에 활용되도록 해야 한다는 주장이 정식으로 제기되었다. 이런 분위기에서 1999년 유로화 출범을 앞두고 기존의 통화스왑라인은 캐나다, 멕시코를 제외하고 모두 종료되었다.

한편, 미국과 멕시코간의 통화스왑의 경우에는 여타국과의 통화스왑과는 달리 양국간 정치적 경제적 지리적 특수관계를 고려하여 활용한 사례로서 1967년 처음 개설하였으며 이후 규모를 확대하다 북미자유무역협정 NAFTA: North American Free Trade Agreement 에 따라 이를 상설화하기에 이른다. 물론 이 협정에 참여한 캐나다와도 통화스왑라인을 개설하였다. 멕시코는 대외채무 해결을 위해 빈번히 미달러화 통화스왑자금을 인출하였고 멕시코 페소위기 때는 구제금융수단으로 크게 활용되었다.

미달러화 환율안정을 위한 통화스왑의 활용에 대해 미연준 내부에서도 논쟁이 있었고 여타국들의 반발도 있었다

미달러화 유동성 공급을 위한 미 연준의 통화스왑

2001년 911테러로 인한 세계 유동성 경색이 발생했을 때 미 연준은 ECB, 영란은행, 캐나다은행과 30일 기한의 통화스왑라인을 개설하여 단기자금조달이 어려워진 미국내 외국계 은행들의 유동성 문제를 해결한 바 있었다.

미 연준의 통화스왑이 본격적으로 전 세계적인 유동성 문제의 해결책으로 등장한 것은 글로벌 금융위기 무렵인 2007년이다. 미 연준은 ECB, 스위스중앙은행과 우선 통화스왑라인을 가동하고 이후 영국, 일본, 캐나다, 호주, 스웨덴, 덴마크, 노르웨이 중앙은행 등으로 확대하였으며 2008년 10월에는 뉴질랜드, 브라질, 한국, 멕시코, 싱가포르 등까지 확대하여 대규모로 미달러화 유동성을 공급하였다. 2008년말 6천 200억달러까지 규모가 확대된 통화스왑계약은 시장이 안정되면서 2010년 2월 모두 종료되었으나 얼마 가지 않아 5월에 유럽재정위기가 발발하면서 미연준은 ECB, 영국, 스위스, 캐나다, 일본 등의 중앙은행과 스왑라인을 재개하게 되었다.

그리고 2020년 코로나사태는 미 연준의 통화스왑을 재등장시켰다. 글로벌 금융위기 경험을 살려서 당시 체결국가들과 다시 체결함으로써 미연준 통화스왑의 정책적 유효성을 다시 한번 확인시켜 주었다.

제20장 지역금융안전망과 그밖의 중앙은행간 통화스왑

지역 금융안전망의 의의

역내 금융협력의 시초는 1977년에 체결된 ASEAN 스왑협정_{ASA:} ASEAN Swap Agreement이다. ASEAN 5개국이 국제수지 적자로 인한 유동성 부족 문제를 상호간에 해결하기 위한 것이었다. 그러나 합의과정 및 규모 등에 있어 실효성이 부족하다는 인식이 상존한 가운데 아시아 외환위기에도 어떠한 역할도 하지 못하였다. 이에 2000년 치앙마이 이니셔티브_{CMI: Chiang Mai Initiative}에 흡수되어 ASEAN+3 회원국간 양자간 스왑협정_{BSAs: Bilateral Swap Agreement} 및 Repo협정_{Repurchase Agreement} 등과 함께 역내 금융지원시스템의 한 축을 구성하게 되었다.

이와 유사한 지역금융안전망으로서 유럽에는 유럽안정화기구_{ESM: European Stability Mechanism}가 있고 중남미와 중동지역에는 중남미 준비기금_{FLAR: Fondo Latinoamericano de Reservas}, 아랍통화기금_{Arab Monetary Fund} 등이 있다.

이렇게 인접한 국가들이 공동으로 금융안전망을 설치하는 것은 어차피 그중 한 나라에 위기가 발생하면 비슷한 경제구조 및 인접성을

감안할 때 이웃나라로의 전파가 불가피하다
는 인식에서 비롯된다.

지역금융안전망은
지역금융기구들과
인접국간 중앙은행
통화스왑으로
구성된다

즉, 지역내 국가들간에 경제 및 무역관계
협력 도모 등 공동의 이해관계를 공유하고
잠재적 위기에 사전적으로 대응해 역내 금융
안정을 추구해 나갈 필요성이 있다는 것이다. 그러한 관점에서 지역내
중앙은행들간에 체결된 통화스왑도 지역 금융안전망의 범주에 포함될
수 있다.

한편, 지역 금융안전망_{RFSN: Regional Financial Safety Net}은 IMF의 긴급융자제
도와 상호 보완하는 성격이 강하다고 할 수 있다. 대표적인 모범 사례
가 유럽재정위기 당시의 트로이카 체제이다. 이는 유럽안정화기구를
관할하는 EU집행위원회_{EU governing council}와 글로벌 금융안전망을 제공하
는 IMF 그리고 유럽중앙은행_{ECB} 등 3자의 공동 운영체제를 일컫는 것
으로서 이들이 공동으로 구제금융 프로그램을 설계하고 집행했다.

치앙마이 이니셔티브

지역 금융안전망은 아시아 외환위기 이후 2000년 5월에 태국 치앙
마이에 ASEAN 소속 국가들, 한국, 중국, 일본 등의 재무장관들이 모
여 처음 논의되었다. 이는 1997년 아시아 외환위기 당시 IMF 등 국제
금융기구의 신용공급제도가 역내 위기를 해소하는 데 크게 부적합했
다는 인식을 기반으로 한다. 국제수지 불균형 문제를 해소하기 위해
도입된 IMF의 대기성 차관 등은 재원 자체가 충분하지 않았고 각국의

쿼타에 연동하여 융자액을 배분하다 보니 개별국가의 위기 해소에 부족하기도 했다. 게다가 역내 현실을 외면하고 융자의 댓가로 부여된 조건으로 인해 경제회복을 더디게 한다는 비판이 제기되었다. 이에 따라 역내의 자체적인 긴급유동성 지원체계인 치앙마이 이니셔티브CMI를 발표하게 되었다.

CMI는 회원국간 개별적인 계약을 맺고 필요시 그 상대국이 국제유동성을 지원하는 구조인 반면 CMIM은 개별 계약없이 필요시 국가별로 미리 갹출할수 있는 국제유동성 비율을 정해놓았다

CMI는 회원국 중앙은행간에 양자 간 통화스왑협정을 체결함으로써 역내 외환위기 발생 시 약정금액 한도 내에서 자금을 지원할 수 있도록 한 것이다. 한국은행은 2001년부터 2003년까지 일본은행을 시작으로 역내 6개국 중앙은행과 총 80억 달러 규모의 양자간 통화스왑계약을 체결하였다. 해당국에 외환위기가 발생하였거나 발생할 것으로 예상되는 경우 자국통화를 대가로 역내 국가들로부터 일정액의 미달러화를 제공받고 만기 때 미달러화를 상환하고 자국통화를 회수하는 것이다. 2005년에는 국가간 스왑규모의 증액이 이루어지고 IMF 구제금융 비율과 무관하게 인출할 수 있는 자금의 비율인 IMF 비연계 비율도 30%까지 확대되었다.

2010년에는 마침내 다자간 협정CMIM: Chiang Mai Initiative Multilateralization으로 확대되었다. 참여한 중앙은행들간에 자금지원을 상호 약정하면서 국가별로 분담액을 설정하는 방식으로 중국 및 일본이 각각 32%, 우리나라가 16%, ASEAN이 20%를 부담하기로 하였다. 그리고 자금을 지원받는 국가의 도덕적 해이를 방지하고 사전 위기감지 노력을 위해 회원국들의 경제상황과 금융건전성을 분석하고 감시하는 조사기구_{AMRO: ASEAN+3 Macroeconomic Research Office}를 설립하였다.

한편, CMIM의 대출 능력은 2천 400억 달러로 IMF의 1조 달러와 견주어도 상당한 수준인 데다 위기해결용_{CMIM Stability Facility} 뿐만 아니라 위기예방용_{CMIM Precautionary Line} 프로그램도 잘 정비되어 있다고 평가되지만 아직까지 역내 국가에 실제 지원된 사례가 없어 네트워크 기능이 효율적으로 잘 작동되는지 경험해 보지 못했다. 이에 반해 유럽안정화기구는 유럽재정위기 동안 여러번 사용됨으로써 전염 효과 방지에 견고함을 증명할 수 있었다. 결과적으로 CMIM이 지역금융안전망의 선두주자임에도 불구하고 상대적으로 세계적으로 덜 알려지게 되었다.

게다가 CMIM의 구조상 다자간 스왑계약에 기반한 시스템이라는 점에서 막상 위기 상황이 도래했을 때 네트워크가 작동될 수 있는 능력에 대한 신뢰성을 보장하기 어렵다. 왜냐하면 글로벌 위기상황에서는 양자간 협정에 의해 자금을 제공하는 국가 입장에서도 부담스럽지 않을수 없기 때문이다. 특히 스왑자금을 제공하면 외환보유액에서 동 자금이 빠지게 되므로 그 부담이 더할 수밖에 없다. 막상 실제 자금인출을 필요로 할 때 국가간의 악정_{agreement}이 거래_{transaction}로 구현될 수 있을지 불확실하다는 것이다.

따라서 납입자본에 기반한 시스템으로 전환되어야 한다는 주장은 상당한 설득력이 있다. 그래야 CMIM의 대차대조표가 회원국의 대차대조표와 분리되고 자금 조달의 불확실성이 완화될 수 있다. 아울러 역내 회원국들의 교환성 통화가 부족한 점을 감안할 때 납입된 자본금은 IMF에 대한 납입과 마찬가지로 외환보유액으로 인정받을 수도 있어야 한다.

<표 20-1>

지역금융기구 Regional Financing Arrangement	
ASA	ASEAN Swap Arrangement (아세안 10개국)
FLAR	Fondo Latinnoamericano de Reservas (남미 8개국)
CMIM	Chiang Mai Initiative Multi-lateralization (아세안+한중일)
EU-BOP	EU-BOP Assistance Facility (EU 비유로국 8개국)
EFSD	Eurasian Fund for Stabilization and Development (유라시아 6개국)
ESM	European Stability Mechanism (유로지역 19개국)
CRA	BRICS Contingent Reserve Arrangement (BRICS 5개국)

유로화 유동성 공급을 위한 ECB의 통화스왑

유럽은 EU가입국과 비가입국, EU가입국중에는 유로화를 사용하는 유로지역과 비유로지역 등으로 구분이 복잡하다. ECB는 유로화를 사용하는 유로지역의 중앙은행이므로 당연히 유로화를 사용하지 않는 여타국들은 각자의 통화를 보유하고 각 중앙은행이 있다. 유럽대륙이나 그 인근에 소재하고 있는 국가들은 지리적으로나 경제적으로 매우 긴밀하기 때문에 유로화를 사용하지 않더라도 유로화와의 연계성이 매우 클 수 밖에 없으므로 이들 국가의 금융시장이 불안할 경우 유로지역을 비롯한 유럽 전체로 전염될 가능성을 배제할 수 없다. 이에 ECB는 유럽내 여러 국가들과 통화스왑 또는 레포_{Repo}계약을 맺고 필요시 유로화를 공급할 수 있도록 하고 있다.

ECB의 통화스왑은 미 연준의 통화스왑과 마찬가지 방식으로 ECB와 비유로지역 국가의 중앙은행간에 상호적_{reciprocal}으로 자국통화를 담보로 제공하고 상대 통화를 공급받도록 하고 있다. 앞서 살펴본 미 연준과 함께 영국, 일본, 캐나다, 중국, 그리고 스위스중앙은행 등과의 스왑라인이 해당된다. 이와는 별도로 일방적으로_{unidirectional} ECB가 유로화를 공급하는 목적만을 위해서 통화스왑을 활용하기도 한다. 스웨덴, 덴마크, 폴란드 등과의 스왑라인이 이에 해당된다.

코로나 발발이후 ECB는 유로지역내 금

ECB는 지리적, 경제적, 정치적 연계성을 감안하여, 유럽내 비유로국가나 비EU회원국에게도 위기전염 방지를 위해 필요시 유로화를 공급할 수 있도록 통화스왑계약을 체결하고 있다

융기관에 대한 유동성 공급장치인 레포라인의 적용범위를 크게 확대하여 헝가리, 루마니아, 알바니아, 산마리노, 북마케도니아, 안도라 등의 국가들이 유로화표시 자산을 담보로 제공할 경우에는 유로화를 공급받을 수 있도록 하였다.

한편, ECB와는 별개로 아이슬랜드 중앙은행은 스웨덴, 노르웨이, 덴마크 등 북유럽 3국 중앙은행과 통화스왑을 체결한 바 있고 스위스 중앙은행은 폴란드, 헝가리와도 별도의 통화스왑을 체결하였다. 이러한 역내 중앙은행들간 통화스왑은 유로화 및 스위스프랑화 등 교환성이 높은 통화의 유동성 공급을 원활하게 함으로써 역내 금융시장의 안정에 기여하는 것으로 평가된다.

중국인민은행의 통화스왑

중국인민은행이 다른 나라 중앙은행들과 통화스왑을 체결하는 것은 국제거래의 결제통화로서 중국위안화의 사용을 촉진시키려는 통화의 국제화 정책과 맞닿아 있다. 중국인민은행은 글로벌 금융위기 당시 홍콩, 우리나라, 말레이시아, 인도네시아, 벨라루스, 아르헨티나 등과의 계약을 시작으로 2022년말 현재 38개국과 총 4조위안에 달하는 계약을 맺은 것으로 알려졌다.

그동안 계약상대국가도 태국, 싱가포르 등 아시아 역내 국가들 뿐만 아니라 ECB, 영국, 일본, 스위스, 캐나다, 호주 등 주요 선진국 그리고 브라질, 러시아 등 신흥국들까지 다양하다. 특히 2013년 일대일로 이니셔티브_{BRI: The Belt and Road Initiative}라는 대규모 인프라 투자 프로젝트를

중국인민은행의 통화스왑계약은 미 연준, ECB 등과는 달리 자국의 자본이동 통제의 한계를 넘어 통화 국제화를 촉진 시키기 위한 수단으로 활용되고 있다

통해 아시아 인프라 개발 및 새로운 시장 개척, 자원부국과의 연대 강화 등을 도모 하면서 카자흐스탄, 파키스탄, 스리랑카, 나이지리아, 수리남 등 중앙아시아 및 아 프리카에 이르기까지 그 범위를 크게 확 대시켰다.

사실 중국은 일본과 함께 세계 최대 외환보유국이자 미국과 함께 경제규모가 세계 최대인 국가이므로 계약상대국가 입장에서는 외환보유액이 작은 소규모 경제일수록 그리고 중국 수출비중이 높고 무역수지 적자를 겪고 있을수록 중국과의 통화 스왑계약을 통해 자국 경제를 글로벌 가치사슬에 통합시킴으로써 무역규모의 증대를 꾀하고 미달러화에 대한 노출도 줄일수 있다는 점에 서 그 편익이 크다고 할 수 있다.

중국은 기본적으로 자본이동을 통제하고 있음에도 불구하고 전 세 계의 다양한 국가들이 중국위안화에 대해 접근성을 높임으로써 위안 화의 국제적 통용성이 확대될 수 있도록 중앙은행간 통화스왑을 적극 활용하고 있으므로 앞으로도 계약상대국의 숫자 및 규모를 계속 증가 시켜 나갈 것으로 보인다.

제21장 한국은행의 주요국과의 통화스왑계약

미 연준과의 통화스왑

한국은행과 미 연준간의 통화스왑계약은 2008년 10월에 처음 체결된 후 2010년 2월 1일까지 유지되었으며 그로부터 10년 후인 2020년 3월에 다시 체결되어 2021년 12월까지 유지되었다.

2008년과 2020년에 각각 이루어진 두 계약은 동일한 형태이다. 미 연준의 보도자료에 따르면 연준이 타 중앙은행과 체결한 통화스왑을 "reciprocal currency arrangement", "bilateral currency swap arrangement"이라 함으로써 상호적$_{reciprocal}$, 쌍무적$_{bilateral}$임을 나타내고 간략하게 스왑라인$_{swap\ line}$이라 칭하고 있다.

양 중앙은행은 자국통화를 상대방에게 제공하고 상대국 통화를 스왑기간동안 활용한 후 만기에 다시 돌려주게 되며 스왑기간중 활용한 통화에 대한 이자도 서로 지급한다. 다만, 연준은 원화를 사용할 의도가 없으므로 인출하지 않는다는 의사를 밝혔다. 통화스왑계약 기간은 처음 6개월이었다가 연장되어 15개월까지 늘어났다.

한국은행은 계약금액 범위내에서 필요한 만큼의 미달러화와 원화

한국은행은
미연준으로부터
통화스왑의 형태로
미달러화자금을
대출받아서 국내
실수요자들에게
넘겨준다

를 교환하기 위한 스왑거래를 미국 뉴욕연준과 실시한다. 그 결과 확보된 미달러화 자금은 인출하여 입찰에 참가하여 응찰된 기관들에게 담보부 대출을 실행한다. 이때 담보는 우리나라 국공채 등이다. 입찰참가기관의 자격은 외은지점을 포함한 은행법상의 금융기관, 농협, 수협, 산업은행, 중소기업은행 등이었다. 미 연준과의 스왑거래기간은 통화스왑계약 기간 범위내에서 미 연준과 협의하여 결정되었는데 주로 84일물로 정해졌고 은행별 배분금액은 입찰결과로 결정되었다. 금리는 OISOvernight Interest Swap에 약간의 일정 스프레드를 가산한 수준으로 하되 실제 적용금리는 입찰결과에 따른다. 이는 동일하게 국내 금융기관들과의 대출계약에도 적용되었다.

미 연준이 원화를 인출하지 않기로 하였지만 절차상으로 한국은행은 인출한 미달러화에 상응하는 원화금액을 당일 기준환율을 적용하여 산출한 후 담보제공 차원에서 한국은행내 연준계좌에 무이자로 예치해 둔다.

대출만기에는 은행으로부터 미달러화 원리금을 상환받고 이를 미 연준에 그대로 지급하여 스왑거래 만기결제를 이행하게 된다. 즉, 한국은행과 미 연준간의 통화스왑계약과 한국은행과 여타 은행간의 외화대출 계약이 결합된 형태이다. 한국은행이 중간에서 가교 역할을 함으로써 국내 은행들이 미 연준의 달러화 자금을 저리로 차입할 수 있도록 한 것이다. 2008년 글로벌 금융위기 기간중 입찰은 총 16차례 실시하였으며 최대 공급잔액은 5차까지 163억달러 5천만달러였으며 6

차부터는 회수분이 재공급되었다.

미 연준 통화스왑자금의 인출은 미달러화 자금이 국내 외화자금시장으로 유입되는 효과를 가져오게 되므로 외화조달비용을 빠르게 안정시키는 효과를 가져왔다. 2008년 12월 제1차 입찰에서 7%에 육박했던 평균 낙찰 금리가 2009년 1월 제5차 입찰에서는 1% 초반대로 하락하였다.

경쟁입찰방식으로 대출하는 것은 실수요자 우선으로 유동성을 지원하고 도덕적 해이를 방지하기 위함이다

아울러 외화자금 공급은 환율에 직접 영향을 미치는 요인은 아니지만 당시 극도로 심했던 국내 외화자금시장의 수급 불균형을 완화시킴으로써 환율에도 긍정적인 영향을 미쳤다. 일례로 이러한 기대감을 바탕으로 한미 통화스왑계약 체결 사실을 발표한 2008년 10월 30일에 원화의 대미달러 환율은 전일 1,427원에서 1,250원으로 급락한 바 있다.

한편, 일각에서는 우리나라 금융 및 외환시장이 불안할 때마다 미 연준과의 통화스왑 체결 필요성을 제기하면서 환율 상승의 원인이 미국과의 통화스왑계약이 상설화되지 못한 데서 비롯된 것으로 보고 통화스왑계약만 체결하면 달러자금을 필요할 때마다 인출할 수 있는 것처럼 주장하기도 한다. 이는 지나치게 우리나라 중심적인 발상으로서 설사 미국과 상설적으로 통화스왑계약이 체결되어 있다고 해도 제약 없이 미달러화를 인출할 수는 없다. 미국과 통화스왑계약이 상설화되어 있는 일본만 보더라도 엔화 약세가 심화되었다고 해서 미 연준의 통화스왑자금 활용 필요성을 거론하지는 않는다.

미 연준과의 통화스왑계약이 실제 외화자금 인출로 이어지기 위해서는 미 연준과 건별로 스왑거래에 대한 합의가 있어야 한다. 과거 한

국은행과 미 연준간에 통화스왑계약 체결후 실제 한국은행이 외화자금 인출을 필요로 할 때마다 건건이 미 연준측과 실무협의를 거쳐 당초 약정한 계약기간 및 규모의 범위내에서 필요 자금만큼의 스왑거래가 이루어졌다. 국가간에 아무리 악정$_{agreement}$을 맺었더라도 실제 거래$_{transaction}$가 되려면 쌍방간의 실무적 합의가 이루어져야 한다. 아무리 원화약세가 심하여 우리가 필요로 한다하더라도 미국이 볼때 미달러화 주도의 국제외환시장 관점에서 큰 문제가 없다고 판단하는 한 스왑거래에 응할리 없다.

그럼에도 불구하고 평상시 미 연준이 한국은행을 통화스왑계약 상대방으로 중요하게 여길 수 있도록 원화의 위상을 제고시켜 나갈 필요가 있다. 미국 입장에서 볼 때 지역별로 금융시장에서 영향력이 있는 통화의 국가와 통화스왑계약을 맺기를 원하며 그래야만 글로벌 미달러화의 유동성 여건에 영향력을 미칠수 있다고 판단하기 때문이다.

한편, 앞으로 미 연준과의 통화스왑계약과 관련하여 고려해야할 사항은 2021년 7월 상설화된 미 연준의 FIMA 레포제도$_{Foreign and}$ $_{International Monetary Authorities Repo Facility}$이다. 이는 미 연준이 타국 중앙은행이 외환보유액으로 보유하고 있는 미 국채를 담보로 제공할 경우 미달러화 현금을 빌려주겠다는 것이다. 상대국가의 통화를 담보로 하는 통화스왑과는 큰 차이가 있다. 즉, FIMA레포로 조달한 미달러화로 국내 외화자금시장에 유동성을 제공할 경우 외환보유액이 감소하게 된다는 점에서 그렇지 않은 통화스왑과는 다른 것이다.

미 연준은 표면적으로 FIMA 레포제도가 미달러화 스왑라인을 보완하는 제도로서 통화스왑을 대체하는 것은 아니라고 설명하기는 하지만 미 연준 입장에서는 FIMA제도 활용을 통해 미 국채시장의 변동성이 확대될 수 있는 여지를 차단하는 동시에 통화스왑 체결을 요구하는 다른 나라 중앙은행의 압력을 어느 정도 회피하는 목적으로 활용할 수 있을 것으로 생각한다.

<표 21-1>

한미 통화스왑 자금 지원 흐름

① 통화스왑거래	한국은행은 미연준 통화스왑자금 인출이 필요하다고 판단되면 미연준과 협의를 통해 통화스왑계약 금액 및 기간 범위내에서 인출 규모 및 만기 등을 정하고 통화스왑거래를 실시한다.
② 외화대출 경쟁입찰	한국은행은 미 연준과의 결정내용을 토대로 외국환은행을 대상으로 외화대출 경쟁입찰을 실시하여 낙찰 은행들과 낙찰금리를 결정한다.
③ 달러자금 인출 및 배분	한국은행은 미 연준내 한국은행 계좌에서 미 연준이 입금한 미달러화 금액을 인출하여 입찰결과를 토대로 낙찰은행에 송금조치한다.
④ 원화담보 예치	한국은행은 당일 매매기준율을 적용하여 산출한 원화금액을 한국은행내 미연준 계좌에 예치한다
⑤ 대출만기상환	낙찰 외국환은행은 대출기간 만기에 미달러화 원리금을 한국은행내 외화당좌계정에 예치하면 한국은행은 이를 취합해서 미연준에 상환하고 기 예치해둔 원화를 한국은행내 미 연준계좌에서 인출한다.

일본은행과의 통화스왑

　대한민국과 일본과의 역사적 관계를 고려할 때 양국간의 자금거래는 정치적으로 민감한 이슈임을 부정할 수 없다.

　한국은행이 일본은행과 통화스왑을 맺은 것은 외환위기 당시인 1997년 12월로 금액은 13억달러 상당인 1,650억엔 규모이다. 이는 형식적으로 우리나라가 체결한 최초의 중앙은행간 통화스왑계약이라 할 수 있다. 그러나 성격상 IMF가 지원하기로 되어 있는 제2차 자금지원액중 일부를 조기에 조달하기 위한 것이므로 일본은행으로부터 신규로 유동성을 지원받은 것이 아니고 IMF로부터 예정대로 자금이 지원되면 상환해야 하는 일종의 브릿지론에 불과했다. 1999년 6월에는 신미야자와 이니셔티브_{NMI: New Miyazawa Initiative}에 따라 50억달러 규모의 통화스왑계약을 체결하였다. 2001년에는 치앙마이 이니셔티브 체제 구축과 함께 일본은행과 20억달러 규모의 통화스왑을 체결하였다. 이들은 모두 자국 통화를 담보로 미달러화를 제공받는 통화스왑으로서 2006년 2월에 양자가 통합된 후 100억달러까지 확대되었다.

　우리나라가 일본과 양국통화인 원화와 일본엔화로 처음 통화스왑을 체결한 것은 2005년으로 치앙마이 이니셔티브 체제 하에서 30억달러 상당 규모의 계약이었다. 이는 2008년 글로벌 금융위기 발발 이후 300억달러 상당으로 확대되었다. 당시 대통령의 회고록에 따르면 우리 정부는 2008년 한미 통화스왑체결 후 일본과의 통화스왑

역사적으로 우리나라는 일본과 통화스왑을 가장 먼저 시작하긴 했으나 양국 관계 상황의 영향을 많이 받았고 한번도 인출되어 사용된 바가 없다

계약을 원했지만 일본이 받아들이지 않다가 우리나라가 중국과 통화스왑계약을 체결한 후에는 일본이 입장을 선회했다고 한다. 일본과의 통화스왑 전체 규모는 양국 정부간에 체결된 300억달러 상당의 원화와 일본엔화간의 통화스왑이 더해져 2011년 700억달러 상당으로 확대되었다. 그러나 2012년 이후 각 통화스왑계약의 만기도래시마다 더 이상 연장되지 못하고 종료되었다. 일각에서는 정치적으로 2012년 8월 당시 대통령의 독도 방문과 일왕 사과 요구 발언으로 한일 관계가 악화된 것과 무관하지 않다고 주장하기도 한다.

2015년 최종 종료되었던 일본은행과의 통화스왑은 재개 필요성이 꾸준히 제기되어 왔으나 정치적 이유 등으로 원활히 추진되지 못하였다. 2016년 브렉시트와 미 금리인상 등에 대비하는 차원에서 일본과의 통화스왑계약 필요성이 제기되었으나 일본이 부산 일본 영사관 앞 위안부 소녀상 설치를 문제 삼아 논의가 진전되지 못하였다고 알려졌다.

2023년 들어 양국 정치적 관계가 빠르게 복원되면서 마침내 100억달러 규모의 미달러화를 제공받을 수 있는 통화스왑계약이 3년 만기로 체결되었다. 한편, 일본은행과의 통화스왑계약은 한번도 국내 유동성 지원을 위해 인출되어 사용된 바 없다.

중국인민은행과의 통화스왑

한국은행과 중국인민은행이 통화스왑계약을 처음 체결한 것은 2002년에 중국인민은행과 치앙마이 이니셔티브 협정을 통해서였다. 처음 20억달러 규모에서 2005년에 40억달러로 확대하였으며 2010년

중국과의 통화스왑은
2013년 이후 무역결제
대금 지원을 위해
인출되어 사용되었다

까지 이어졌다. 치앙마이 이니셔티브협정이 회원국들이 일정 자금을 부담하는 형태로 바뀌면서 더 이상 양자간 협정이 필요없게 되었다. 2009년에는 치앙마이 이니셔티브 협정과는 별도로 단기 유동성 지원 및 양국간 교역을 촉진시키기 위하여 원화와 중국위안화 간의 통화스왑계약을 체결하였다. 미 연준과의 통화스왑에 이어 금융안전망을 강화하기 위함이었다. 이는 260억달러 상당 규모와 3년 계약으로 시작하였으나 2020년에는 계약규모가 약 590억달러 상당액으로 증액되고 기간도 5년으로 확대되었다. 사실 중국인민은행은 2022년말 현재 전 세계 38개국과 4조위안 이상의 통화스왑계약을 체결하고 있으며 그중 한국과의 스왑규모는 4천억위안으로서 홍콩의 5천억위안에 이어 두 번째로 큰 규모이다

원화와 중국위안화간의 통화스왑계약은 양국간의 긴밀한 교역관계 하에서 미달러화 의존도를 줄이고 대외 취약성을 완화시키는 역할을 한다. 또한 양국 기업들의 무역결제 시 상대방 중앙은행을 통하여 보다 안정적으로 원화 및 위안화를 조달할 수 있다는 점에서 환리스크 축소 및 거래비용 감소를 도모할 수 있다. 2013년 이후 무역결제자금 지원 용도로 통화스왑 자금을 실제 인출하여 활용하고 있으며 무역결제자금에 대한 대출금리는 중국 상하이 금융시장 단기금리SHIBOR를 적용하고, 대출기간은 12개월 이내이다. 이에 힘입어 2021년중 한중 무역에서 원화 결제가 89억달러, 위안화 결제가 220억달러 상당이 이루어졌으며 이는 전체 한중 무역결제규모의 10%를 상회하는 비중으로써 2011년중 2%에도 미치치 못했던 것에 비해 크게 증가한 것이다.

한편, 우리나라와 중국은 자국통화를 이용한 무역 및 금융거래 활성화를 위하여 원화와 중국위안화를 직거래하는 은행간 외환시장을 2014년 12월 서울에 그리고 2015년 11월 상하이에 각각 개설하였다. 기업의 수출입자금 등 위안화 환전자금이 원활히 거래될 수 있도록 은행들이 포지션 거래를 통해 시장유동성을 유지시키면서 시장을 조성하고 있으나 시장자체가 안정적으로 정착이 이루어졌다고 평가하기에는 시기상조인 것으로 보인다. 앞으로 시장이 더욱 활성화되면 기업의 환전수수료 등 거래비용을 절감하고 결제통화 다변화를 통해 미달러화 의존도를 낮출 것으로 기대된다.

<그림 21-1>

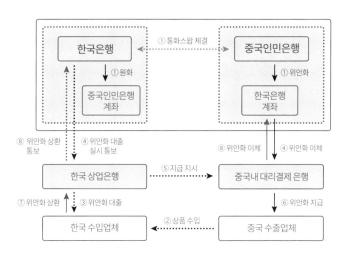

한중 통화스왑자금을 활용한 위안화 결제 흐름[55]

---

55) 한국은행 2016

① 한국은행과 중국인민은행이 통화스왑자금 인출을 위하여 두 기관내 상대방 계좌에 자국통화를 입금한다
② 국내 수입업체는 중국 수출업체로부터 상품을 수입하고 국내은행에 위안화 대출을 신청한다
③ 국내은행은 국내 수입업체에 위안화 대출을 실시한다
④ 국내은행은 한국은행에 위안화 대출을 신청하고 한국은행은 국내은행의 중국 대리결제은행내 계좌에 위안화를 이체한다
⑤ 국내은행은 중국 대리결제은행에 중국 수출업체 계좌로의 위안화 대금 이체를 지시한다
⑥ 중국 대리결제은행은 중국 수출업체에 위안화 대금을 지급한다
⑦ 국내 수입업체는 대출만기시 국내은행에 위안화를 상환한다
⑧ 국내은행은 중국 대리결제은행을 통해 중국인민은행내 당행 계좌로 위안화 자금을 상환한다

캐나다, 스위스, 호주와의 통화스왑

한국은행은 2017년 11월 캐나다 중앙은행, 2018년 2월 스위스 중앙은행과 통화스왑을 체결하였다. 교환성이 높은 국제통화 국가인 캐나다와 스위스는 모두 미 연준의 상설 통화스왑국가로서 신용등급이 최고 수준이다.

캐나다와의 통화스왑은 다른 통화스왑계약과 달리 사전적으로 최대 사용한도를 정하지 않고 만기도 제한하지 않았다는 점에서 상설계약으로서의 의미가 크다.

스위스 중앙은행과는 2018년 3년 만기로 100억 스위스프랑화와 그에 상응하는 원화간의 통화스왑계약을 체결하였고, 2021년에는 동 목

적에 양국간 금융협력 이외에 금융시장 기능 활성화를 추가하는 한편, 계약기간을 5년으로 확대 연장하였다.

그리고 캐나다, 스위스에는 미치지 못하지만 교환성있는 국제통화 국가인 호주의 중앙은행과 2014년 2월에 50억호주달러와 그에 상응하는 원화간의 3년 만기 통화스왑이 체결되었다. 이후 3년씩 두차례 계약이 연장되면서 계약규모도 120억호주달러로 확대되었고 2023년에는 5년만기로 추가 연장되었다.

한편, 캐나다, 스위스, 호주 중앙은행과의 통화스왑계약은 아직까지 자금이 인출되어 사용된 바가 없다.

UAE, 말레이시아, 인도네시아, 튀르키예와의 통화스왑

자원부국이면서 주요 교역상대국가인 UAE, 말레이시아, 인도네시아, 튀르키예 중앙은행과도 통화스왑을 체결하였다. 이는 자국통화에 의한 무역결제를 지원함으로써 양국 교역의 안정성을 높이는 한편, 장기적으로는 달러화에 대한 의존도를 완화시켜 간접적으로 금융안전망을 강화시킬 것이라는 기대를 가지고 체결되었다. 2013년 10월 UAE 중앙은행과 54억 미달러화 상당의 200억디르함과 그에 상응하는 원화간의 통화스왑을 체결하였고 말레이시아 중앙은행도 47억 미달러화달러 상당의 150억링기트화와 그에 상응하는 원화간의 통화스왑계약을 체결하였다. UAE와의

UAE, 말레이시아, 인도네시아, 튀르키예와의 통화스왑은 교역상대국으로서 금융협력의 취지가 강하다

계약은 2022년에 5년 더 연장하기로 하였고 말레이시아와의 계약은 2023년 2월에 일단 종료된 상태이다. 2014년 들어서는 인도네시아 중앙은행과 100억 미달러화 상당의 115조루피아와 그에 상응하는 원화간의 통화스왑이 체결되었으며 이후 2017년, 2020년에 이어 2023년에도 3년간 다시 연장하였다.

한국은행은 2021년 8월에 튀르키예 중앙은행과 20억 미달러화에 준하는 175억리라와 그에 상응하는 원화간의 통화스왑계약을 체결하였다. 이는 튀르키예가 우리나라와 FTA 계약을 체결하고 있는 주요 교역상대국이자 향후 발전 가능성이 큰 지리적 요충지라는 점을 고려하였다.

한편, 신흥국과의 통화스왑은 그 실익에 대해 의구심을 가지고 실제 자금 인출에 의한 교환이 발생할 때 우리나라가 손해를 입을 가능성은 없는지에 대해 우려하는 목소리도 나오곤 한다. 우선 경제적 실익을 따지기 전에 중앙은행간 통화스왑이 국가간 경제협력 증진을 위한 외교적 수단의 측면이 있음을 이해할 필요가 있다. 튀르키예의 경우 우리나라와의 교역에서 매년 대규모 무역적자를 보고 있으며 튀르키예의 외환이 크게 부족해진 상황에서 자국통화간 통화스왑계약은 미달러화자금 조달없이도 우리나라와의 무역결제 대금을 마련하는 데 도움이 될 것이기 때문이다. 이들 국가들과의 통화스왑이 미국과의 통화스왑과 같이 유동성지원과 관련된 것이 아니라 중국과의 통화스왑과 유사하게 기업들의 무역결제대금을 토대로 건별로 지원하는 것이므로 리스크의 정도가 다르다고 할 수 있다.

다만, 건별 통화스왑계약 만기에 상대국이 원화자금을 다시 돌려주지 못할 상황이 생겼을 경우 우리나라가 상대국 통화를 보유하고 있더라도 원화가 상대통화에 비해 통용가치가 더 높다는 점에서 어느 정도의 손실은 감안할 수 밖에 없을 것이다. 참고로 UAE, 말레이시아, 인도네시아, 튀르키예 중앙은행들과 체결한 통화스왑계약은 아직까지 자금이 인출되어 사용된 바가 없다.

<표 21-2>

한국은행의 양자간 통화스왑 잔액 현황[1]				
	규 모	미달러화 상당 규모	체결일[2]	만기
일본	100억달러	-	2023.12	2026.12
캐나다	사전한도 없음	-	2017.11	상설계약
스위스	100억프랑/11.2조원	(106억달러)	2021.3	2026.3
중국	4,000억위안/70조원	(590억달러)	2020.10	2025.10
호주	120억호주달러/9.6조원	(81억달러)	2023.2	2028.2
인네	115조루피아/10.7조원	(100억달러)	2023.3	2026.3
UAE	200억디르함/6.1조원	(54억달러)	2022.4	2027.4
튀르키예	175억리라/2.3조원	(20억달러)	2021.8	2024.8

주: 1) 2023년 12월 기준
 2) 신규 또는 기존계약 연장

제6부
원화 국제화

제22장 통화 국제화의 과정과 의의

완전 국제화와 부분 국제화

국제통화$_{\text{International Currency}}$는 거주자와 비거주간, 비거주자와 비거주자간에 상품, 서비스, 금융자산 등을 거래하는 데 사용되고 보유되는$_{\text{used and held}}$ 통화이다.[56] 특정 국가에서 사용되는 통화가 국제통화로서 위상을 갖추기 위해서는 무엇보다 그 나라의 경제규모와 무역규모가 커야 한다. 그리고 국가간$_{\text{cross-border}}$ 또는 국외$_{\text{off-shore}}$에서 사용되는 데 제약이 없도록 그 통화의 국가는 그에 부합하는 금융 및 외환 제도를 충분히 갖추어야 한다. 이러한 조건들은 국제통화로서 신뢰를 형성하고 수용성$_{\text{acceptability}}$을 확보하는 데 기본이 되는 것이다.

국제통화가 되기 위해서는 충분한 경제력과 제도적 뒷받침 그리고 시장의 수용성이 모두 갖추어져야 한다

통화 국제화는 그 정도에 따라 완전 국제화$_{\text{full internationalization}}$와 부분 국제화$_{\text{partial internationalization}}$를 구분할 수 있다. 통화가 완전 국제화를 이

---

56) Kenen(2009)

루었다는 의미는 국제적으로 통용되는 화폐로서의 3가지 기능, 즉, 계산단위unit of account, 결제수단medium of exchange, 가치저장 store of value 등의 기능을 수행하는 데 손색이 없고 국가간 또는 국외거래에서 활용도가 매우 높다는 것이다. 주요국 통화들

국제통화는 미달러화, 유로화 등 완전 국제화된 통화와 호주달러화, 싱가포르 달러화 등과 같은 부분 국제화된 통화로 구분할 수 있다

중에서는 미달러화, 유로화, 일본엔화, 영국파운드화, 스위스프랑화 등이 해당된다. 이는 이들 통화들이 전 세계 중앙은행들이 보유하는 외환보유액에서 가장 높은 비중을 차지하는 이유이기도 하다. 그리고 부분 국제화partial internationalization를 이룬 통화로는 호주달러화, 캐나다달러화, 홍콩달러화, 싱가포르달러화, 노르웨이크로네화, 덴마크크로네화 등을 들 수 있다.[57]

사실 국제화된 통화 중 어느 통화가 완전 국제화에 해당되는지 아니면 그보다 다소 부족한 부분 국제화에 해당하는지 구분하기는 상당히 모호하고 연구에 따라 기준이 다르다. 그러나 통화마다 보유 수단으로서의 매력도나 국가간 거래 규모 등에 있어서 적잖은 차이가 나기 때문에 주로 국외에서 비거주자간에 거래하는 데 제약이 어느 정도인지[58] 또는 화폐의 기능 중 가치저장 기능이 어느 정도[59]인지를 척도로 하여 완전 국제화와 부분 국제화를 구분한다. 흔히 완전 국제화된 통화들을 모두 기축통화key currency라 부르기도 하고 필요에 따라 그중 미달러화를 제1의 기축통화, 나머지를 準 기축통화라고 부르기도 한다.

57) Ishii et al.(2001), Genberg(2012), 현석 이상헌(2011)

58) Genberg(2012)

59) Ishii et al.(2001)

또는 완전 또는 부분 여부를 가리지 않고 국제통화 전체를 교환성통화convertible currency, 준비통화reserve currency, 경화hard currency 등으로 칭하면서 미달러화만을 기축통화로 부르기도 한다.

통화가 국제화되면 여러 가지 이점이 있다. 우선 국가간 무역거래에 수반되는 환율이나 외화자금 조달비용의 변동에 따른 부담을 덜게 된다. 또한 그 통화에 대해 익스포져 관리가 필요한 해외 경제주체의 범위가 확대되므로 그만큼 외환거래의 규모가 증가하고 그에 상응하여 외환시장과 금융시장의 발전도 기대할 수 있다. 비거주자들의 사용이 늘면 늘수록 자연스럽게 통화의 국제적 영향력이 확대되고 외부충격에 대한 회복력resilience도 나아질 수 있다. 그러나 자국의 통화 및 금융정책을 수행하는 데 있어 국제금융시장의 변동성을 수용하고 고려해야 하므로 통화가 국제화될수록 부담이 커지게 되는 점을 인식해야 한다. 통화 국제화로의 이행에 신중할 수 밖에 없는 이유이기도 하다.

국제통화는 거래편의성과 환리스크부담 완화, 금융시장의 발전 등의 이점에도 불구하고 통화금융정책 상의 애로를 감수해야 한다

기축통화의 역사적 흐름

역사적으로 특정 명목화폐fiat currency가 기축통화로 자리매김하여 상당 기간 통용되다가 다른 통화에 그 자리를 넘겨주는 일련의 흐름이 계속되어 왔다. 현재 기축통화인 미달러화의 지위는 영국파운드화의 지위를 이어받은 것이다. 영국파운드화는 대체로 나폴레옹전쟁이 끝

미달러화가 기축통화가
되기전 역사적으로
많은 통화들이
기축통화로서의
흥망성쇠가 있었다

난 1815년부터 약 100여년간의 기축통화 역할을 하였다. 영국은 중상주의 정책에 의한 무역이익을 기반으로 1차 산업혁명을 통해 제조업에서 경쟁우위를 차지하였으며 세계 자유무역 제국으로서 국제통상을 주도하였다. 영국파운드화 이전의 기축통화의 계보는 프랑스프랑franc화, 네덜란드 길더guilder화, 스페인헤알데오초real de a ocho화, 포르투갈에스쿠도escudo화 등으로 거슬러 올라간다. 포르투갈과 스페인은 15세기부터 이베리아 반도를 중심으로 해상무역권을 장악하면서 막대한 금과 은이 아프리카와 아메리카대륙에서 유입되었고 이를 토대로 발행된 은화 등이 국제통화로 역할하였다.

네덜란드는 16세기 후반 영국과 스페인간 전쟁을 계기로 부상하면서 17세기초 동인도회사와 최초의 근대적 은행을 설립함으로써 이를 통해 전 세계 무역신용과 국제금융을 선도하였다. 이러한 배경으로 네덜란드길더화는 대략 1640년부터 80년간 기축통화의 역할을 할 수 있었다.

역사적으로 볼 때 세계 최초의 기축통화는 B.C. 5세기에 주조된 그리스 드라크마Drachma화로서 그리스 이외의 지역에서 광범위하게 사용되었다. 로마제국 등장 이후에는 금화인 아우레우스Aureus화와 은화인 데나리온Denarius화가 아시아에서도 사용되면서 기축통화의 역할을 하였으며 이를 비잔틴 제국의 솔리더스Solidus화가 이어받았다. 고대로 갈수록 정복 전쟁의 결과와 교역 등의 규모, 금Gold의 확보 여부, 통용화폐에 포함된 귀금속의 정도 등에 따라 국제통화로서의 생명력과 통용범위 등이 좌우된 것으로 보인다.

역사적으로 막대한
군사력을 갖춘
교역강국이거나 작지만
금융시장이 발전한
국가의 통화들이
인플레이션의 안정을
토대로 국제통화로
유지될 수 있었다

한편, 군사력 등을 배경으로 한 정복국가들의 기축통화와는 달리 13세기에서 15세기 기간중에는 국제 상업중심지로 부상한 이탈리아 도시국가의 통화들이 국제통화로서 역할하였다. 이들은 금융시장의 발전이 주요한 배경이 되었고 국제통화로서의 지속 여부가 인플레이션, 즉, 통화가치의 안정성에 의해 영향을 받았다는 점이 주목할 만하다. 이는 영국파운드화가 오랫동안 기축통화로 유지할 수 있었던 배경을 시사하는 바이기도 하다. 즉, 영국은 일찍이 1694년 중앙은행을 설립하고 이를 중심으로 전 세계적으로 여신을 확대하는 가운데 공개시장조작을 통해 금리 안정을 도모함으로써 전 세계의 금융시스템을 정착시켰다. 1816년에 파운드화를 금에 연동시키는 금본위제를 공식 도입하고 독일, 프랑스 등 유럽 주요국 및 미국 등이 이를 수용하게 됨으로써 영국은 무역거래의 확대, 금융시스템의 발달, 군사적 증강 등에다 통화가치의 안정까지 더해 이를 기반으로 영국파운드화를 기축통화로서 오랫동안 안정적으로 유지할 수 있었다.

기축통화 미달러화 체제의 정착

19세기 후반 영국은 산업생산력이 쇠퇴하기 시작하였고 미국은 보호무역정책 하에 2차 산업혁명을 주도하면서 영국의 경제 규모를 앞질렀다. 그러나 20세기 들어서도 여전히 주요국들의 대외준비자산은 영

미달러화는 제1차 세계대전 후 금 대비 가치안정을 바탕으로 기축통화 지위를 영국 파운드화로부터 가져오게 되었다

국파운드화 중심으로 구성되어 있었는데 이는 영국이 여전히 영란은행을 중심으로 전 세계 유동성을 공급하는 최종대부자로서 전 세계 금융시스템을 안정적으로 유지하고 있었던 것과 무관치 않다. 미국의 경우에는 중앙은행의 설립이 1913년에야 이루어졌으며 금융시스템적으로 외국인 투자자들에게 신뢰를 주기에는 아직 부족했던 데다 여전히 상존하고 있는 남북간 반목의 문제도 한몫을 차지하고 있었다.

그러나 1차 세계대전의 발발로 영국파운드화를 비롯한 유럽통화들의 가치는 크게 훼손될 수 밖에 없었다. 이에 반해 미달러화는 금 대비로 가치가 상대적으로 안정적으로 유지되었기 때문에 새로운 중심통화로 부상하게 되었고 유럽계 은행들의 역할이 미국계 은행들로 대체되면서 세계 무역금융에서 독보적 위치를 차지하고 있던 파운드화의 위상을 빠르게 잠식해 나갔다. 다만, 1930년대 대공황이 발발하면서 미국은 경제 침체와 더불어 일시적으로 은행시스템이 붕괴되는 등 큰 후유증을 겪기도 했으며 그 사이 전 세계적으로 파운드 블록sterling area이 건재하게 유지되는 모습을 보이기도 했다. 그러나 두 차례의 세계대전을 겪으면서 영국은 대규모 경상수지 및 재정수지 적자에 시달림에 따라 파운드화의 위상은 실추될 수 밖에 없었다. 반면 2차 세계대전 이후 군사강국, 교역강국, 금융강국으로서의 미국은 기축통화로서 미달러화를 뒷받침하는 데 손색없는 위상을 갖추었다. 브레튼우즈 체제가 정착됨으로써 금의 가치에 연계된 미달러화 중심의 고정환율제가 실시되고 IMF와 IBRD 설립 등을 통해 제도적으로 미달러화는 완전한 기축통화

의 지위를 확보하였다. 국제 정치경제적 흐름을 주도할 수 있는 초강대국으로서 글로벌 리더십을 보유하게 된 가운데 미달러화는 통화의 신뢰성$_{confidence}$, 금융시장의 유동성$_{liquidity}$, 그리고 여타국들이 많이 사용중인 통화를 다함께 사용하려는 소위 네트워크 외부성$_{network\ externalities}$ 까지[60] 다른 통화에 비해 우월한 요건을 두루 갖추었다.

이후 1960년대말 베트남 전쟁에 따른 통화량 증발, 대규모 경상수지 적자 등으로 기축통화로서의 신인도에 우려가 제기되기도 하였으나 1971년 주요국들이 미국의 금 태환정지 조치를 수용하면서 달러화는 기존의 지배적 지위를 유지할 수 있었으며 1980년대 레이건 정부 때 쌍둥이 적자로 신인도 위기가 재차 발발하였을 때에도 플라자 합의[61]를 통해 다시 그 지위를 유지할 수 있었다.

국제통화들의 다각화

역사적으로 보면 시기별로 가장 핵심적인 기축통화 외에 나름대로의 역할을 하는 복수의 기축통화들이 공존해 있었다. 제1차 세계대전이 발발하기 전까지는 프랑스프랑화와 독일마르크화가 영국파운드화와 함께 유럽지역을 중심으로 국제통화로서의 위상을 어느 정도 확보하고 있었다. 미달러화가 기축통화로서의 입지를 다지던 1920년대에도 영국파운드화는 종전의 위상을 상당 기간 유지하고 있었다. 스위스프랑화의 경우 제2차 세계대전에서 전쟁 참가국들과 비참가국간의 무

---

60) Chinn and Frankel(2005), Helleiner and Kirshner(2009)

61) <참고 4-1> 플라자 합의 참조

역결제에 주로 사용되면서 상대적으로 가치가 안정됨으로써 기축통화로서의 역할을 톡톡히 수행하였다.

그러나 제2차 세계대전 직후에는 독일 등 유럽국가들은 전후 경제복구를 위해서 무역 및 자본거래를 통해 미달러화 축적에 집중하여야만 했고 영국은 1957년 수에즈운하 소유권을 이집트에 넘겨주면서 패권의 몰락이 확인되면서 미국은 초강대국으로서 금융 헤게모니를 장악하였고 브레튼우즈 체제와 더불어 확실한 제1의 기축통화체제를 확립하였다. 다만, 기축통화로서 세계 경제에 충분한 유동성을 공급해야했으므로 대규모 경상수지 적자를 초래할 수 밖에 없는 상황은 지속되었다.

미달러화 이외의 제2의 기축통화의 가능성이 열린 것은 1999년 GDP규모나 금융시장 및 교역 규모 등에 있어 미국 다음의 단일 통화권인 유로지역이 탄생하면서이다. 유로화 출범 당시 독일 마르크화가 안전통화로서의 위상이 큰 몫을 하면서 유로화가 빠르게 국제 채권 발행 및 외환보유액 구성통화로서의 부각될 수 있었다. 이는 그동안 미국이 누려왔던 주조 차익seniorage, 저금리 차입 등과 같은 과도한 특권exorbitant privilege의 분산을 의미하기도 했다. 그러나 여전히 네트워크 효과network effect로 인해 미달러화의 우월적 통화dominant currency 로서의 지위는 확고해 보인다.

일부에서는 앞으로 아시아의 경제력이 부상하면서 미국 주도의 국제질서가 다극체제로 전환될 것이라고 주장하기도 한다. 중국의 GDP가 2050년경 미국의 2

기술진보, 전쟁 등의 영향으로 그동안의 미달러화 독주체제에서 벗어나 다각화된 통화체제로의 전환이 모색되고 있다

배에 달하면서 미국의 독점적 패권이 막을 내리고 이후에는 각 지역의 패권국들이 상호의존하는 형태로 전개될 가능성을 제기하기도 한다.

한편, 전 세계 외환보유액의 통화구성의 변화를 보면 미달러화가 압도적인 비중을 차지하는 가운데 당초 기대에 비해 유로화와 중국 위안화로 이어지는 3각 체제가 강하게 형성되지는 못하고 있는 모습이다. 오히려 우리나라 원화를 비롯하여 캐나다달러화, 호주달러화, 스웨덴크로네, 싱가포르달러화 등 다양한 군소통화들의 비중이 높아지면서 보다 다각화되는 모습이다. 이는 전자플랫폼 등의 기술 발전에 힘입어 시장유동성이 어느 정도만 확보되더라도 거래비용을 절감시킬 수 있게 된 점과 무관치 않다. 게다가 2022년 우크라이나 전쟁 발발 이후 미국이 러시아에 대한 외환보유액 동결 조치를 내린 데 대해 미달러화가 무기화되고 있다는 국제사회의 비난이 초래되면서 미달러화 이외의 통화로의 다각화가 가속화될 여지가 남아 있어 보인다.

호주달러화의 국제화 사례

호주달러화의 국제화는 역외채권시장의 성공적 정착과 파생금융상품 시장의 발달에 기인한다

호주는 우리나라와 비슷한 경제 규모를 가졌다는 점에서 호주달러화의 국제화의 과정을 살펴보는 것은 의미 있다.

호주는 1983년 변동환율제 도입 이후 성공적으로 통화 국제화를 이룬 국가로 평가되는데 그 배경에는 국제투자자들의 높은 수익률 추구_{yield pick-up}에 부응하여 역외에서 호주달러화표시 채권의 발행 및 유통시장이 원활하

게 정착된 데 있다. 특히 일본의 초 저금
리 여건 하에서 일본 국내 투자자들에게
호주달러화, 브라질헤알화 등 해외 고금
리통화표시 채권이 투자 대안으로 자리매

호주정부의 역외채권에
대한 세금혜택 정책은
역외시장의 수급을
촉진하는 데 기여하였다

김하면서 수요가 크게 증가하였다. 1990년대 후반 미국과 호주간의 채권 금리 격차가 감소할때는 호주달러 채권 발행이 급감할 정도로 수익률 메리트는 채권시장의 주요 동인이었다.

한편, 통화 및 금리스왑시장 같은 파생금융상품시장의 발달은 국내시장과 역외시장간의 투자활동을 유기적으로 연결시켜 호주달러화의 국제적 통용성을 제고시키는 데 윤활유가 되었다. 게다가 호주 정부가 호주달러화채권을 역외시장에서 발행할 때에는 국내시장에서 발행할 때 부과하던 원천징수세withholding tax를 면제함으로써 호주 국내기관들의 역외에서의 채권발행을 독려하는 결과를 가져왔다. 국내발행채권이 역외발행채권보다 수익률이 다소 높았으나 세금혜택을 통해 해외 발행을 더 유리하게 함으로써 국제적 통용의 발판을 제공한 것이다. 이후 호주달러화 표시 역외채권의 발행기관 및 수요층이 독일을 비롯한 유럽소재 기관들로 변화함으로써 국제금융시장에서 호주달러화표시 채권의 위상은 더욱 높아지게 되었다.

통화 국제화를 진전시킨 데 호주 채권시장 발달이 큰 역할을 하였지만 보다 근본적으로는 호주의 안정적인 금융경제정책을 바탕으로 한다. 이미 19세기말 건전한 재정 및 금융정책을 토대로 금융시장의 발전을 모색해 나갔으며 1980년대 초반부터 통화 및 금리스왑시장을 육성함으로써 채권시장의 발전을 뒷받침할 수 있었던 것이다. 물론 호주의 금리가 여타국에 비해 높게 유지될 수 있었던 경제적 여건이 중요한 바탕이 되었지만 호주달러화의 국제화는 정부의 경제적 기반 제공과 시장 여건 등이 맞아 떨어지면서 상대적으로 짧은 기간에 자연스럽게 전환이 이루어졌다고 평가된다. 국내 금융 및 자본시장의 발달과 견실한 경제성장 하에서 역외시장에서의 신뢰 구축이 통화 국제화의 중요한 기반이 된 것이다.

일본엔화의 국제화 사례

*일본엔화 국제화는
지나치게 신중하게
운영되었던 점을
반면교사로 삼을
필요가 있다*

외환 규제와 관련하여 우리나라가 일본의 제도를 많이 참고해 왔다는 것은 이미 잘 알려진 사실이다. 1962년 제정한 우리나라 외환관리법은 일본의 1949년 외국환 및 외국무역관리법을, 1992년의 외국환관리법 개정판은 일본의 1980년 전면개정판을 상당 부분 참고한 것으로 보이며 일본이 1998년에 실시한 소위 금융빅뱅은 아직 우리나라가 그 단계에 이르지 않았다. 따라서 일본엔화의 국제화 역사는 우리나라의 앞으로의 과정을 엿보는 데 참고가 될 수도 있을 것이다.

1980년대 들어 일본은 세계 경제에서 10%가 넘는 비중을 차지하면서 미국 다음의 경제대국이 되었다. 일본엔화는 국가간 경상거래의 결제통화로서 10% 넘는 비중을 차지함으로써 미달러화, 독일마르크화에 이어 세계 3대 통화로 자리잡았다. 자연스럽게 일본엔화는 런던, 홍콩, 싱가포르 등에서도 차입이 이루어지고 채권도 발행되었다. 소위 유로엔 시장이 형성된 것이다. 이에 일본 정부는 일본엔화 국제화의 진행에 조심스런 행보를 보이면서 역외에서의 엔화거래에 일정한 제한을 가하는 한편, 비거주자가 유로엔 채권을 발행할 때 일본 외환당국의 허가를 받도록 규제하였다. 국내 금융시장에 불안이 초래될 가능성에 지나치게 무게를 둔 결과이다. 이로 인해 제도적으로는 외환거래의 원칙 자유, 예외허가로 전환하며 엔화 국제화의 기반을 마련했음에도 불구하고 운용 면에서 복잡한 행정지도를 잔존시킴에 따라 금융 및 자본시장에 대한 개혁을 유도하는 데는 부족했다고 평가된다.

1990년대 들어서는 버블경제가 붕괴하면서 엔화의 신뢰도가 크게 저하된 가운데 국제화 진행은 제대로 이루어질 수 없었다. 특히 1990년대 중반부터는 외국계 금융기관들이 글로벌 비즈니스 본거지를 동경으로부터 홍콩과 싱가포르 등으로 이전함으로써 동경 금융시장의 공동화 조짐이 나타났다. 그 주된 이유는 그동안 일본의 금융자유화 및 국제화의 노력이 지나치게 점진적이고 부분적인 개혁에 그친 데다 정부의 규제도 엄격했던 데서 찾을 수 있다. 1980년대 경제호황을 구가하던 일본이 정부 주도로 국제화를 추진하면서 금융기관들이 독자적으로 글로벌 기업으로 발전하도록 지원하기 보다는 자국 제조업체들의 세계 진출을 뒷받침하는 데 금융기관의 역량이 발휘될 수 있도록 다양한 규제들을 적용시키고 있었던 것이다. 이는 개방성을 앞세운 홍콩 및 싱가포르가 자생적으로 금융중심지로 발돋움할 수 있는 계기가 되었다. 이후 위기의식을 느낀 일

국내 시장의 발달을 토대로 역외시장을 육성시키기 위해서 자국통화의 역외사용에 대한 규제를 과감히 완화할 필요가 있다

본 금융당국은 마침내 소위 일본판 금융빅뱅이라 불릴 정도의 보다 근본적이고 포괄적인 금융시스템 개혁을 추진하기에 이르렀다. 1998년 新 외환법을 도입하여 민간의 대외 자본거래 시 신고 등의 규제를 모두 폐지하였다. 이는 이후 일본의 국제수지 구조를 변화시키는 계기가 되었고 본원소득의 급격한 증가를 초래하였다.

일본이 1980년대 이후 추진했던 점진적 자유화 과정은 우리나라가 그동안 취해 왔던 신중한 외환자유화 및 원화국제화 과정과 적잖이 닮아있다. 일본과 호주의 경험에 비추어 볼 때 국내 자본시장에 대한 발전에 발 맞추어 실기하지 말고 외환자유화 및 통화 국제화에 대한 플랜을 보다 과감히 전면적으로 시행할 필요가 있다고 생각된다. 특히 우리나라의 경우 파생상품거래시장 발달이 이미 상당한 궤도에 올라 있는 점을 고려할 때 원화 금융상품에 대한 역외시장 형성은 통화 국제화 추진에 상당한 동력이 될 수도 있을 것이다.

중국위안화 국제화의 추진력

중국위안화의 국제화는 미달러화 중심의 통화체제에서 교역의 대부분이 미달러화로 결제되고 국제금융시장에서 미달러화로 자금을 조달할 수 밖에 없는 태생적 한계, 소위 원죄$_{Original Sin}$[62]에서 벗어나기 위해 필요하다는 인식에서 비롯되었다. 중국은 자본시장 개방 정도가 초기 단계이고 금융시장의 성숙도가 미흡했던 시기에 오히려 역외시장을 먼저 육성하고 국내 시장은 점진적으로 개방하는 전략을 추진하였

---

62) Eigengreen et al(1999).

중국은 자본이동의
통제를 유지하면서도
중국위안화로 결제되는
역외시장의 육성을
본격화함으로써 통화
국제화를 실현시켜
나갔다

다. 2004년에 우선 홍콩이라는 지리적, 정치적, 경제적 특수 관계에 있는 역외시장에서부터 예금, 송금, 환전 등 위안화 관련 금융거래를 시작하였다. 그러다가 글로벌 금융위기를 계기로 2009년 전국인민대회에서 중국위안화의 국제화 추진을 공식화하였다. 중국인민은행이 우리나라를 비롯한 여러 중앙은행들과 통화스왑 계약을 체결하기 시작한 것도 이때부터이다. 중국의 통화스왑계약은 이후 중국위안화 국제화 정책의 중요한 축으로 자리잡으면서 2022년말 현재 38개국과 약 4조 위안의 규모의 계약을 체결중이다.[63]

중국위안화는 중국의 대규모 교역관계를 바탕으로 무역대금의 결제통화로서 사용이 빠르게 확대되었다. 우선 홍콩, 광둥 등 시범도시 내 기업들을 시작으로 2011년에 중국내 모든 기업들에게 위안화에 의한 무역거래의 결제를 허용하였으며 2013년부터 일대일로Belt and Road 전략에 힘입어 그 규모가 확대되었다.

그리고 역외 위안화 시장을 홍콩 이외에 대만, 말레이시아, 영국, 독일, 싱가포르, 일본, 호주 등으로 확대하면서 위안화 직거래시장을 개설하고 청산은행도 설립하였다. 역외 위안화 청산은행을 통해 중국내 환거래은행Correspondent bank을 경유하지 않더라도 해외 현지의 시간대, 언어, 제도 하에서 모든 위안화 결제처리가 가능해짐으로써 중국위안화 국제화를 빠르게 진전시킬 수 있는 여건이 조성되었다. 처음에는

---

63) 제20장 지역금융망과 그밖의 중앙은행간 통화스왑 참조

중국위안화 국제화를
추진하는 데 있어
중국인민은행의
통화스왑계약 확대,
역외청산은행 설립,
CIPS 구축 등이
중요한 역할을 하였다

중국계은행의 해외지점으로 지정하였다가 2018년부터는 미국 JP 모건, 일본 MUFG 은행 등 현지은행에게도 인가를 부여함으로써 2020년말 현재 25개국가에 27개 청산은행이 영업하고 있다.

2015년에 마침내 중국국제결제시스템 CIPS: Cross-border International Payment System 을 출범함으로써 새로운 전기를 마련하고 이후 성장을 거듭하고 있다. 이는 모든 외국금융기관들이 중국내 결제시스템Large Payment Settlement System 에 직접 연결될 수 있으므로 위안화 결제규모를 크게 증가시키면서 청산은행의 역할은 줄어들게 되었다. CIPS는 채권종합시스템, 지급관리정보시스템, 거액결제시스템, 외환거래시스템 등과 연결되어 있으며 직접 및 간접 참가자, 자금위탁관리은행 등 그 참여기관 수가 계속 증가하는 중이다. 이로써 국제표준에 의해 역외 위안화 청산 업무처리가 원활하게 이루어지게 되었고 2016년부터는 SWIFT 인프라 네트워크를 사용함으로써 국제 참여기관간 보안 통신 등도 강화되었다. 2022년 우크라이나 전쟁 영향으로 러시아의 원유거래시 CIPS를 통한 위안화 결제가 크게 증가하게 되었고 프랑스, 브라질, 태국 등도 CIPS 사용을 늘려나가고 있다. 현재 우리나라와 중국간의 원-위안 직거래시장도 CIPS를 결제시스템으로 사용하고 있다.

한편, 중국내 금융시장의 개방은 2011년 위안화 적격 해외기관 투자자제도RQFII: Renminbi Qualified Foreign Institutional Investor 를 도입하면서 추진되었다. RQFII는 일정 투자한도를 부여받은 해외 기관투자자에 한해 위안화로 중국내 주식 및 채권 투자가 가능하도록 한 것이다. 그리고 2016년 위안화가 SDR에 편입하게 되면서 해외기관들의 중국 은행간 채권시장에 대한 참여가 크게 증가하였다. 이러한 여건을 바탕으로 외국인 투자자들을 위한 인프라가 크게 개선될 수

중국내 금융시장 개방을 통해 외국인 투자자들의 투자가 활발해지고 인프라도 크게 개선되면서 중국 위안화의 국제화를 촉진시켰다

있었다. 2018년 4월부터 금융시장 개방 확대 방침하에 금융시장의 양방향 개방, 환율형성 메커니즘 개선 및 자본계정의 태환성 제고 등의 개혁과제 추진이 본격화되었다.

RQFII의 투자한도 및 지역 제한이 폐지되고 후강퉁, 선강퉁의 일일 투자한도가 상향 조정되고 후룬퉁, 채권퉁이 개통되었다. 참고로 후강퉁은 2014년 도입된 상하이와 홍콩 증시 간의 교차거래 시스템, 선강퉁은 2016년 도입된 선전과 홍콩 증시 간의 교차거래 시스템, 채권퉁은 중국본토와 홍콩간 채권교차거래 시스템, 후룬퉁은 2019년 개통된 상하이와 런던 증시간의 교차거래시스템을 말한다.

이러한 개방의 추진력을 바탕으로 중국 자본시장은 자연스럽게 글로벌 시장인덱스에 편입되는 결과를 가져왔다. 2018년 이후 중국 A주가 MSCI 신흥국시장지수, S&P 다우존스지수, FTSE Russel 지수 등에 편입되고 중국 채권이 Bloomberg Barclays 글로벌지수, FTSE Russel 세계국채지수$_{WGBI}$ 등에 편입되었다.

제23장 원화 국제화의 현 수준

원화 국제화의 필요성

1997년 IMF 외환위기와 2008년 글로벌 금융위기를 겪으면서 우리나라 경제는 실물경제와 금융경제 간의 괴리로 인해 대내외 충격에 매우 취약하다는 점을 깨달았다. 실물경제 측면에서 수출입 의존도는 매우 높은 반면 이를 뒷받침할 금융이 미달러화 중심의 외화를 매개로 이루어지다 보니 원화의 역할은 매우 제한적인 것이다. 2022년중 우리나라 무역거래에서 미달러화를 결제통화로 사용한 비중은 수출 85%, 수입 83%에 달한다. 미달러화 환율이나 외화자금 조달비용의 변동이 우리나라 경제상황을 좌우하게 되는 이유이다.

무역의존도가 높은 경제구조 하에서 궁극적으로는 원화 국제회를 통한 금융의 뒷받침이 필요하다

국경을 넘어서면 원화는 통화로서의 역할을 기대할 수 없으니 대외거래가 아무리 확대되더라도 원화를 매개로 한 금융은 이를 뒷받침할 수가 없다. 대외신인도 제고를 위해 외환보유액을 비축하고 글로벌 금융안전망을 구축함으로써 양호한 외화조달여건을 유지하는 것이 당장의 바람직한 정책방향이겠지만 변화무쌍한 국제금융시장의 여건에다 대규모 외환보유액 보유에 따른 기회비용, 통화스왑계약에 대한 불확실성까지 고려할 때 궁극적인 도달점이 될 수는 없다.

아시아 역내에서 중국 위안화의 위상 제고에 발맞춰 원화의 위상을 확보해 나가는 노력도 해야 한다

한편, 아시아 역내 국가들끼리의 무역거래에서조차 미달러화를 통해 결제하는 비중이 여전히 높다. 우리나라만 보더라도 2022년중 중국과의 거래에서 미달러화 사용비중이 90%에 육박하고 동남아국가와의 거래에서는 95% 내외를 차지한다. 중국이 아시아 역내에서 자국통화의 사용을 촉진하여 무역결제통화로서의 위상을 높이려고 하는 것은 우리에게도 시사하는 바가 있다. 앞으로 다극화된 통화체제 가능성까지 상정한다면 적어도 아시아지역내에서는 경제위상에 걸맞게 원화가 통용될 수 있도록 하는 노력이 필요하다.

또한 원화 국제화는 우리나라 금융업이 더 이상 국내에 머물지 않고 해외로 적극 진출하는 데도 도움을 줄 수 있다고 본다. 현재 우리나라 대형은행의 자산 및 수익이 대부분 국내시장에 집중되어 있는 현실을 감안할 때 해외진출은 통해 새로운 시장개척과 고용기회 창출은 물론 금융기관의 위험 분산과 금융시스템의 안정도 도모할 수 있을 것이다.

원화 국제화는 우리나라 금융기관의 해외진출을 확대시켜 금융업을 국제화시키는 데 초석이 될 수 있다

원화 국제화 확대에 대한 반론

원화 국제화를 진전시키는 데 대한 가장 큰 반대 논리는 섣부른 국제화로 인해 비거주자의 원화에 대한 투기적 공격 speculative attack 을 부추긴다는 것이다. 투기 세력들의 원화표시 자산에 대한 접근성이 높아지기 때문에 핫머니의 유입이나 환투기 공격 등으로 금융 및 통화정책의 유효성을 크게 저하시킬 가능성을 우려한 것이다. 자본이동이 단기화되고 환율의 변동성이 높아질 수 있으므로 중앙은행이 통화정책을 수행하는 과정에서 고려사항이 많아지는 것 또한 사실이다. 주요국과 통화정책의 동조화가 잘 이루어지지 않을 경우 이전보다 환율에 더 큰 영향을 미칠수 있다.

원화 국제화의 진전으로 시장변동성 확대 가능성을 배제할 수 없으나 현 제도 하에서도 이미 환투기 세력의 공격 수단은 충분하다

그러나 현재 우리나라의 외환시장의 구조나 제도적 상황을 볼 때 지금도 역외시장참가자들의 원화에 대한 환투기에 큰 제약이 없다. 바로 역외시장에서 원화와 미달러화간 환율을 대상으로 하는 차액결제선물환 NDF: Non-deliverable Forwards 시장이 잘 발달되어 있기 때문이다. 차액결제선물환은 선물환거래의 만기에 선물환 계약환율과 만기 현물환율 간의 차이에 해당하는 손익금액을 손실을 본 측이 이익을 본 측에 미달러화 금액으로 결제하므로 원화를 필요로 하지 않는다.

따라서 원화가 역외시장에 유통되지 않더라도 자유롭게 환투기거래를 하는 데에 전혀 지장이 없는 것이다. 원화를 차입하여 현물환거

현재도 역외시장의 움직임과 자본유출입 전망 등을 감안하면서 통화정책을 수행하므로 원화국제화로 인해 크게 달라질 것은 없다

래를 통해 환율에 영향을 미치는 것이나 선물환거래를 통해 환율에 영향을 미치는 것이나 외환시장 메커니즘 상으로는 차이가 없으므로 지금보다 원화가 더 국제화된다고 해서 심리적인 요인을 제외하고는 환투기 여건이 크게 달라질 것은 없다고 할 수 있다.

게다가 현재 한국은행 금융통화위원회에서는 기준금리를 결정할 때 미국 등 주요국의 정책금리 수준과 이에 따른 외환시장 영향 등을 충분히 감안하면서 결정하고 있다. 실제로 2022년중 미 연준의 금리인상 지속으로 우리나라와의 금리격차가 확대 추세를 보임에 따라 외국인 자본의 유출과 이로 인한 원화의 약세를 우려하는 목소리가 높았고 당시 금융통화위원회도 이를 정책 결정시 어느 정도 고려한 것으로 보인다. 한국은행이 정부로부터는 독립적이지만 미 연준으로부터는 독립적이지 않다는 한국은행 총재의 발언도 이때 나온 것이었다.

사실 양국의 금리 격차가 환율에 미치는 영향에 대해서는 다양한 의견이 있을 수 있다. 필자는 우리나라와 미국간의 정책금리 격차의 크기가 원화의 대미달러환율 및 자본유출 등에 직접적으로는 영향을 미친다고 보지 않는다. 이것은 원화가 추가로 국제화되더라도 마찬가지라고 본다. 원화는 유로화 등과 같이 국제적으로 미달러화 가치를 결정짓는 기축통화들중 하나가 아니기 때문이다. 즉, 중요한 것은 제1의 기축통화국인 미국과 여타 準 기축통화국들간의 통화정책 동조화 여부에 따라 미달러화의 가치가 국제적으로 어떻게 변동하느냐이다. 실무

적으로는 블룸버그 통신사가 유로화, 일본 엔화 등 6개 주요통화의 미달러화 대비 가치변동을 각 경제규모로 가중하여 만든 블룸버그 인덱스_{DXY}의 변동을 통해 확인할 수 있다.

예를 들어 미국의 금리인상 영향으로 미달러화가 강세를 보여 DXY가 상승한다면 이는 미국과 주요국간 통화정책이 차별적이라는 의미이고 이때 원화는 여타 準 기축통화들과 동반 약세를 보이게 된다. 만약 우리나라 통화당국이 국내 여건에 큰 지장없다는 판단으로 미국을 좇아 정책금리를 인상할 수만 있다면 원화약세를 억제하는 데 도움이 될 수 있다. 2022년도에 실제로 미국의 공격적인 금리인상으로 DXY가 상승세를 보였고 이에 따라 원화도 약세를 보임에 따라 우리나라 금융통화위원회도 이를 고려하여 기준금리를 인상한 것으로 추정된다.

반면에 만약 미국의 금리인상에 대하여 여타 주요국도 동조하여 금리를 인상해서 DXY가 큰 변동이 없다면 원화의 대미달러 환율은 큰 변동이 없을 것이고 이때는 금리를 같이 올릴 필요가 없다. 한국과 미국간 금리격차에 따른 자본유출도 우려할 필요가 없다. 2023년 상반기에 이러한 상황이 전개되었던 적이 있다. 결국 DXY의 움직임과 그에 따른 원화 환율의 움직임이 우리나라 통화정책이 미국과 동조해야 하는지 결정하는 데 중요한 지표가 되는 것이다.

종합해 보면 환투기 공격 가능성이나 통화정책 어려움 때문에 원화 국제화 추진을 지연시키는 것이 지나친 우려에서 비롯된 것은 아닌지 생각하게 한다. 게다가 통화의 국제화 여부가 환율변동성에 미치는 영향이 크지 않다는 연구 결과도 있다.[64] 개방, 자유화, 국제화 등의 단어에는 항상 리스크라는 단어가 따라 올 수 밖에 없다. 정부와 민간이 새로운 각오로 추진하지 않고 리스크만 언급한다면 아무도 일을 하지 않게 되고 결국 아무런 결과도 얻지 못한다.

물론 통화 국제화에 성공한 국가들이 위기 발생 시에 대비하여 어떻게 금융감독 및 규제정책을 마련하였는지 참고하여 대응 방안을 준비해 두어야 한다는 것은 아무리 강조해도 지나치지 않을 것이다.

원화 국제화의 제도적 현황

우리나라는 1988년 IMF 8조국[65]에 해당된 이후부터 외환자유화를 점진적으로 추진해 왔으며 그 일환으로 원화도 그에 상응하는 국제화 과정을 밟아 왔다. 즉, 거주자의 해외에서의 원화 사용과 외국인의 국내외에서의 원화 사용 범위가 조금씩 확대되어 온 것이다.

외환 자유화가 급진전된 것은 외환위기 당시 IMF의 정책권고에 따라 외자 유입을 촉진시킨 데 따른 것이었다. 전격적인 변동환율제로의 이행과 외국인에 대한 국내 유가증권시장의 완전 개방이 이때 이루어졌다. 2007년경에는 경상수지 흑자 기조 지속에 따라 자본 유출을 촉진하는 방향으로 거주자 해외투자 활성화가 본격 추진되었다.

우리나라의 외환자유화는 기본적으로 경상거래에 대해서는 적극적

---

64) 송원호 외(2007)

65) 제1장 대외자산과 외환보유액 참조

으로 허용하면서, 자본거래에 대해서는 순차 현재 비거주자가 국내나 해외에서 경상거래를 위해 원화를 사용하는데 제약이 없다
적으로 완화하는 보수적 입장을 견지해 왔다.
이는 해외투기자본의 유입이 급작스럽게 증
가하는 것을 우려한 것으로서 이에 따라 원화
국제화도 자본거래 규제 완화보다는 무역자
금의 원화결제 확대를 통해 점진적으로 추진해 나간다는 것이 그동안
의 정부의 기본 방침이었다. 그 결과 현재 경상거래에 관해서는 원화
가 국제적으로 활용되는 데 걸림돌이 없다해도 과언이 아니다. 비거주
자는 경상거래와 관련하여 국내든 해외든 원화로 계약하거나 외화를
원화로, 원화를 외화로 환전하는 데 문제 없다.

현 외환거래규정상 비거주자가 국내에서 이용할 수 있는 원화 계
정으로 일반 계정이외에 자유원 계정이란 것을 별도로 두고 있다. 이
는 1993년 도입되었는데 동 계정을 통하는 경우 비거주자의 대외거래
에서 원화 결제를 할 수 있도록 한다는 취지에서 마련되었으므로 원화
국제화의 첫걸음이라 할 수 있다. 그런데 30년이 지난 지금도 자유원
계정은 모니터링이라는 명목으로 별도로 존재하고 있다. 원화 국제화
에 대한 현 주소를 가늠할 수 있게 하는 대목이다. 비거주자가 원화로
결제하는 것을 권장하지는 못할망정 굳이 일반계정과 자유원계정 구
분을 엄격하게 유지하고 처분을 제약하는 규제를 유지할 실익이 있는
지 의아하다. 이러한 자유원계정 조차도 경상거래와 관련하여 취득한
원화는 자유롭게 입출금하는 데 제약이 없지만 자본거래와 관련해서
는 기본적으로 입출금시 은행심사를 받아야 한다. 다만, 국내 원화증
권을 취득하기 위한 용도나 금액이 2만달러 이내의 소액인 경우 등이
자유롭게 입출금될수 있도록 허용된 정도이다.

가치저장의 수단으로서 국제적 통용성이 얼마나 확보되는지가 통화의 국제화를 가늠하는 중요한 척도라는 점을 감안할 때 자본거래와 관련된 원화의 국제적 가치저장기능은 조달 및 처분이 자유롭지 못하다는 점에서 상당히 미흡하다. 비거주자가 원화로 예금을 들거나 원화증권을 취득하는 경우를 제외하고는 원화로 차입하거나 국내에서 원화표시 증권을 발행하고자 할 때는 원칙적으로 외환당국에 신고해야 하기 때문이다. 구체적인 예로서 외국 금융기관이 국내 보험사의 장기채권 수요에 대응하여 국내에서 원화표시채권인 아리랑본드를 발행하려면 정부에 신고해야 한다. 게다가 이렇게 해서 조달한 원화는 특정 계정을 개설하여 예치해야 하며 경우에 따라서는 아예 예치와 처분이 모두 제한되기도 한다. 거주자가 보증이나 담보를 이용해서 대지급하는 가능성을 차단하기 위해서이다. 또한 외국 금융기관이 국내에서 원화를 사용하려면 국내소재 외국환은행에 외국금융기관 명의로 계좌를 개설해야 한다. 아무리 제도적으로는 원화 국제화를 위한 준비가 되었다고 해도 이런식으로 운영하다보면 원화에 대한 국제적 수용성은 높아질 수 없다. 따라서 우선 외국 금융기관이 제한된 범위에서나마 국내은행으로부터 원화대출을 받을 수 있도록 하고 자유원계정 처분 사유를 대폭 확대하여 자본거래를 여유있게 할 수 있도록 실질적으로 보장해 줄 필요가 있다.

한편, 비거주자가 자본거래 목적으로 원화사용을 제한하는 것이 국내에서는 그렇다치더라도 해외에서까지도 못하게 제한하는 것은 아무래도 현실적으로 실익이 없어 보인다. 현재로서는 비거주자가 해외에서 원화증권을 발행할 가능성이 낮은 상황인데도 굳이 이를 규제의 틀 안에 포함시킬 필요가 있느냐 하는 주장은 설득력이 있다. 해외에서 원화 증권이 발행되더라도 유통될 수 있는 시장, 소위 유로달러 시장이나 유로엔 시장처럼 역외에 형성되어 있는 원화 금융시장이 없기 때문이다. 그리고 설사 역외에서 원화증권을 발행하여 그 원화를 국내로 반입할 수 있게 하더라도 국내 금융시장에 미치는 영향은 크지 않을 것이다. 게다가 지급액이 원화로 결정되는 원화연계 외화증권의 경우 원화가 아닌 외화로 인수도가 일어나는 점을 감안할 때 굳이 이를 규제할 실익이 있는 지 생각해 볼 필요가 있다.

또한 비거주자가 해외에서 원화거래를 할 때 원칙적으로 외국환거래법상 규율대상으로 포함되나 이행가능성 등 실효성에 대하여는 살펴볼 필요가 있다. 비근한 예로 비거주자간 원화 파생거래에 대해서는 자본거래의 신고를 면제한 것은 외환위기가 나고도 한참 후인 2001년부터이다. 즉, 비거주자가 해외에서 원화를 차입하거나 원화로 결제하는 것은 제한되지만 원화 파생거래를 이용할 경우에는 제한이 없이 가능하도록 한 것이다. 이는 역외시장에서 비거주자간의 NDF 뿐만 아니라 비거주자와 거주자간의 NDF거래도 가능하게 되었다는 점에서 의미가 크다. 원화 국제화의 진전으로 평가받을만 하지만 동 거래현황 파악이 어렵게 됨에 따라 정책당국의 대응도 어렵게 되었다. 그러나 이미 우리가 잘 알고 있다시피 비거주자의 NDF거래는 1997년 외환위기때에도 성행하였다. 허용되기 전까지 비거주자들이 제대로 신고했을 리 만무하다. 정책당

비거주자가 역외에서의 자본거래 등에서 원화의 사용을 제한하는 것은 역외금융시장이 형성되어 있지 않은 여건을 고려할 때 지나치다는 생각이다

국자로서 원화 국제화를 추진하는 과정에서 규제의 실효성에 대한 점검과 동시에 정책목표 달성을 위한 필요한 정보 확보 등 규범과 현실의 간극을 제때 제대로 메꾸는 역할도 중요하다는 것을 알수 있는 대목이다.

국제적인 원화 활용 현황

우리나라가 무역 결제 시에 원화를 사용하는 비중은 2022년 기준 수출은 2.3%, 수입은 6.1%에 불과하다. 그리고 국제은행간통신협회 SWIFT: Society for Worldwide Interbank Financial Telecommunication가 매월 전 세계적으로 SWIFT 시스템을 통해 결제되는 통화의 순위를 20위까지 발표하고 있는데 동 자료_{RMB tracker}에서 원화에 대한 정보를 찾아볼 수 없다. 20위권 밖이기 때문이다. 2023년 5월 기준으로 미달러화와 유로화가 각각 42.6%, 31.7%로 양대 축을 이루고 있으며 영국파운드화 6.5%, 일본엔화 3.1%, 중국위안화 2.5%, 캐나다달러 2.1% 등의 순이다. 원화는 대략 0.1% 정도로 추정된다. 그런데 동 자료에는 범 아시아권 국가통화로 홍콩달러화, 호주 및 뉴질랜드 달러화, 싱가포르달러 등 부분 국제화된 통화 외에도 타이바트화, 말레이시아링기트화, 필리핀페소 등이 20위권 이내 순위에 포함되어 있다. 우리나라 원화가 국제결제통화로서 얼마나 역할이 미미한지 잘 드러난다 할 수 있다.

한편, 국제결제은행_{BIS}이 3년마다 발표하는 세계 외환 및 상품조사 결과에 따르면 2022년 원화를 상대통화로 하는 외환거래의 비중은 1.9%로 조사대상국가중 열두번째이다. 상위 5개 통화는 미달러화

88.5%, 유로화 30.5%, 일본엔화 16.7%, 영국파운드화 12.9%, 중국위안화 7.0% 등이다. 특히 원화관련 차액결제선물환$_{NDF}$ 거래 규모는 2016년 기준 약 300억달러에서 2019년에 약 2배 수준으로 급증하여 신흥국 통화중 거래규모가 가장 큰 것으로 나타났으며 전체 NDF시장에서 차지하는 비중도 22%로 인도, 브라질, 대만, 중국 등을 앞지르고 있다. 원화 NDF거래 규모의 증가는 우리나라 경제규모가 꾸준히 확대되는 가운데 거주자의 해외증권투자 및 외국인 증권투자자금 유출입이 다른 신흥국에 비해 큰 폭으로 늘어나면서 원화에 대한 환헤지 목적 및 투기적 거래수요가 함께 증가한 데 기인한다. 게다가 비거주자가 국내 외국환은행과 이루어지는 NDF 거래보다 비거주자들끼리 하는 거래가 더 크게 증가한 것으로 추정되면서 국내 현물환시장 못지않게 풍부해진 유동성으로 인해 매매호가 등에서 큰 차이가 없는 것으로 파악되고 있다.

그리고 원화금리 관련 장외금리파생상품거래의 경우에는 환율관련 외환파생상품보다 더 활발하게 거래되어 전 세계에서 여덟 번째로 많은 수준을 나타내고 있다. 이와 같이 원화를 이용한 결제 비중에 비해서 원화와 관련된 거래비중의 순위가 높다는 점은 시사하는 바가 있다. 이는 원화가 전 세계 투자자들의 결제통화로서는 기능이 약하지만 이들이 원화관련 익스포져 관리를 위해서 관련 거래가 많이 필요하다는 의미이다.

또 한편으로는 차액결제선물환이나 장외금리파생상품시장에 대한 국제 투자자들의 적극적인 참여로 이미 원화와 관련한 시장변수, 즉, 환율이나 금리에 미치는 영향력이 상당 수준에 이르렀다는 의미로 해석할 수 있겠다. 그럼에도 불구하고 전 세계 외환보유액의 구성에서 원화가 차지하는 비중은 0.2% 미만으로 추정된다는 점에서 여전히 다른 국가들에게 인식되는 국제통화로서의 원화의 위상은 미미하다는 점을 보여주고 있다.

제24장 원화 국제화 추진 과제

높은 수준의 외환 자유화

원화 국제화와 외환 자유화는 동전의 앞 뒷면이다. 국내에서 외환의 유출입과 환전에 제한이 없는 정도와 해외에서 원화를 자유롭게 사용하는 것은 상호 연결되어 있고 이는 우리 외환 및 금융시장의 선진화 정도를 나타내는 것이다.

원화 국제화는 외환시장 선진화를 기반으로 한다

그동안 우리나라의 외환자유화를 통제해 왔던 외국환거래법은 거시경제환경이 상당히 변화했음에도 불구하고 실질적으로 규제의 끈을 놓지 않고 있었다. 허가를 받지는 않더라도 사전 신고 의무를 부과하여 사실상 거래를 제약하였으며 사후적인 보고 의무가 상존했다. 심지어 동일한 유형의 자본거래임에도 규모나 거래상대방, 외화유출 여부 등에 따라 절차가 다르게 정해져 있어서 신고 대상 여부를 파악하기 어렵고, 누가 누구한테 신고해야 하는지도 복잡해서 변화하는 금융환경에 거래의 적시성, 편의성, 자율성을 기대할 수 없었다. 2022년까지도 외국금융기관 등 비거주자가 국내은행에서 환전을 하려면 반드시 본인 명의의 계좌가 있는 은행에서만 가능했었다. 아무리 좋은 가격을 제시하는 은행이 있더라도 계좌를 옮기기 전에는 환전이 불가능했던 것이다. 이제는 거래 편의를 높이면서 규제의 합리성을 제고하는 방향으로 법령체계를 전환하여 선진국 단계로의 외환자유화로 과감히 이행할 때가 되었다. 물론 외환자유화 심화에 따라 수반될 수 있는 금융불안정에 대응할 수 있는 정책수단을 마련하고 유효성을 주기적으로 점검할 필요는 있다.

잔존하고 있는 외환규제들을 완전철폐 하는 과감성이 필요하다

외환자유화의 고도화는 우리나라의 낮은 잠재성장률과 인구 고령화 단계의 시대적 상황을 고려할 때 경제에 새로운 바람을 불러일으키는 계기가 될 수도 있다. 외국인 투자자금 유입$_{in\text{-}bound}$과 거주자의 해외투자자금 유출$_{out\text{-}bound}$에 있어서 그 원인 행위나 금액에 대한 제한을 철폐함으로써 개방경제의 이점을 최대한 살려 경제 활력을 제고하고 노후소득 증가로 이어질 수 있도록 해야 한다. 이를 통하여 자연스럽게 국내에는 금융중심지가 조성되고 국내 금융회사의 해외진출이 활성화되는 계기가 되어 원화 국제화를 위한 선순환 구조가 조성될 수 있기를 기대한다. 우리나라 자본시장 및 외환시장의 하부구조를 보다 섬세하게 선진화시키는 노력이 필요한 이유이다. 국채시장의 WGBI 편입이나 주식시장의 MSCI 선진국지수 편입 등도 그래야만 기대할 수 있을지 모른다. 계획 발표만으로 글로벌 스탠다드를 실천했다고 보기 어렵기 때문에 외국인 투자자들을 설득시키는 데 한계가 있다.

개방경제체제 하에서 경제활력을 높이기 위해 내외국인의 투자흐름을 원활히 하여야 한다

중국위안화의 꾸준한 국제화 추진 과정을 보더라도 중국의 최대 인근 교역국가인 우리나라도 이에 발맞춰 원화 국제화를 추진해야 할 필요성이 커졌다. 중국 자본시장 개방이 가속화되어 위안화 블록Yuan bloc 현상이 더 강화될 경우 위안화의 움직임이 우리나라 실물경제 및 금융시장에 미치는 영향이 더 커질 수 있고 위안화 자산에 대

글로벌 지수로의 편입을 통해 우리 금융시장의 국제적 위상을 높이기 위해서 외환시장 하부구조의 선진화는 달성되어야 한다

한 외국인의 투자 접근성 및 편의성이 제고되면 될수록 대용자산Proxy 역할을 해 오던 우리나라 원화자산에 대한 투자 비중을 축소할 가능성도 배제할 수 없다.

한편, 일각에서 제기하는 원화의 국제화로 인한 문제점, 즉, 투기적 공격 가능성과 통화정책의 효과성 저하 등에 대해서는 경계심을 늦추면 안되겠으나 투명하고 일관성 있는 경제정책과 금융감독, 외환 및 자본시장의 효율성 개선 작업을 지속적으로 추진해 나간다면 궁극적으로 외부충격에 대한 위기대응력을 높임으로써 대외건전성이 구조적으로 강화될 것으로 본다.

증권사 등의 외환업무 대폭 허용

우리나라 증권사들이 금융시스템에서 차지하는 비중과 역할이 크게 높아졌다.

최근 비은행금융기관들의 금융투자가 증가하면서 국가간 자본이동이 크게 확대되고 은행과 비은행간의 금융의 연계성이 크게 높아지고 있다. 우리나라는 여전히 은행과는 달리 증권사 등 비은행금융기관의 외환업무 범위를

*과거 은행중심주의의
외환시스템은 더
이상 유효하지 않다*

제약하고 있다. 이는 지금까지 은행의 공공성의 역할과 책임에 기대어 외환당국이 은행에 대해서는 모든 외환업무를 허용하면서 은행으로 하여금 비은행 거주자들의 거래의 적법성과 각종 신고내용을 파악하고 관리하도록 하는 외국환은행 중심주의를 견지해 온 것과 무관치 않다. 그동안 외화유출을 최대한 억제하면서 은행을 통하여 외환관리대책을 실행해 왔기 때문이다. 외국환은행 중심주의는 긍적적으로 평가되어야 할 부분도 많다. 세계 어느 나라보다도 잘 정비된 체계를 통해 전수조사방식에 의한 외환수급통계를 작성해 왔고 대외거래에 대한 모니터링 시스템도 잘 가동될 수 있었다.

그러나 이제는 증권사 등도 은행 못지 않은 거래규모와 안정적 시스템을 보유하고 있는 점을 고려할 때 외환업무의 범위를 확대시켜 외환경쟁력과 위기대응력을 높이고 그에 상응하는 책임과 의무를 부여하는 방식으로 전환할 필요가 있다. 이제는 비은행금융기관이 은행을 통해 금융 및 외환거래를 도모하는 것이 아니라 전체 금융기관의 시스템의 테두리에서 자체적으로 안정성을 확보해 나가야 할 때이다. 증권사 등도 외국환의 매매나 대외지급을 가능하도록 하여 투자자의 편의성을 증진시키는 한편 우리나라 금융산업의 외환 및 국제금융업무 역량을 높임으로써 대외건전성이 개선되는 효과를 기대할 수 있을 것이다. 이에 정부가 2024년중 업권별 업무 칸막이를 폐지하기로 한 것은 다소 늦은감은 있지만 바람직한 방향으로 보이며 사전 준비를 철저히 하여 반드시 이행되기를 기대해 본다. 물론 증권사 등 비은행금융기관이 은행에 준하는 역할을 하기 위해서는 외환전산망 연결, 전문인력 확충 등이 전제되어야 하고 은행과 마찬가지의 규제 체계를 적용받는 한편, 모니터링 체계도 사전에 갖추어야 한다는 점은 아무리 강조해도 지나치지 않는다.

원화 국제화의 전 단계로의 큰 진전

그동안 외환거래 자유화 및 원화 국제화를 진전시키는 데 대해서 정책적으로 신중한 분위기가 지배적이었다. 그로 인해 이미 방향성은 설정되어 있었음에도 불구하고 구체적으로 나아가기 위한 선행조건, 즉, 경제 성숙도, 대외건전성, 금융시스템 복원력 등에 대한 기준치를 제시하지 못한 채 지연시켜 온 것이 사실이다. 경상수지 흑자기조, 외환보유액과 순 대외자산 포지션, 외채구조의 안정성 등을 감안할 때 더 조기에 더 높은 단계의 외환자유화로 진입할 수 있었음에도 다소 늦은 감이 없지 않다고 본다. 그나마 2023년 들어 정부가 외환거래 자유화에 대한 로드맵을 마련한 것은 매우 다행스럽다.

정부가 높은 단계로의 외환자유화에 적극적인 것은 다행스럽다

원칙적으로 모든 외환거래를 허용하고 예외적으로만 규제한다는 네거티브 규율 체계 하에서 국내적으로는 자본거래에 대한 신고 등을 완전 철폐하고 은행과 증권, 보험사 등과의 업무칸막이를 해소하여 역량있는 모든 금융기관이 외환업무를 수행할 수 있게 하는 한편, 해외에서는 비거주자에 대한 원화차입 제한을 철폐하고 원화사용을 제도적으로 허용해 나감으로써 안정적인 원화 국제화를 위한 시장구조 개

정부의 로드맵대로 외환자유화가 추진되어야 하고 원화국제화를 위한 실질적 진전도 이루어져야 한다

선을 완성해 나가야 할 것이다.

이러한 큰 그림하에서 2023년 정부가 발표한 외환시장 구조개선 방안은 원화 국제화의 전 단계로서 더 높은 수준의 외환자유화로 나아가기 위하여 시장접근성을 현저히 제고시킨다는 데 방점이 있으며 크게 세가지로 나누어진다.

첫째는 그동안 일정 요건을 갖춘 국내 기관만이 참여할 수 있었던 국내 은행간 외환시장의 문호를 개방하여 일정 요건을 갖추어 정부의 인가를 받은 해외 소재 외국 금융기관Registered Financial Institution도 참여할 수 있도록 하는 것이다.

둘째는 국내 외환시장 개장시간이 현재 오전 9시부터 오후 3시30분까지이나 이를 새벽 2시까지 늘려 런던시장 폐장시간까지 국내에서 외환거래가 가능하도록 하는 것이다. 글로벌 투자자들이 우리나라 외환시장에 접근할 수 있는 편의성을 높이겠다는 의도이다.

셋째는 은행간 시장에 직접적으로 참여하지 못하는 기업, 외국인투자자 등 일반고객의 외환거래 편의를 위하여 은행들로부터 호가를 취합하여 이를 전자정보 형태로 고객들에게 서비스할 수 있도록 허용하는 것이다. 이전까지만 해도 일반고객이 개별은행과 일일이 전화 등을 통해 정보를 확인한 후 거래를 했어야 했지만 앞으로는 소위 애그리게이터Aggregator라는 정보 취합 전자서비스를 통해 일반 고객이 은행별 가격정보를 실시간으로 확인할 수 있게 함으로써 최적의 가격을 제시하는 은행을 편리하게 선택할 수 있도록 하는 것이다.

이상의 정부 방침은 높은 단계의 외환 자유화로 나아가면서 향후 원화의 국제적 통용성을 제고시키는 데 기여할 것으로 기대된다. 다만, 앞서 언급한 대로 차액결제 선물환거래가 거주자와 비거주간 거래뿐만 아니라 비거주자간에도 크게 활성화되어 역외에 이미 상당한 인프라를 갖춘 원화 관련 외환시장이 발달되어 있다는 점을 간과해서는 안된다. 이미 발달된 역외시장에서 원화를 주고받을 수 있도록 허용하는 대신에 국제투자자들이 그 나라 시간대에 우리나라 시장에 들어와 거래할 수 있도록 하기 위해서는 보다 좋은 거래비용과 편의성을 제공하는 여건을 조성해 나가는 것이 중요하다.

2023년도 정부의 외환시장 구조개선 방안은 원화국제화로 나아가기 위한 준비단계로 매우 의미가 크다고 판단된다

나아가 궁극적으로는 역외시장에서 원화 거래가 가능하도록 하는 단계로 전환되어야 하는 것이 지향점이 되어야 할 것이므로 2023년도의 조치들은 다음 단계로 나아가기 위한 점검단계로서 충분히 활용하는 것이 바람직해 보인다.

부분 국제화를 위한 과제

한 나라의 GDP나 무역규모가 세계경제에서 차지하는 비중이 클수록 네트워크 효과에 힘입어 통화 국제화를 추진하는 데 유리하다. 반면 그 나라 경제가 세계 무역에 대한 의존도가 높을수록 대외 여건의 불확실성이 그 나라 경제에 미치는 영향이 클 것이므로 통화를 국제화하는

데 불리하게 작용할 수 있다. 물론 그 나라의 수출품목의 시장지배력이 높다면 다른 얘기일 수는 있겠다. 그리고 인플레이션이 얼마나 안정되어 있는지도 국제통화로서 가치의 안정성 및 신뢰도에 지대한 영향을 미치므로 중요한 요인으로 작용한다. 마지막으로 국내 유가증권 시장이 발달되고 금융개방도가 높을수록 풍부한 금융상품과 낮은 거래비용을 기반으로 통화 국제화에는 긍정적인 요인일 것이다.

이상과 같은 관점에서 볼 때 원화는 국제적인 자연적 통화수요를 바탕으로 완전 국제화를 이루기에는 한계가 있다고 생각된다. 경제규모 면에서 우리나라는 세계 GDP의 2%에 못 미치고 세계 교역량의 3% 수준에 불과하며 무역의존도 지나치게 높다. 외교군사력 측면에서는 더 말할 것도 없다. 따라서 목표 수준을 호주달러화와 같은 부분 국제화에 두는 것이 합리적이라 생각된다.

우선 아시아 지역에서 국가간 무역 및 금융거래에서 원화가 통용되는 데 문제가 없도록 역내 국가들과의 협력을 강화해 나갈 필요가 있다. 지역금융중심지로 발돋움할 수 있도록 금융시장 제도를 정비하고 규모도 확대시켜야 한다. 최근 국내 금융회사의 해외진출이 역내 국가를 중심으로 확대되고 있는 점은 원화의 역외 활용도 제고를 위한 기회platform로도 활용할 여지가 있어 보인다. 우리나라는 무역 및 자본거래에서 높은 미달러화 의존도로 인해 환율 변동의 영향이 크다는 점에서 원화의 무역결제비중이 높아지게 되면 거래 비용이 낮아질 뿐만 아니라 비거주자의 원화관련 상품에 대한 관심도 증가할 것이므로 원화 금융시장의 발전도 기대할 수 있다.

원화국제화 달성을
위해서 아시아 역내
무역결제에서 사용을
확대하는 것이 현실적
목표가 될 수 있다

중국위안화가 국제화 과정을 통해 아시아 역내에서의 위상이 높아지고 있는 현실을 고려할 때 중국과의 무역 및 자본거래와 연계하여 원화의 지역내 위상을 높일 수 있는 방안을 모색해 볼 필요도 있다. 중국과는 현재 무역거래에서 한국은행과 중국인민은행간의 원-위안 통화스왑자금을 활용하고 있는 점을 이용하여 이를 자본거래에까지 확대 적용해 볼 수 있을 것이다. 현재 제도상으로도 예외적으로 중앙은행간 통화스왑자금과 결부된 금융거래에 대해서는 비거주자가 개설한 원화계정의 예치 및 처분이 자유롭게 이루어지도록 허용되어 있다.

한국과 중국 양국내 원-위안 직거래시장이 개설되어 있으나 거래가 미미한 상황이므로 이를 촉진하기 위한 아이디어도 필요하다. 중국 자유무역특구free trade zone에서 원화거래 활성화를 유도하고 한국과 중국 양국에서 상대통화의 역외시장 발전이 촉진되도록 금융서비스 개방 및 협력을 확대할 필요가 있다. 상대국의 현지 통화자산에 대한 투자를 촉진하기 위해 서울-상하이 증권투자 교차거래제도를 도입하는 방안도 검토할 만하다.

다만, 새로운 국제 정세 및 여건변화에 유의하면서 글로벌 통화패권을 둘러싼 미국과 중국의 갈등상황을 충분히 고려하여 불이익이 없도록 진행해야 할 것이다. 미국이 기존의 대중국 금융제제를 강화하고 동맹국에 대해 중국과의 통화협력 견제 등 다양한 조치를 고려할 가능성도 배제할 수 없기 때문이다.

한편, 그동안 ASEAN+3 회의체는 아시아 지역내 무역 및 금융거래에서 현지통화 활용이 가능하도록 하는 정책을 전략적으로 꾸준히 추진하여 왔다는 점도 주목해야 한다. 말레이시아, 인도네시아, 태국, 필리핀, 일본 등은 민간 금융기관간 외환거래를 기반으로 하는 양자간 현지 통화결제 체계LCSF: Local Currency Settlement Framework가 형성되어 있다. 원화도 하루 빨리 역내 결제통화로서의 위상을 확보할 수 있는 다각도의 노력이 절실한 이유이다.

그동안 우리나라가 원화의 국제화와 관련하여 신중한 정책 행보를 보여 온 것이 사실이다. 몇차례의 위기를 경험한 나라로서 당연하다. 그러나 앞으로도 계속 지금 수준의 국제화 단계에 머물러 있을수만은 없다. 궁극적 지향점이 부분 국제화를 달성하는 것이라면 앞서 강조한 대로 역외시장에서 원화 거래를 제한하고 있는 높은 장벽을 뛰어 넘을 수 있도록 꾸준히 정책을 추진해 나가는 것이 필요하다. 이는 그동안의 외환정책과 법 체계 등 전반에 걸쳐 적지 않은 변화를 요한다는 점에서 과감한 결단력과 높은 수준의 의사결정이 필요하다 할 것이다.

제7부
새로운 여건과 대응

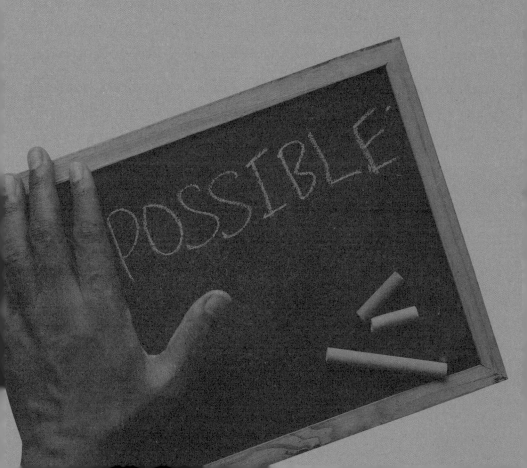

제25장 세계화의 퇴보와 경제여건의 변화

미중 패권전쟁과 지경학적 분절화

2022년 시작된 우크라이나 전쟁이 푸틴의 강경 기조와 서방의 우크라이나 지원 등이 맞서면서 소모전 양상으로 장기화되고 있다. 러시아에 대한 경제제재 확대 등으로 글로벌 생산 및 판매 등에 있어서 러시아의 역할이 크게 축소된 데다 곡물 및 광물 공급망 혼란이 가중되면서 인플레이션 불안

1990년대 이후의 다자주의 통상질서는 약화되고 국가간 경제와 안보의 연계성이 높아지면서 소위 지경학적 분절화의 과정에 있다

이 지속되고 글로벌 경제의 하방리스크가 확대되었다. 이런 가운데 주요 국가들은 동맹 외교 및 보호무역 정책 기조를 강화하고 있다.

돌이켜 보면 1990년대 이후 지정학적 긴장이 해소되면서 자유화, 개방화된 외교 및 경제환경이 이어져 오다 미국 오바마 정부의 동아시아로의 전환pivot to East Asia 정책으로 중국 견제가 시작되었으며 트럼프 정부 들어 대중국 기술 봉쇄가 본격화되었고 바이든 정부에서는 자유민주주의 국가간에 경제와 안보간의 연계성을 높이고 있다. 지금 세계는 다자주의multilateralism 통상질서가 흔들리면서 진영화polarization가 고착

화되는 조짐을 보임에 따라 그동안의 세계경제 통합의 추세가 역전되는 소위 지리경제학적 분절화geoeconomic fragmentation의 과정에 있다 할 수 있다.[66]

세계화의 퇴보로 교역이 축소되면서 주요 국가들은 전략산업을 중심으로 자국 산업을 육성하려고 함으로써 국가간 상호 의존도는 약화되고 기술교류는 우호국간 동맹이 적극적으로 활용되고 있다. 미국이 제안한 반도체 공급망 협력 채널인 칩4Chip4가 좋은 예이다.

세계화 후퇴의 중심에는 미국과 중국간의 패권전쟁이 자리잡고 있다. 주요 공급망, 기술, 금융, 안보 등 전방위에 걸쳐 양국간 갈등이 지속되면서 탈세계화 현상의 장기화를 부추기고 있다. 미국 중심의 자유민주주의 블록과 중국 중심의 반서방 블록간에 각자 자원을 무기화하고 자국내 또는 블록내에서 모든 생산과 판매가 이루어지도록 하면서 내수를 진작시키는 정책들이 추진되고 있다.

중국은 국내시장 잠재력과 제조업의 국제경쟁력을 바탕으로 내수와 수출 동시 성장을 추구하는 쌍순환전략을 펼치면서 신 기술산업에서 미국을 위협하고 있다. 자생적 성장동력으로서 내수기반을 확충하고 첨단산업 육성, 핵심 기술·부품·공급망의 자립도를 향상시키면서 해외 수요를 국내 경제로 순환시키는 구조를 구축하고자 한다.

미중간 패권전쟁은 양국 자본간 이익의 상충에서 벌어진 분쟁으로서 이데올로기와는 무관하다

미국은 중국에 대해 불공정 무역 및 국유기업 기반 산업정책에 대한 시정을 요구

---

66) <참고 25-1> 세계화의 후퇴 과정 참조

할 뿐만 아니라 주요 신성장 기술분야에서 중국을 견제한다. 첨단 기술관련 수출의 통제 및 투자 적격성 심사 강화, 위반 기업에 대한 금융제재 등을 도입하고 공급망의 안전을 이유로 미국 내 또는 진영 내에서 독자적으로 반도체, 배터리, 의약품 등 주요 산업별 공급망의 구축 및 배치를 추진하고 있다.

미국과 중국의 자국이익 우선의 보호무역주의는 전세계 통상질서를 약육강식, 각자도생 시대로 변화시키고 있다

그동안 전 세계적으로 물가 및 금리가 안정된 데 대해 중국의 역할 및 세계화의 영향이 결정적이라는 주장이 지배적이나 미국으로서는 대중 경상수지 적자, 자국내 제조업 공동화, 중국의 불공정 무역관행 및 차별적 산업정책 등으로 인해 자국의 산업 경쟁력이 크게 약화된 점에 주목한다. 중국이 정부 차원에서 디지털, 신에너지 등 주요 신성장산업 분야에 대한 지원을 아끼지 않고 미국의 첨단산업을 위협하면서도 자본시장을 충분히 개방하지 않아 미국의 경제적 이익을 크게 해치고 있다고 본다. 미국은 민주주의 시장경제체제를 기반으로 한 인권 및 환경 보호 강화, 신기술을 활용한 디지털 표준화 및 플랫폼 선점 등을 통해 미국 중심의 통상거버넌스를 구축하고자 하는 반면 중국은 중국식 사회주의체제와 개도국과의 연대를 기반으로 하여 통상질서를 수립하고 자국의 입지를 넓히고자 한다.

종합해 보면 미중 간 충돌은 양국 자본 간 이익 상충에 따른 국가 간 분쟁이다. 자국이익 확대를 위해 보호무역주의를 펼치기 때문에 전 세계적으로 약육강식의 각자도생적 국제통상질서가 확산되고 신냉전의 시나리오를 향한 모멘텀이 더욱 강화되는 조짐이다.

브릭스의 영향력 확대

　미국이 G7과의 연대, 동아시아에서 한국 및 일본과의 동맹 등 중국을 견제하기 위한 다자간 협력 채널을 강화해 나가는 가운데 중국은 브릭스_{BRICS} 내에서의 영향력을 높이고 참여국가를 늘림으로써 이에 맞서고 있다. 2009년 설립 당시 브라질, 중국, 러시아, 인도, 남아프리카 공화국등 5개국에서 2023년 8월 이란, 사우디아라비아, UAE, 이집트, 에티오피아, 아르헨티나 등 6개국이 가입하면서 소위 브릭스+_{plus}로서 11개 국가의 연합체가 됐다. 이들은 구매력평가_{PPP} 기준 전 세계 경제의 36%, 전 세계 인구의 46%를 차지한다.

　브릭스 회원국이 늘어나면서 중국은 이들을 지렛대 삼아 북반구 저위도나 남반구에 위치한 아시아, 아프리카, 남아메리카 지역의 신흥국 및 개발도상국들을 가리키는 소위 글로벌 사우스_{global south} 국가들을 통해 외연 확장을 가속화할 것으로 보인다. 이들 국가는 대체로 중립적인 외교 노선을 유지하면서 실용주의적 관점에서 중국과의 관계 개선을 확대해 나가고 있다. 브라질의 경우 달러 패권에 도전하는 중국과 협력하며 자국의 이익을 챙기고 있고, 사우디아라비아도 중국과의 관계 개선에 적극 나서고 있으며 아프리카 국가들에게 있어 중국은 최대 교역국이자 미국보다 호감도가 높은 국가로 이미 자리매김했다. 다만, 인도의 경우에는 브릭스내에서 중국이 주도권을 갖는 상황을 다소 견제하고 있는 모습이다. 그간 인도는 세계 질서의 어느 쪽에도 종속되지 않고 국익 중심의 외교 정책

중국은 브릭스를 통해 글로벌 사우스국가들을 규합함으로써 G7주도의 세계질서에 맞서 나갈 것이다

을 표방해왔다. 실제 인도는 브릭스 회원국이지만 미국이 중국을 견제하기 위해 만든 4자 안보 협력체인 쿼드QUAD: Quadrilateral Security Dialogue 회원국이기도 하다. 또 러시아의 우크라이나 침공을 규탄하는 대열에 서지만 러시아산 원유를 낮은 가격에 대규모로 사들이기도 하였다.

한편, 브릭스의 확장과 더불어 참여국가들간에 탈달러화De-dollarization를 향한 전반적인 공감대가 확산되는 모습이다. 역내 상호 무역에서 달러화 비중을 축소해 나가려는 움직임이 나타나는 가운데 브릭스 공용통화 도입 논의가 계속 이슈화되면서 탈달러화 움직임을 가속화시킬 것으로 보인다. 여기에 2015년 설립된 브릭스 신개발은행NDB: New Development Bank이 World Bank나 IMF를 대체 또는 보완할 수 있을 정도로 상당한 역할을 할 것으로 기대된다. 브릭스 공용통화 도입 이전이라도 회원국 간 결제가 가능한 수단 등이 개발될 가능성도 배제할 수 없다. 소위 브릭스페이BRICS Pay와 같은 디지털 공용 화폐를 통해 통화를 상호 운영함으로써 경제통합을 촉진하는 계기를 만들 수 있을 것이다. 브릭스 회원국 중앙은행들이 공동으로 CBDC 도입을 추진하려 할 경우에는 핵심 기술과 특허, 운영 등에 있어서 가장 앞서 있는 중국이 주도적 역할을 할 것으로 기대된다. 이미 2021년부터 중국은 태국과 UAE 등 국가들과 다자간 중앙디지털화폐 브릿지m-CBDC Bridge 사업이라는 국가 간 디지털화폐 결제 시범사업을 공동으로 추진하면서 노하우와 경험을 축적해 왔기 때문이다.

앞으로 중국이 브릭스 플러스 회원국 간 위안화 결제 비중을 늘리고 브릭스 내 디지털화폐 사용을 구체화해 나가는 과정에서 어떻게 선도적인 역할을 수행하면서 유리한 위치를 점해 나갈지 주목해야 할 것이다.

여전히 공고한 미달러화 체제에 대한 인식

중국은 위안화를 미달러화에 버금가는 기축통화 대열에 올리기 위해서 다양한 노력을 지속해 왔다. 다양한 국가들과의 쌍무적인 통화스왑계약 체결에다 SDR 산정 통화바스켓에 위안화의 편입 그리고 글로벌 금융결제망의 창설에 이르기까지 그 추진력은 대단한 것이었다. 그 결과 많은 국가들이 외환보유액에서 미달러화의 비중을 축소하는 대신 중국위안화의 비중을 늘리고 중국과 교역활동에서 위안화 결제를 늘렸다. 심지어 사우디아라비아와의 원유거래에서는 위안화 결제 가능성을 타진하기도 하였다. 특히 우크라이나 전쟁 이후 러시아와 거래하는 국가들이 불가피하게 위안화를 사용하면서 위안화의 위상이 더욱 높아진 것처럼 보였다.

그러나 기축통화로서의 미달러화의 위상은 여전히 탄탄해 보인다. 현재 경제규모 및 교역관계, 금융시장 발전, 군사외교력 등에 비추어 볼때 이를 실질적으로 대체할 대안이 없기 때문이다. 중국 위안화의 활용도가 크게 증가한 것은 사실이나 아직은 미달러화와 비교할 수 없는 수준에 그치고 있다. 스위프트를 이용한 결제통화 비중은 2% 초반대로 미달러화의 약 43% 수준에 크게 못 미치며 SWIFT를 대체하고자 만든 CIPS 이용 규모는 연간 14조달러로 SWIFT의 10분의 1에도 못 미친다. 외환보유액의 구성통화 비중도 3%에도 못미치고 있어 여전히 60% 정도를 차지하는 미달러화와는

미달러화의 기축통화로서의 지위는 공고하며 중국위안화는 경제규모 등을 배경으로 부분적 국제통화로서의 위상을 강화하는 데 그치고 있다

비교할 수준이 되지 못한다. 게다가 페트로 위안이라는 환상은 중국측 희망이 많이 반영된 것으로 보인다. 실제 OPEC 회원국들이 수십년간 사용해오던 가격결정기준을 위안화로 바꿀만한 설득력있는 이유가 현재로서는 충분해 보이지 않기 때문이다.

이미 우리가 잘 이해하고 있는대로 한 나라의 통화가 기축통화로 유지되기 위해서는 해당 화폐를 원하는 만큼 공급할 수 있어야 한다. 지속적인 경상수지 적자를 감내할 수 있어야 하며 이를 견디지 못하고 통화 공급을 줄여버리면 세계 경제는 유동성 축소에 따른 혼란을 빚게 된다. 그렇다고 마냥 무역수지 적자를 감내하다 보면 해당 통화 가치가 하락해 준비자산으로서 신뢰가 떨어질 수 밖에 없다.

중국은 현 수준의 경제력을 감안할 때 경상수지 적자를 감내하면서 글로벌 자본시장을 장악하여 자본수지 흑자를 이끌어내기는 어려워 보인다. 더구나 여전히 국제투자자들에게는 중국 정부가 필요시 자본통제도 마다하지 않을 것이라는 의구심이 상존하고 있는 점도 중국 위안화의 발전 가능성에 큰 걸림돌로 작용한다. 산업적 측면에서도 미국과 중국이 글로벌 경제 및 기술 패권을 두고 경쟁하고는 있지만 미국이 자율주행차, AI, 챗GPT 등 신기술 주도권을 선점하면서 추격해 오는 중국을 겨눈 견제가 여간 매서운 게 아니다. 이러한 구조적인 여건 하에서 중국 경제가 장기적으로 불황의 늪에 빠질 수 있다는 우려까지 제기되고 있어 위안화에 대한 기대가 많이 꺾이고 있는 것이 사실이다.

중국이 장기 불황에 빠질수 있다는 우려가 제기되면서 기축통화로의 발전 가능성에 대한 신뢰가 흔들리고 있다

고금리, 고물가의 뉴 노멀화

2020년 코로나 팬데믹 이전 30여년 동안 국제금융시장은 저물가, 저금리로 대표되는 소위 大 안정기Great Moderation를 구가하였다. 전대미문의 감염병과 장기간 이어지고 있는 우크라이나 전쟁의 여파는 국제경제 및 금융시장 분위기를 이전과 다른 시대로 변화시키고 있다. 시중에 자주 오르내리는 레짐 체인지regime change 라는 용어는 원래 정권 변동과 같은 정치적 사건 등에서 사용되었으나 이제는 경제적으로 이전과 다른 큰 여건 변화를 의미하는 말로 등장하고 있다. 지금이 그만큼 정치적으로나 경제적으로 큰 변화들이 가시화되고 있는 시기라는 것을 나타낸다.

과거로 거슬러 올라 가 보면 이전에도 레짐 체인지로 보이는 모습을 발견할 수 있다. 1973년 제2차 석유파동으로 촉발된 인플레이션의 악순환은 폴 볼커 연준의장의 등장 이후 공격적인 금리 인상으로 전환점을 맞이하였다. 1990년대 초 이후 인도, 중국, 구 소련이 시장경제에 진입하면서 전 세계 경제활동 인구가 급증하였고 2001년 중국의 세계무역기구WTO 가입으로 세계화의 문이 본격적으로 열리게 되었다. 이로 인해 기업의 가격결정력 및 근로자의 임금교섭력이 약화되고 일부 저가품의 수입효과 등으로 물가가 경기에 반응하는 정도가 낮아진 것으로 분석된다. 이는 그 이전과 다른 레짐 체인지라 할 수 있을 것이다.

폴 볼커 시대 이후 금리의 하향안정화가 지속되었으며 세계화의 진전과 더불어 그 이전과는 확연히 다른 새로운 시대를 맞이하였다

이후 금리의 하향안정세는 공항의 무빙워크에 비유될 정도로 거시경제성장과 우량 기업들의 기술, 생산성, 경영 기법의 발전 그리고 글로벌화 등을 촉진시키며 미국 증시의 놀라운 성장세를 견인하였다. 게다가 글로벌 금융위기가 종식된 이후에는 그야말로 초 저금리시대가 열리게 되었다. 글로벌화가 확대되고 무력 분쟁이 감소한 데다 낮은 인플레이션 덕분에 각국 중앙은행이 팽창적 통화정책을 유지한 결과이다. 풍부한 유동성을 바탕으로 경기가 부양되고 기업 이윤이 크게 확대되면서 투자자들이 이 기회를 놓치지 않으려고 너도나도 증시에 뛰어드는 FOMO_{Fear of Missing Out} 심리가 성행하였다.

코로나19 대유행으로 세계 경제가 예상치 못한 타격을 입었으나 미 연준은 서둘러 몇 주 만에 이전보다 훨씬 방대한 부양책을 실시함으로써 신속한 경기 반등을 성공시켰다. 2021년 초부터 인플레이션이 확대될 조짐이 보였음에도 연준은 일시적이라는 판단 하에 저금리와 양적완화를 유지했다. 그 결과 인플레이션이 크게 확대되었고 마침내 연준은 2021년 11월부터 채권 매입을 축소하고 2022년 3월부터 금리 인상에 돌입하였다. 2022년 우크라이나 전쟁은 곡물, 석유, 가스 공급에 지장을 초래하여 인플레이션 압력을 가중시켰다.

이제 大 안정기는 끝났다는 데 이견이 많지 않은 듯하다. 인플레이션과 금리는 앞으로도 수년간은 투자 환경에 영향을 미치는 중요한 고려요인으로 자리 잡을 가능성이 높아졌다. 앞서 살펴본대로 세계화의 후퇴는 과거와 같은 저물가 기조가 종료될 가능성이 크다는 점을 의미한

코로나 팬데믹과 우크라이나 전쟁을 겪으면서 대안정기가 종결되었다는 데 이견이 없어 보인다

다. 코로나 팬데믹 이후 우크라이나 전쟁을 거치면서 가파르게 상승했던 물가가 단기적으로는 각국 중앙은행의 긴축정책으로 둔화될 수 있겠지만 구조적 관점에서 장기적으로는 저물가 기조로 복귀할 가능성은 낮아 보인다. 그런 의미에서 미국의 정책금리가 적어도 글로벌 금융위기 이후의 0~2%대가 아닌 2000년대 초반의 2~4%대를 평균적으로 유지할 것이라는 분석이 설득력있게 들린다.

불확실한 여건과 대응

초 저금리시대가 지났다는 점에서 레짐 체인지의 양상을 체감하기에 그리 어렵지 않은 시기에 와 있다. 소위 신자유주의를 표방하는 자유방임과 자유무역 그리고 최소한의 국가 개입은 더 이상 유효하

앞으로의 여건에 대한 불확실성 하에서도 중장기적인 패러다임의 변화를 잘 읽고 이에 대응해 나가야 한다

지 않아 보인다. 세계화는 지경학적 분절화로 전환되면서 에너지 공급망은 더욱 혼란스러워지고 국제질서가 흔들리면서 핵군비 경쟁은 확산되고 있다. 글로벌화의 전형으로 여겨지던 중국으로의 제조업 진출은 리쇼어링으로 바뀌고 있으며 보호무역주의의 장벽이 높아지면서 세계무역기구WTO의 역할은 사라지고 국제정치적으로 유엔의 역할이 유명무실해진 지 오래다. 저출산과 고령화 등 인구구조 변화는 중장기적으로 자산가격 하락에 따른 인플레이션 하락 요인이라는 주장보다는 생산인구 감소로 인한 인플레이션 상승요인이라는 주장이 더 힘을 얻고 있다.

물론 우리 앞에 놓인 불확실성은 너무나 크다. 고금리 지속의 여파로 세계 경기가 급격히 냉각될 가능성도 열려 있고 그동안 지속되어 오던 우크라이나 전쟁이 갑자기 종식될 수도 있으며 지구촌 어딘가에

초저금리시대는 지나고 보다 정상적인 금리수준으로 높아질 가능성이 크다는 전망이 우세하다

서 새로운 전쟁의 기운도 항상 감지되고 있다. 적어도 초 저금리시대가 저물고 그보다는 정상적인 수익률 시대가 도래했다고 보는 것이 합리적인 예상이다. 그렇다면 이제는 수익률 목표를 달성하기 위해 더 이상 고위험 투자에 과도하게 의존할 필요가 없다는 것을 의미하며 大안정기때의 투자전략이 앞으로의 성과를 보장하지 못할 것이다.

한편, 탈세계화, 진영화 등이 고착화되는 상황에서 앞으로 각국의 외교관계 및 경제정책 방향에 따라 글로벌 경제여건이 좌우될 수 있을 것이다. 전 세계가 보호무역과 국가주도의 자립경제를 추구하는 가운데 강화된 외교협력 및 동맹 관계를 기반으로 하여 경제 및 이념적 블록화가 뚜렷해진다면 양대 블록간의 신냉전 양상이 더욱 확대될 것이다. 이 경우 경제 및 외교적 관계가 블록 내부로 제한되면서 반도체, ICT나 에너지 등 일부 전략적 산업을 제외하면 전반적인 경제성장은 둔화될 수 밖에 없다. 각국은 통화정책보다는 다양한 산업정책과 막대한 재정 적자를 통해 당장의 경제적 어려움을 극복하고자 할 것이다.

진영화된 국제사회에서 우리나라는 더 높은 도약을 위해 개방화된 통상강국으로서 오히려 글로벌 스탠다드화를 더 강화시킬 필요가 있다

우리나라는 그동안 세계화로 인한 저물가, 저금리의 혜택뿐만 아니라 안정적

인 국제정세의 혜택을 크게 누려 온 국가중 하나로서 앞으로 달라진 정치 경제적 여건에 따라 이전보다 더 높은 변동성을 겪을 가능성이 크다. 이러한 여건을 우리나라가 오히려 통상 및 경제규제관련 제도를 과감히 글로벌 스탠다드화하는 계기로 삼는다면 개방화된 통상 강국으로서의 입지를 더욱 강화함으로써 각국의 보호주의적 통상공세에 효과적으로 대응할 수 있을지도 모르겠다.

예를 들면 외환부문에서는 과감한 자유화를 추진하고 원화 국제화를 도모하는 계기로 삼을 수 있을 것이다. 산업적으로는 FTA 체결 및 국제협력체 가입을 늘리고 디지털화와 저탄소화를 가속하여 우리나라를 글로벌 공급망 허브로 탈바꿈하는 계기가 되도록 더 노력할 수 있다. 아울러 문화적으로는 글로벌화된 생활여건 개선, 영어의 공용화 등을 추진해 세계적 기업과 인재를 유치하는 토대를 마련하는 한편, 개도국과의 경제적 연대를 강화하여 가교국가로서의 역할도 강화할 수 있을 것이다.

<참고 25-1>

세계화의 후퇴 과정

글로벌 금융위기의 발발은 세계화의 부작용을 인식하기에 충분하였다. 그렇지만 금융위기를 극복하는 과정에서의 실상은 자본이동에 대한 통제가 강화되기 보다는 각국의 경쟁적인 자본유입 촉진 노력으로 이어져 선진국 자본의 과도한 이익 축적이 지속되었다.

이는 유럽대륙을 중심으로 소득 불평등 및 사회안전망 미흡에 대한 불만으로 이어져 극우주의 세력 및 포퓰리즘 확산을 낳았고 영국의 브렉시트Brexit 촉발, 미국 트럼프 정부의 보호주의 움직임으로 이어졌다.

그런 가운데 신흥국 경제는 선진국에 비해 빠르게 성장하면서 G20 및 BRICS가 결성되고 그 영향력도 높아졌다.

이러한 배경하에 세계화의 후퇴가 본격화된 것은 2010년대에 본격적으로 미국을 중심으로 주요 상품 공급망을 자국내로 불러들이는 리쇼어링reshoring이 시작되고 선진국들의 외국 이민 또는 노동자 유입 축소, 보호무역주의 등이 확산되면서이다.

미국의 글로벌 헤게모니에 대한 우려와 중국의 대국굴기 정책 추진 등으로 미중간 갈등이 극심해지는 상황에 이르게 되었고 2020년 코로나 팬데믹, 2021년 우크라이나 전쟁의 발발은 글로벌 공급망의 위기 취약성을 확인시키면서 세계화의 후퇴를 공식화해 주었다.

제26장 블록체인 기반 여건의 진전과 ESG 목표를 향한 대응

중앙은행 디지털 통화의 진전

CBDC_{Central Bank Digital Currency}는 중앙은행이 발행하는 디지털 형태의 새로운 화폐이다. 은행권, 주화와 마찬가지로 법화의 또 다른 형태인 것이므로 비트코인 등 가상자산과 견줄 대상이 아니다. 2010년대 후반부터 민간의 지급서비스 발달, 온라인상 거래의 확대 등으로 현금 이용이 현저히 감소하였다. 이에 2017년 스웨덴 중앙은행이 처음으로 현금 없는 사회를 준비하기 위해 e-krona 프로젝트를 추진하면서 디지털 형태의 화폐는 전 세계 중앙은행들의 관심사로 떠올랐다.

더구나 2019년 페이스북의 스테이블코인 리브라_{Libra} 구상 발표를 계기로 향후 스테이블코인이 법정화폐 운영에 미치는 영향력에 대해 문제 인식을 갖게 됨에 따라 전 세계적으로 CBDC 연구를 촉발시켰고 PayPal의 스테이블코인에 대해서는 규제체계를 마련하기도 하였다. 아울러 기술 발전에 발맞춰 지급결제 측면에서 디지털 전환을 이루기 위한 안정성 높은 대안이 조속히 마련되어야 한다는 목소리가 더욱 커졌다.

이는 스테이블코인 등이 충분한 규제에 대한 검토 없이 빅테크 등이 주도하는 민간의 일상적인 지급수단으로 확산될 경우 화폐 및 지급결제제도의 혼란이 발생하여 다양한 리스크를 촉발할 가능성이 있기 때문이다.

CBDC는 조만간 현실화될 수 있는 새로운 여건으로서 여러가지 측면에서 영향력이 매우 크다

즉, 금융안정 측면에서는 경제주체들이 준비자산으로 보유하고 있는 스테이블코인의 가격 변동성이 확대되어 신용 및 유동성 리스크에 노출된다면 소위 코인런Coin-run이라 하는 대규모 인출사태가 발생할 수 있다. 통화정책 측면에서는 은행의 자금중개기능이 약화되고 안전자산 수요가 증가하면서 통화정책의 유효성이 크게 저하될 수 있으며 외환 부문에서는 불법적 외화 유출 등에 이용될 가능성이 있다. 그리고 스테이블코인에 의한 지급결제 시스템에 장애가 발생할 경우 예상치 못한 사회적 파장으로 확대될 수도 있다. 그밖에 빅테크 기업의 시장지배력이 확대되어 데이터가 집중되거나 조세 회피, 자금세탁 수단 등으로 악용될 가능성도 배제할 수 없다.

CBDC는 활용 범위, 사용 주체에 따라 범용retail/general-purpose과 기관용wholesale으로 구현 가능하다. 범용은 현금과 마찬가지로 가계, 기업 등 경제주체들에게 직접 발행되어 중앙은행 또는 민간 지급결제 서비스 사업자PSP: Payment Service Provider 계정에 두거나 모바일에 토큰 형태로 가지고 다니면서 일상생활에서 사용하는 것이다. 기관용은 지급준비금과 유사하게 금융기관에 발행되어 금융기관 간 자금거래, 최종 결제 등에 활용된다.

범용 CBDC와 관련해서는 주요국 중앙은행들이 미래 도입 가능성

우리나라를 비롯하여 주요국 중앙은행들의 CBDC에 대한 준비는 기술발전과 함께 신중하면서도 꾸준한 진전을 보이고 있다

에 대비해 연구 및 개발 강도를 높여가면서도 신중한 입장을 견지하고 있다. 이는 시스템을 안정적으로 운영할 수 있는 강건한 기술적 기반이 선행적으로 마련되어야 하는 데다, 기존 은행의 자금중개기능이 약화될 가능성 등이 있고 일상생활의 변화에 미치는 영향도 적지 않은 만큼 사회적으로 높은 수준의 합의도 선행되어야 하기 때문이다. 물론 바하마, 나이지리아와 같이 이미 2,3년전에 도입한 나라도 있고 주요국중에서는 중국이 시범운영을 확대 실시하는 등 적극적인 모습을 보이고 있다.

우리나라는 한국은행을 중심으로 ECB, 미국, 일본, 영국 중앙은행 등과 함께 기술 연구 등에 집중하고 있다. 그동안 분산원장 기술을 기반으로 한 범용 CBDC 시스템의 기술적 구현 가능성을 검증하는 데 노력해 왔고 실제 도입시 제기될 수 있는 법과 제도적 이슈와 함께 거시경제 및 금융시스템에 미치는 파급효과에 대한 연구 등을 수행해 왔다. 앞으로 주요국의 동향을 고려하면서 개인정보 보호, 시스템 보안 등 핵심 기술에 대한 연구를 보다 고도화해 나갈 것이다.

한편, 기관용 CBDC에 대하여 미국 뉴욕연준, 브라질 중앙은행, 싱가포르 통화청 등을 중심으로 연구 및 개발이 빠르게 진행되고 있다. 분산원장 기술을 적용한 새로운 플랫폼 상에서 금융기관이 예금 등을 발행하고 기관용 CBDC가 이의 최종 결제 등을 지원함으로써 중앙은행 화폐-은행 예금으로 이루어진 현행 통화시스템을 유지하면서도 민간의 혁신적 서비스 개발을 촉진할 수 있도록 한 것이다.

우리나라도 한국은행 등 관련 기관들이 2024년까지 기관용 CBDC의 활용성을 테스트한다는 계획을 발표하였다. 한국은행이 은행간 자금이체 거래에 활용할 수 있는 기관용 CBDC를 발행하고, 참여 금융기관 등은 희망 고객을 대상으로 예금을 기반으로 한 토큰, 즉, 예금토큰tokenized deposit을 발행하여 실제 활용하면서 미래 통화 인프라를 시험해 보게 된다.

우리나라 뿐 아니라 전 세계적으로 분산원장 기술에 기반한 디지털 자산에 대한 수요와, 이를 통해 형성되는 소위 토큰 경제 생태계에 대한 관심과 투자가 확대되고 있다. 각국 정부는 이러한 변화가 가지고 올 장점은 극대화하면서도 규제 공백에 따른 이용자 보호 문제 등을 해결하기 위해 많은 노력을 기울이고 있다.

자산의 토큰화

그동안 블록체인 기술을 활용한 성공적 사례와 건설적인 논의들이 이어져 왔다. 블록체인을 통해 디지털 자산에 대한 소유권을 증명할 수 있고 탈중앙화된 거래소에서 코인을 거래하는가 하면 금융서비스로부터 소외되었던 계층의 이용도 일부 개선 되었다. 디파이DeFi: Decentralized Finance 서비스를 통해 중앙화된 금융기관이 신뢰와 보증을 담보하지 않더라도 거래 내역이 다수의 원장에 기록되고 여러 사람들에게 저장됨으로써 보안성과 신뢰성을 확보할 수 있고 탈중앙화된 블록체인 플랫폼으로 인해 개인정보가 무단으로 거대 플랫폼에 수집되지 않게 되었다. 나아가 NFTNon-Fungible Token를 통해 예술가들이 갤러리나

기획사 등의 플랫폼을 통하지 않고도 스스로 음악, 사진 등 디지털 자산에 대한 소유권을 확보할 수도 있다.

투자환경의 변화도 예외가 될 수는 없다. 글로벌 금융시장과 자산운용업계에서 주목하고 있는 것은 블록체인 기반의 토큰화_{tokenization}이다. 이는 주식, 채권, 부동산, 금, 와인, 라이센스 등 할 것 없이 유무형의 특정 자산에 대한 소유권을 분산원장기술_{DLT: Distributed Ledger Technology}과 블록체인기술_{BCT: Blockchain Technology}을 통해서 디지털 토큰으로 변환하여 교환 및 추적이 가능하도록 프로그래밍하는 것이다.

토큰화는 금융 및 비금융 인프라와 공공 및 민간 금융 시장을 혁신적으로 변화시킴에 따라 과거에 파괴적 혁신으로 등장했던 라디오, TV, 이메일 등과 비교할 때 훨씬 짧은 기간 내에 주류로 채택될 것으로 예상된다.[67]

자산을 토큰화하는 이유는 다음과 같다. 첫째, 비유동자산에게 유동성을 부여하기 위해서이다. 부동산과 같은 비유동자산을 토큰화할 경우 적합한 플랫폼만 생기면 쉽게 매수자와 매도자간 거래가 활성화될 수 있다. 게다가 블록체인 기술에 의한 분산장부에 거래내역이 투명하게 기록되어 소유권 이전이 원활히 진행될 수 있다. 특히 거래가 온라인에서 이루어지므로 거래비용의 혁신이 일어날 수 있다.

둘째는 이미 인터렉티브 브로커_{Interactive brokers} 같은 회사들이 리테일 고객 대상으로 비싼 주식을 부분 매수할 수 있는 상품들을 제공하고

---

67) BOfA(2023)

있듯이 자산가치에 따라서는 토큰을 더욱 잘게 쪼갤수 있다. 1:N의 토큰화는 보다 많은 사람들이 가치가 높은 자산에 투자할 수 있는 기회를 제공한다.

셋째는 NFT와 같이 자산 개념이 확장되어 새로운 자산들이 편입되는 것이다. 사실상 유무형의 모든 자산이 토큰화될 수 있기 때문이다. 2030년까지 전 세계 GDP의 10%에 상당하는 자산들이 토큰화될 것이라는 전망도 있다.[68] 따라서 자산 개념은 확대되고 유동자산과 비유동자산의 경계선은 모호해질 것이다.

자산 토큰화Asset Tokenization는 자산의 성격에 따라 여러가지 영역으로 구분될 수 있다. 주식, 채권 등 전통자산을 대상으로 하는 증권 토큰화ST: Security Tokenization, 금, 부동산, 와인 등 실물 대체자산을 대상으로 하는 실물자산 토큰화Real World Asset Tokenization, 그리고 기술 특허권, 각종 NFT 등을 대상으로 하는 특수자산 토큰화SAT: Special Asset Tokenization 등 다양하다. 토큰화 자체는 어려운 기술은 아닐수 있으나 앞으로 경쟁에서 차별화된 상품을 어떻게 만들어낼 것인지가 중요하고 관련 컨설팅과 발행업무 등 투자은행과 비슷한 역할을 하는 기관이 자리잡을 수 있을 것인지, 그리고 토큰 자산에 대한 규제가 어떻게 정립되어 나갈지 등이 주목할 이슈이다.

이와 같이 자산 토큰화를 위한 인프라 구축이 중요하며 앞으로 프로토콜의 시장점유를 위해 처리속도, 데이터저장 등과 관련된 업체들간의 기술력 경쟁 등이 치열해 질 것으

유형과 무형자산의 구분 없이 자산의 가치가 1:N으로 쪼개지면서 새로운 자산군이 형성된다

---

68) BCG and ADDX(2022)

로 예상된다. 아울러 새롭게 생성된 토큰들을 보관하고 수탁하는 서비스업체들도 빠르게 형성되어 갈 것이다. 또한 주식시장이 1차 발행시장과 2차 유통시장으로 구분되듯이 토큰의 발행과 유통에 대한 시장이 어떻게 형성될지도 관건이다. 다양한 자산들이 토큰화될 수 있는 만큼 자산별로 신규 거래소들이 생기고 시장조성자 및 브로커, 세일즈, 애널리스트 등 다양한 업무들이 파생될 수 있다.

우리나라는 2023년 7월 가상자산법을 제정하여 토큰증권에 대한 규율체계를 마련하여 입법화를 진행중이다. 기관용 CBDC와 예금토큰 등을 통한 지급결제 생태계는 토큰증권과 같은 디지털 자산이 원활하고 안전하게 거래될 수 있도록 뒷받침하면서 새로운 기술을 통해 현행 지급결제 시스템의 효율성도 개선할 것으로 기대된다.

ESG 목표를 향한 움직임

국제사회는 기후변화 등에 대한 심각성을 인식하고 ESG 경영 여건을 확립해 나가는 등 대응 노력을 강화하고 있다. 우리나라를 비롯하여 넷제로Net-Zero 목표를 설정한 국가들중 2050년까지 목표달성을 선언한 국가가 60개가 넘는 등 많은 국가들이 온실가스 감축 목표 하에 저탄소발전전략을 수립하고 있으며 주요 글로벌 공적투자기관들과 기관투자자들도 포트폴리오 내 화석연료 관련 자산 비중을 줄이겠다고 앞장서는 모습이다.

이처럼 전 세계적으로 ESG 정책을 강화하는 추세이기는 하지만 국가간 ESG 목표 및 이행정도는 상이하다. 이러한 차별성은 글로벌 사업의 복잡성을 심화시키는 요인으로 작용하고 있으며 심지어 보호무역의 수단으로도 활용되면서 글로벌 경제 및 지정학적으로 갈등 요인이 되기도 한다.

기후변화 등 ESG 대응은 전 세계적 공통 핵심이슈로 자리 잡았으나 국가별 이행은 차별화되고 있다

　EU는 ESG규제관련 정책 수립의 선봉에 선 글로벌 리더로서 다른 나라들의 관련 정책 수립의 기준점이 되고 있다. 특히 그린워싱Green Washing 행위를 규제하고 감독하는 투자자보호제도 마련에 적극적이다.

　이에 반해 미국의 경우에는 민주당의 친환경 정책에 반발하여 주주 제안이나 법안 마련 등을 통해 ESG가 투자의사결정 과정에서 고려되지 않도록 캠페인을 벌이거나 주별로 정치적 색채에 따라 ESG에 대한 뚜렷한 입장 차이를 보이는 등 양극화의 모습이 나타나고 있다. 심지어 사회적, 환경적 목표를 배제하고 오직 이익에만 집중함으로써 높은 수익률을 추구하는 상품도 출시되고 있다. 에너지 위기에 편승하여 가치를 높이는 Anti-ESG ETF가 그 예이다.

　우크라이나 전쟁 발발 이후 에너지 위기와 더불어 유례없는 인플레이션 및 고금리 현상이 겹치면서 전 세계적으로 ESG 투자에 대한 실효성 논란이 부각되기도 하였으나 지속가능 투자에 대한 장기성장 동인은 여전히 유효한 것으로 보인다.

기후변화 요인을 새로운 금융 리스크로 인식하여야 한다

　한편, ESG 목표를 향한 움직임으로서 가장 주목해야 할 이슈는 관련 리스크를 제대로 평가하고 그 영향 등을 제대로 공시하도록 제도를 확립하는 것이다. 기후리스크는 운영리스크, 신용리스크 등을 유발하여 금융자산 가치 변화를 초래함으로써 금융기관 등 투자자들에게 상당한 손실을 입히고 나아가 금융시장에 중대한 영향을 미칠 수 있다.

ESG 투자는 EU 중심의 꾸준한 제도화를 바탕으로 장기적으로 성장 모멘텀이 유지될 것으로 보인다

제대로 된 기후리스크 영향 평가의 중요성에도 불구하고 그동안에는 과거 데이터를 기반으로 한 실증분석 중심으로 이루어져서 미래의 불확실성과 복잡성이 내재된 기후변화 충격을 분석하는 데 한계가 있었다. 이에 미래지향적인 비정형화된 접근법에 의한 기후리스크 평가를 위해 주요국 중앙은행들 중심으로 시나리오 기반의 기후 스트레스 테스트 모형 개발에 적극 나서고 있다. 향후 표준화된 모형의 개발로 이어질 경우 민간에서의 활용도도 크게 높아질 것으로 예상된다.

이런 가운데 ESG 정보공시와 관련하여 글로벌 기준에 맞는 표준화 작업이 이루어지고 있는 점은 매우 바람직하다. 앞으로 기업들의 ESG 정보 보고 의무화도 빠르게 시행될 것으로 보인다. 먼저 유럽은 EU 집행위원회가 기존의 비재무정보 공시지침을 지속가능성 보고기준ESRS: European Sustainability Reporting Standards,으로 개정함으로써 ESG 관련 보고 범위를 확대하고 요건을 구체화하였다.

미국은 증권거래위원회SEC가 기후관련 리스크 공시를 기존의 가이던스 차원을 넘어 의무화하기로 함에 따라 이를 2024년부터 단계적으로 적용하기로 하였다. 특히 국제회계기준IFRS: International Financial Reporting Standards 재단 내에 있는 국제 지속가능성기준위원회ISSB: International Sustainability Standards Board가 지속가능성 공시기준을 발표한 것은 괄목할만한 발전이다. 그동안 비재무적 요소이던 ESG 관련 공시가 이제는 공식적으로 재무적 요소와 결합할 수 있게 된 데다 이를 통해 지속가능성에 관한 공시의 신뢰성이 개선되고 기후관련 위험 등이 기업에 미치는 영향을 공통 언어로 표현할 수 있

ESG 관련 기업 공시제도의 확립은 투자자들의 정보 가용성을 제고시켜 ESG 투자 저변의 확대를 촉진시킬 것이다

게 되었기 때문이다. 동 기준을 국가들마다 국가표준으로 채택할지 여부는 각 정부가 결정할 사항이지만 이 기준이 국제적으로 통용되는 이상 기업들은 동 기준에 따라 공시할 수 밖에 없을 것이다.

구체적으로 보면 기업이 단계별로 직면하는 기후변화 관련 위험과 기회에 대하여 공시요구조건에 맞게 투자자에게 정보를 제공하여야 한다. 2025년부터 시행 예정인 가운데 기업의 부담을 줄여주기 위해 직접배출량과 간접배출량을 나타내는 스코프$_{scope}$1과 2에 대한 것만 우선 공시하고 공급망 전후방 배출량을 나타내는 스코프3는 2026년으로 미루어졌다. 스코프3는 제품 생산뿐만 아니라 물류, 유통, 사용, 폐기에 이르기까지 공급망 전체에서 발생하는 탄소배출량을 모두 포함하는 것이다.

앞으로 이러한 정보 공시요건이 강화될수록 ESG 정보의 비교가능성을 높일 것으로 기대되고 투자자들의 정보 가용성이 제고된다는 점에서 ESG 투자 저변의 확대로 이어질 것으로 본다.

제27장 맺음말 : 외화자산 잘 지키고 굴리기

환율 변동성 수용 및 외환보유액 지키기

우리나라는 두 차례의 위기를 극복했다. 한번은 IMF로부터 구제금융을 받았고 또 한번은 미 연준과 한국은행간 통화스왑계약의 도움을 받았다. 그 배경은 다르지만 두차례 모두 외환보유액이 빠르게 소진되었기 때문에 발생한 위기였다. 이 때문에 외환보유액이 충분해야 하고 나아가 제2선 방어망으로서

외환보유액을 더 축적한다고 위기를 예방할 수 없고 더 많이 사용한다고 위기를 해결할 수 없다는 인식이 필요하다

글로벌 금융안전망을 안정적으로 확보해야 한다는 것이 지배적인 의견으로 자리잡고 있는 게 현실이다.

우리나라 경제규모가 비약적으로 증대되면서 국내 외환 및 금융시장이 양적으로 크게 성장하고 국제금융시장과의 연계성도 밀접해졌다. 유로화나 일본엔화 등의 국제화 수준에는 크게 못 미치지만 원화를 매개로 하는 외환 및 금융시장은 제도적으로나 유동성 측면에서나 상당한 수준에는 올라온 것으로 평가받고 있다. 우리나라의 높은 자본

국제금융시장 변동에
따른 환율변동성을
폭넓게 받아들이지
않고서는
외환보유액을
지킬수는 없다

시장 개방도를 바탕으로 외국인 투자자들이 원화 익스포져에 대한 환리스크 관리 등을 위하여 역외시장에서 원화 없이도 차액결제 선물환거래를 대규모로 이용하는 것은 어제 오늘 일이 아니기 때문이다. 이로 인해 국제금융시장에서의 투자위험 성향의 변화가 우리나라 시장에 빠르게 반영되어 원화 가치의 변동성을 야기해 왔다.

어쩌면 이미 시장을 크게 열어 놓고도 우리 스스로 그것을 받아들이지 않고 소극적인 스탠스를 고집하고 있는 건 아닌지 모르겠다. 과거에 환율을 방어하기 위하여 외환보유액을 소진했던 뼈아픈 경험들을 트라우마로 갖고 있으면서도 환율변동폭을 넓게 받아들이지 못하고 급기야 외환보유액이 줄어들면 미국과 통화스왑계약이 이루어지지 않은 데 대해 비판만 앞세우는 것은 매우 이율배반적이다.

환율변동성을 수용한다는 것은 외환보유액에 의존하여 환율을 안정시킬 수 있다는 기대를 버려야 한다는 것으로 환율의 급변동을 방치하는 것과는 차원이 다른 얘기이다. 외환보유액 규모는 더 이상 양적 확대가 의미가 없는 수준에 이르렀다. 외환보유액 보유 순위가 한두단계 높아졌다고 해서 대외신인도가 더 높아지는 것도 아니고 위기에 대응할 수 있는 여력이 확대되었다고 생각되지 않는 수준에 와 있다. 환율이 가급적 변동하지 못하도록 관리하는 것

당장의 환율변동의
불편함을 피하려고
여론에 밀려
시장개입을 반복하는
후진적인 모습은
지양되어야 한다

이 외환당국의 책무인 것처럼 인식되어서도 곤란하다. 오히려 국제금융시장이 불안정해질수록 자본유출입이나 환율의 변동성 확대는 불가피하다는 사실을 그대로 받아들일 수 있는 국민적 공감대가 중요하다. 환율을 무조건 안정시키려 하다 보면 그것이야 말로 외환위기로 가는 지름길이 될 수 있다.

우리나라는 트릴레마_{trilemma} 즉, 환율의 안정, 자유로운 자본이동, 독자적인 통화정책의 세가지 목표중에서 환율의 안정과 자유로운 자본이동의 목표를 외환보유액에 의존해 왔다고 볼 수 있다. 이제는 이러한 신흥국의 정책스탠스에서 벗어날 때이다. 자본유출입 변동을 최소화한다는 명분 하에 이루어졌던 스무딩 오퍼이션은 최소화되어야 하고 환율의 시장기능을 더욱 제고시켜야 한다. 최근 통화정책 결정 과정에서 국제금융시장의 위험성향과 그에 따른 환율 움직임에 대한 고려가 많이 이루어지고 있는 것은 큰 발전이라고 생각한다. 한국은행 등 정책당국자들이 원화의 약세 또는 강세 현상에 대해 여타 통화들과 동조적 현상인지 아니면 국내적 여타 요인으로 인한 것인지 면밀히 구분하고 있고 그에 상응하는 대응책을 마련하고자 노력하는 모습은 매우 환영받을 만하다.

우리 경제주체들이 시장변동성에 스스로 대비하고자 할 때 리스크를 관리하는 데 익숙해지게 되고 이는 곧 이를 뒷받침할 금융상품 및 시장의 발전으로 이어질 수도 있을 것이다. 환율안정을 위해 외환보유액에 지나치게 의존해서도 안될 것이고 미국과의 통화스왑

트릴레마를 피하기 위해 외환보유액에 의존하여 환율을 안정시키는 것은 전형적인 신흥국의 정책 스탠스이다

체결이 만병통치약인 것처럼 주장하는 일도 없어야 한다. 오히려 국제금융시장의 변동성에 따른 환율 움직임을 수용하면서 미국이 필요로 할 때 통화스왑계약에 당당히 응할 수 있도록 선진화된 외환시장구조를 갖추면서 국제금융시장에서 위상을 높여 나가는 것이 바람직한 방향이 아닐까 생각한다.

외환보유액의 적정규모 논란 중단

현재 4천억달러가 넘는 외환보유액 규모는 국제금융시장에서 충분한 수준으로 인식되고 있으므로 IMF 등이 산출하는 적정 수준에 민감할 필요가 없다

그동안 외환보유액은 주로 외환시장 개입을 통해서 확보되어 왔다. 경상수지 흑자 기조를 바탕으로 외환이 국내 유입되는 안정적인 공급 흐름을 이어갔고 장단기 자본의 순유입까지 더해질 경우 환율 하락 압력이 크게 높아졌던 때가 많았다. 이에 대응하여 스무딩 오퍼레이션이라는 이름 하에 외환시장 매입 개입을 해 온 결과 외환보유액을 현 수준까지 늘릴 수 있었다.

그러나 이제는 이런 식으로 외환보유액을 늘려나갈 만큼 상황이 녹록치 않다. 경상수지 흑자 추세가 예전만 못하고 미국 정부가 우리나라 환율과 외환보유액 변동에 대한 감시체계를 상당히 촘촘히 가동하고 있기 때문이다. 스무딩 오퍼레이션의 기준이 일관성 있게 이루어지지 않으면 환율조작국의 오명을 쓰기 쉽상인 것이다.

일부에서는 현 외환보유액 수준이 IMF가 산출한 적정규모를 하회하고 있는 점을 우려하고 있다. 과거 외환당국 스스로 외환보유액의 규모가 충분하다는 근거로 이 기준을 제시하기도 했기 때문에 이를 하회하게 된 지금 충분하지 않을 수 있다는 우려가 나오는 것은 당연하다.

그러나 두가지를 생각해 볼 필요가 있다. 첫째는 외환시장이 선진화되어 있는 나라일수록 이 기준으로 외환보유액 수준을 평가하지는 않는다는 것이다. 외환보유액은 예상치 못한 상황에 급하게 쓰기 위해서 어느 정도 준비되어 있으면 되는 것이지 환율이 자유롭게 움직이는 여건에서 외환보유액을 양적으로 평가하는 것에 의미를 두지 않는다. 그런 의미에서 우리나라는 외환보유액의 양적 기준에 어느 정도나 얽매여 위험도를 평가받아야 하는 나라인지 생각해 볼 필요가 있다. 사실 언제부터인지 우리나라에 대해서 외국인 투자자들이 동 기준을 적용하여 평가하려 하지 않고 S&P나 무디스 등 신용평가사들도 더 이상 외환보유액의 적정 규모를 문제삼지 않는다. 선진화된 금융 및 외환시장 시스템과 개방화된 자본시장 체제를 표방하고 있는 데다 순 대외자산이 이미 상당 규모에 이른 상황에서 외환보유액의 규모 자체에 초점을 두지 않는다는 것이다.

두 번째는 이 기준이 신흥국들이 보유해야 하는 최소 요건을 나타낸 것만이 아니라 외환보유액이 지나치게 많아지는 것을 평가하는 잣대로도 사용될 수 있다는 것이다. 예를 들어 중국이 지나치게 많은 외환보유액을 보유하는 것은 글로벌

변동환율제도 하에서 환율이 시장기능에 의해 자유롭게 변동하는 한 외환보유액의 적정규모는 따로 존재할 수 없다

불균형global imbalance을 야기하는 등 세계 경제를 위해 바람직하지 않으므로 이를 경계하기 위한 목적으로도 활용될 수 있다. 세계 8위의 우리나라 외환보유액 규모를 최소 보유 기준으로 판단하는 것은 그다지 어울리지 않아 보인다. 따라서 현 수준의 외환보유액의 적정 여부를 따지는 시도는 중단되어야 한다.

다만, 외환보유액의 감소 속도에 대해서는 매우 유의해야 하고 경각심을 가져야 한다. 이를 위해 두가지가 중요하다. 첫째는 앞서 강조한 대로 환율 변동을 폭넓게 수용해야 한다. 외환보유액은 국내 외환시장이 예상치 못한 요인에 의해 갑작스런 혼란에 휘말리는 상황에서 그야말로 대증요법이 필요할 경우를 위해 축적해 놓은 것이라는 점을 인식해야 한다. 선진국도 마찬가지 취지로 외환보유액을 확보하고 있다. 변동환율제도 하에서 환율이 시장기능에 의해 자유롭게 변동하는 한 외환보유액의 적정규모는 따로 존재 할 수 없다.

둘째는 외환보유액을 효율적으로 잘 운용해야 한다. 외환시장 개입을 통해 늘려 나가기 어려운 현실을 감안할 때 외화자산의 수익성을 제고해 나가는 노력을 도외시할 수 없다.

외환보유액을 더 많이 축적하려는 노력보다는 안정적으로 유지하면서 효율적으로 관리하는 노력을 기울여야 한다

외환보유액을 시장개입 목적으로 사용하는 데 보다 엄격한 기준을 적용해 나간다면 외환보유액 운용에 있어서 수익성 목표 쪽으로 무게중심의 추를 옮기는 것이 가능할 수 있을 것이다.

외화자산의 효율적 운용체계 확립

외환보유액을 효율적으로 운용한다는 것은 유동성 확보와 수익성 제고라는 다소 상충적인 운용목표 사이에서 시기와 여건에 맞게 밸런스를 적절히 조절하는 나가는 것이라고 할 수 있다. 따라서 시시각각의 국제금융시장 동향 뿐만 아니라 중장기적 여건의 변화에 주목하고 적절한 자산구성을 갖추도록 하는 노력이 필요한 것이다.

그동안 우리나라 외환보유액 운용체계는 중장기적으로 시장의 구조적 변화에 부합하는 방향으로 발전하여 왔다. 저금리 여건 하에서 외환보유액 증가와 더불어 위험자산으로의 확장적 배분이 시의적절하게 이루어져 왔다. 즉, 2000년대 들어 외환보유액의 범주내에서 한국은행의 직접운용 자산범위가 회사채와 같은 신용자산으로까지 확대되었고, 한국투자공사를 포함한 유수의 자산운용사들에 대한 위탁을 통해 주식으로까지 운용대상을 확장했다.[69] 이에 더해 한국투자공사는 국부펀드 위상에 걸맞게 외환보유액 이외의 공적자산을 대체자산과 같은 미래 수익성자산으로도 운용하고 있고 국민연금 기금운용본부도 안정적인 미래 수익 확보 차원에서 대체자산에 대한 비중을 늘려나가고 있다.

한국은행, 한국투자공사, 국민연금기금운용본부는 우리나라 외환자산 운용을 책임지는 3대축으로서 이미 전 세계에서 몇 손가락 안에 드는 많은 자산 규모를 보유한

우리나라 외화자산 운용체계는 그동안 저금리 여건 하에서 위험자산으로 확장적 배분이 적절히 이루어져 왔다

---

69) 제8장 외환보유액의 운용 참조

운용기관이다. 중요한 것은 그에 걸맞는 운용체계와 역량을 갖추는 것인 만큼 인프라 측면에서 국가적인 지원과 관심이 절실한 시점이 아닐 수 없다. 그리고 3개 기관 간에 각자 보유한 역량을 공유하면서 보다 긴밀한 상호협력과 발전을 통해 시너지를 발휘할 때이다.

한국은행, 한국투자공사, 국민연금기금운용본부 등은 우리나라 외화자산 운용을 책임지는 3대축으로서 상호협력과 발전을 통해 시너지를 발휘해야 한다

이런 관점에서 한국은행의 외화자산운용은 국내 외환시장 안정에 필요한 준비자금으로서의 운용행태를 뛰어넘을 필요가 있다. 시장은 외환보유액의 절대규모보다는 감소속도 등에 주목하고 있는 만큼 외환보유액의 사용에 보다 신중을 기한다면 현재와 같이 현금성 자산이나 현금화를 적시에 시키기 위한 버퍼성 전통자산 중심으로 운용하기에는 절대규모 자체가 크다고 판단된다. 따라서 한국은행 외화자산 범위를 외환보유액의 범주에 포함되지 않는 대체자산으로까지로 확장하고 한국투자공사 등 위탁기관들과 보다 폭넓고 밀접한 협력관계를 형성할 필요가 있다. 그리하여 중앙은행으로서 단순히 외환보유액의 관리기능을 가진 조직이 아닌 명실공히 자산운용조직으로서 완성된 체계를 갖춤으로써 한국투자공사와 국민연금 기금운용본부와의 상호발전도 도모할 수 있을 것으로도 기대된다. 중앙은행의 정책적 관점에서도 자산시장 흐름에 대한 이해의 폭을 넓히고 정책에도 반영하는 데 도움이 될 수 있다.

한편, 시장의 여건이 어떻게 변화할지 항상 불확실성 시대에 살고 있는 만큼 유연한 사고를 가지고 자산운용 조직과 운용체계를 여건에 맞게 탄력적으로 전환해 나가는 것이 가장 이상적일 것이다. 그러나 이를 실현시키기는 결코 쉽지 않은 일이다. 초 저금리시대가 저물고 있는 상황임을 고려한다면[70] 과거 30년간의 운용 패러다임이 앞으로도 유효할 지에 대한 심층적인 고려와 함께 우리나라 전체로 운용 체계를 어떻게 가져갈지에 대한 많은 고민이 필요한 시점이기도 하다. 저금리여건에서 중장기적 수익성 확보처로 여겨지던 대체자산 투자가 앞으로도 그 역할을 계속할 수 있을지 생각이 많아진다. 그동안 벌여놓은 판을 정리하는 것은 판을 벌이는 것보다 몇 배로 어렵다는 것도 인식해야 한다.

글로벌 금융안전망 체계에서 입지 강화 노력

미연준의 통화스왑 계약은 오롯이 미국 입장에서 자국 경제와 미달러화 가치의 안정을 위해 필요한 상대방과 계약하는 것이다

중앙은행간 통화스왑의 역사는 길다. 미 연준은 2001년 911테러 직후 미국 내 외국 금융기관 지원을 위해 유동성 공급목적의 통화스왑을 처음 활용한 바 있으나 본격적으로 국제금융시장에서 최종대부자로서 미달러화 유동성 경색을 해결하기 위해 활용한 것은 글로벌 금융위기 때부터이다.

앞서 살펴본 대로 원래 시작은 1962년 미 연준이 타 중앙은행들의 금 태환 요구를 억제시킬 목적으로 활용했고 브레튼우즈 체제 붕괴 후에는 환율개입을 위한 재원 마련을 위해 사용하기도 했었다.[71] 지금 미

---

70) 제25장 탈세계화와 경제여건의 변화 참조
71) 제19장 미 연준의 중앙은행간 통화스왑 참조

연준의 통화스왑계약은 글로벌 금융안전망 중에서 가장 중요한 위기대응 정책수단으로 자리매김하였다. 물론 기축통화인 미달러화 발권력을 동원하는 과정에서 금융기관들의 위험관리상 도덕적 해이를 야기한다는 비판도 있었다.

그 어느 나라 못지 않게 미 연준과의 통화스왑자금이 정책적으로 주효했던 우리나라 입장에서는 미 연준의 계약 상대방으로서의 위치가 매우 중요하게 인식되고 있다. 그러나 우리가 무엇보다 직시해야 할 것은 미 연준 통화스왑관련 모든 결정은 오롯이 미국 입장에서 자국 경제의 안정과 기축통화로서의 미달러화의 위상을 회복하는 데 기여할 수 있는지에 달려있다는 점이다. 미달러화 유동성 부족이 발생할 경우 아무리 신흥국 등이 가장 큰 어려움을 겪더라도 미국 입장에서는 신흥국 경제의 안정을 돕기 위해 굳이 발권력까지 동원할 필요성을 찾기는 어렵다.

일부 대중들은 한미 통화스왑 체결 발표날 한순간에 환율이 정상수준으로 되돌아 왔던 과거 막연한 기억을 소환하며 금융 및 외환시장이 불안할 때마다 한미 통화스왑의 체결 필요성을 주장하고는 하는 데 이에 대한 오해를 불식시킬 필요가 있다.

첫째, 한미 통화스왑계약이 마치 외교적으로 설득하면 우리가 필요로 할 때 가능한 것 같은 기대를 갖는 것이다. 물론 장기적인 미국과의 우호적인 관계, 중앙은행간의 긴밀한 협력관계가 이러한 협상의 기본적인 전제가 되어야 하는 것은 당연하다. 이

미연준 통화스왑은 하루 아침 설득으로 가능한 것이 아니라 꾸준한 중앙은행간 교류 협력과 외교적 노력이 뒷받침되어야 한다

미연준 통화스왑은
외화자금시장 안정에
주효한 방안으로서
환율에는 간접적으로
안정 효과를 가져오는
것이다

를 위해 한국은행 총재가 한해 수차례 스위스 바젤을 오가며 BIS 회의에서 주요국 총재들과 정보 교류 등에 힘을 쏟고 있다.

그러나 미국 입장에서는 과거 멕시코와 같은 정치적 지리적 경제적 특수관계에 있는 국가가 아니면 개별적으로 상대국의 경제상황을 고려하여 통화스왑을 체결해 줄 유인이 거의 없다. 더구나 일개 신흥국에 불과한 작은 경제의 상황이 아무리 어렵다고 한들 쌍무적인 계약을 체결한다는 것은 기대할 수 없다. 미 연준이 FIMA제도를 시행하고자 한 것도 신흥국들이 달러 유동성 확보를 위해 미국채를 매각하는 것을 방지하는 한편, 통화스왑계약 체결에 대한 요구가 많아지는 것으로부터 자유로워지려는 방책으로도 읽혀지는 대목이다.

둘째, 환율이 상승세를 보이면 무조건 미 연준과의 통화스왑계약이 이를 해결해 줄 수 있다고 생각하는 것이다. 잘 알아야 할 것은 통화스왑이란 자금을 차입하는 메카니즘이라는 것이다. 즉, 미 연준으로부터 달러화를 차입하여 국내 외화자금시장에 유동성을 공급함으로써 스왑레이트 등의 안정을 가져오기 위함이다. 스왑레이트로 대변되는 외화자금시장과 환율로 대변되는 외환거래시장은 연계성이 있지만 기본적으로는 구별된 시장인 만큼 통화스왑은 환율에 직접적으로 영향을 미치지 않는다. 물론 외환위기나 금융위기 상황처럼 자금차입줄이 막히면서 외환거래를 통해서라

외환시장에는
다양한 요인들이
작용하므로 무조건
미연준 통화스왑이
만병통치약인 듯
주장하는 것은
지양되어야 한다

도 달러를 구하는 상황이 지속된다면 통화 스왑계약소식은 IMF 구제금융과 마찬가지로 드라마틱한 환율안정효과를 가져올수 있다. 실제로 외환위기 당시 종합금융사들이 외화자금차입이 어려워지자 외환시장에서 원화를 댓가로 달러를 구입하여 만기도

래 자금을 상환하였고 글로벌 금융위기 당시에는 단기 외화차입줄이 막히자 국내 외환스왑시장에서 아무리 불리한 스왑레이트도 마다하지 않고 달러자금 구하기에 나서면서 환율 상승요인으로 작용하였다. 당시 IMF로부터의 외화자금 차입이나 미 연준과의 통화스왑계약 체결 소식은 산불이 났을 때 갑자기 내리는 소나기와 같았다. 그러나 요즘에도 환율이 급등하기만 하면 그 원인을 따지지도 않고 한미통화스왑 주장을 무분별하게 꺼내는 경우를 보면서 위기에 대한 올바른 진단과 처방의 중요성을 강조하지 않을 수 없다.

셋째, 미 연준의 통화스왑계약 상대방이 되는 것은 우리나라 경제규모와 금융 및 외환시장의 위상을 말해주는 지표라는 것을 깨달아야 한다. 적어도 계약 상대가 되려면 통화스왑 체결효과가 국제금융시장에 발휘될 정도로 영향력이 큰 국가여야 하기 때문이다. 미국의 입장에서 볼때 우리나라가 세계에서 차지하는 경제규모면이나 외환 및 파생금융시장 규모면에서 국제금융시장의 유동성 안정 조치를 위해 필요한 한시적 통화스왑계약의 상대방으로서 적합하다고 판단했던 것이다. 다만, 여전히 미 연준이 상설적으로 통화스왑계약을 유지할만한 상대방으로서는 국제금융시장에서의 원화의 위상이 크게 부족하다.

우리나라의 외환자유화 및 원화국제화가 미래 위기대응전략의 하나로 서 꾸준히 추진되어야 하는 이유이다.

한편, 2000년대 들어 다양한 형태의 중앙은행간 통화스왑계약이 이루어지면서 나름대로의 네트워크가 형성되기에 이르렀다. 아시아에 서는 치앙마이 이니셔티브의 양자간 및 다자간 통화스왑 협정이 역내 금융안정을 위해 만들어졌고 EU 지역에서는 밀접한 지리적, 경제적 관계를 바탕으로 다양한 통화스왑계약이 체결되어 필요시 인근 국가 에게 유동성을 공급할 수 있게 되었으며, 중국은 통화스왑계약을 활용 하여 통화 국제화를 도모함으로써 미국을 견제하고 자국의 정치 경제 적 네트워크를 확장시키고 있다. 우리나라도 경제금융협력을 목적으 로 다양한 국가들과 중앙은행간 통화스왑 네트워크를 형성하고 있다. 미 연준과의 통화스왑 네트워크유지는 물론 다양한 국가들과 경제협 력 증진을 위한 통화스왑 네트워크 형성을 위해서도 원화의 국제적 위 상을 높이기 위한 노력은 계속되어야 한다. 이를 통해 글로벌 금융안 전망에서의 입지를 더 굳건하게 확보할 수 있을 것이다.

외환자유화 완성을 위한 근본적 구조 전환

해외에서 원화의 통용성을 높이기 위해서는 국내에 잔존하고 있는 외환 규제가 우선 개선되어야 할 것이다. 그런 의미에서 2023년 정부 가 외환규제를 혁신하고 금융산업 경쟁력을 강화하기 위하여 내놓은 제도 개편 추진 방안은 바람직한 방향으로의 접근이라 할 수 있다. 우 리나라 외환 관련 법령이 여전히 복잡하고 다양한 절차 등을 통해 규정부가 역외투자자들에게 국내 은행간 시장에 대한 접근성을 높임으로써 역외 외환시장 개설에 준하는 효과를 이끌어내려는 것은 현 시점에서는 바람직한 접근법으로 평가된다

제가 과도하게 잔존하고 있어 경제 전반에 비효율을 야기하고 있다는 지적이 나온 것은 어제 오늘이 아니었다.

그동안 외환위기의 트라우마로 인해 위기를 철저히 예방해야 한다는 대적할 수 없는 단순 논리에 의해 폭넓은 규제개선이 이루어지기 쉽지 않았다. 아직도 일각에서는 대외건전성 유지를 위해 외환 규제가 필요하다는 입장을 견지하면서 단계적, 점진적인 완화를 강조하고 있다. 신중한 접근을 근거없이 비판할 수는 없겠지만 과거 일본의 엔화 국제화 추진처럼 지나치게 신중한 나머지 소기의 성과가 지연되지 않을까 조심스럽기도 하다. 우리나라 대외부문이 건실해지고 위기대응역량도 높아졌음을 감안할 때 외환 규제 완화를 더 진전시킬수 있는 여건은 조성되었다고 본다. 이를 기회삼아 외환규제체계에 네거티브 규율 원칙을 정착시키고 자본거래관련 절차를 모두 사후보고로 전환하는 한편, 역량있는 비은행 금융기관들을 위해 업권별 업무 칸막이를 제거해야 한다. 그에 발맞춰 위기 발생시에 대비한 안전장치도 자유화 진전에 상응하는 수준으로 면밀히 정비해야 할 것이다.

정부는 국내 외환시장의 대외 개방을 한 단계 더 진전시키기 위해 2024년 하반기부터 해외소재 외국금융기관이 인가를 받아 국내 은행간 외환시장의 구성원으로 참여할 수 있도록 하였다.[72] 이는 국내 외환시장 시스템을 최대한 해외시장 여건에 맞춤으로써 국내 외환시장

---

72) 제24장 원화 국제화 추진 과제 참조

의 개방성과 경쟁성을 높이겠다는 취지이다. 보편화된 전자거래를 통하여 기술적으로 역외에서 원화가 게재된 외환거래를 허용한 것과 유사한 접근성을 보장하겠다는 것인 만큼 역외시장 개설에 앞서 그 디딤돌 단계로 취한 절충적 접근이라 생각된다. 중개회사, 은행, 대고객간에 전자플랫폼 등을 통한 정보교환이 가능하도록 인프라 구축이 용이해졌기 때문에 가격제시와 주문의 접수, 체결 등 거래과정이 실시간으로 완결될 수 있다는 점을 감안한 것이다.

이에 더해 혹시나 위기 도래시 시장에 대한 통제력을 잃지 않으려는 외환당국의 고심의 흔적이 엿보인다. 원화가 게재된 현물환거래가 실시간으로 이루어지는 은행간 시장에 글로벌기관의 참여를 독려하고 거래시간도 늘리기로 하였지만 국내 외환시장에서 서울외국환중개회사와 한국자금중개회사 등 2개 국내 중개회사만이 현물환거래 중개를 할 수 있도록 함으로써 외환당국이 현재와 같은 모니터링 체제가 유지될 수 있도록 한 것이다.

한편, 역외시장에서 차액결제선물환거래를 하는 수요를 국내 외환시장으로 끌어 들이기 위해서는 시장인프라 및 제도적 측면에서 충분한 지원이 이루어지고 있는지 철저히 따져보아야 한다. 예를 들어 해외금융기관이 국내에서 일상적인 현물환거래를 하는 데 있어서 원화자금을 쉽게 조달하는 데 제약이 없어야 함은 가장 기본일 것이다.

앞으로 역외시장에서 해외 금융기관의 원화 관련 차입 등이 제약없이 이루어지고 비거주자들간에 원화가 자유롭게 통용되는 그날까지 길고 긴 여정이 남아 있지만 이를 위한 첫 번째 관문부터 잘 통과하기를 기대한다.

시장 변동성 확대와 외환수급 구조변화에 대한 대비

대외적인 여건은 언제 어떻게 급변할지 아무도 모른다. 어느 순간 우크라이나 전쟁이 끝나 있을지 모르고 전쟁 후 미국과 러시아의 관계가 어떻게 될지도 모른다. 미국과 중국이 각자도생하기에는 이미 너무 많은 경제적 이해관계가 얽혀 있다는 점을 감안할때 미국이 당장이라도 중국과의 관계를 새롭게 정립할 수도 있을 것이다.

급변하는 세계정세 속에서 우리나라 원화는 전 세계 어느 통화 못지 않게 미국을 둘러싼 세계 정세 및 국제금융시장의 변동성에 취약하다. 우리나라 경제의 대외의존도와 금융 및 자본시장의 대외 개방도가 높은 데다 이미 제도적으로 역외시장에서의 투기적 포지션 설정이 가능하기 때문이다.

우리나라는 중국에 대한 무역의존도가 높기 때문에 미국과 중국간 갈등의 전개 양상은 곧바로 우리 경제성장 및 금융안정 등에 지대한 영향을 미치게 된다. 돌이켜 보면 글로벌 금융위기 당시에는 중국 경제가 소위 3가지 회색 코뿔소Grey Rhino를 앞세워 빠른 성장세를 보인 데 힘입어 글로벌 경제 회복이 가능했다고 해도 과언이 아니다. 회색코뿔소는 그림자 금융, 과다 기업부채, 부동산거품을 일컫는 말로서 충분히 예측 가능하지만 간과할 수 있는 리스크를 의미하며 2013년도부터 성행한 용어이다.

그러나 중국의 회색코뿔소는 코로나 팬데믹과 우크라이나 전쟁 등을 거치면서 국가 간 무역장벽이 높아지고 미중간 갈등이 심화됨에 따라 리스크가 현실화될 가능성이 크게 부각되었다. 그동안 비금융부문

우리나라는 무역의존도가 높고 개방정도가 이미 높은 수준이므로 대외 변동성에 취약하다는 점을 수용하면서 위기에 대응하는 자세가 필요하다

부채가 GDP의 3배까지 이를 정도로 부채 주도형 성장이 이루어진 데다 지방정부 자금조달기구_{LGFV: Local government financing vehicle}라고 하는 그림자 금융기관들의 부채 상환이 제대로 이루어지지 못하였다. 특히 중국이 아직 자본축적이 충분하지 않은 국가라는 점을 고려할 때 외국인 투자자금의 유입이 크게 부진해진 점은 중국경제에 대한 중장기적 전망을 어둡게 하는 부분이라 할 수 있다. 모순적인 공동부유의 기치 아래 성장 동력이 둔화되면서 외국인의 직접투자자금의 이탈이 현실화된다면 당초 예상보다 더 큰 위기에 봉착할 가능성을 배제할 수 없다.

그러나 중국에 대해서는 중장기적으로 균형적인 시각을 유지할 필요가 있다. 사실 LGFV와 같은 중국 특유의 그림자금융을 시장경제체제의 비제도적 금융과 동일시 할 필요는 없다. 지방정부와 은행의 통제 및 관리를 받고 있기 때문에 오히려 準 제도권의 금융으로 보는 것이 합리적이다. 그리고 비금융부문 부채도 대부분 국내 금융기관이 가지고 있다는 점도 외견과는 다르게 당장 터질듯한 위험으로 보기는 어렵다. 또한 미국과 중국은 소비재뿐만 아니라 핵심품목 등으로 긴밀히 연결되어 있는 만큼 쉽게 관계 단절이 일어나기는 어렵다는 점도 간과해서는 안된다. 중국은 코뿔소 위험을 적절히 관리하면서 위기를 수습해 나가면서 저성장 경제로 이행될 것으로 보는 것이 설득력있는 전망으로 보인다.

중국에 대해 균형적 시각을 가지고 앞으로 중국이 회색 코뿔소 위험을 관리 하면서 저성장 경제로 이행할 가능성에 대비해야 한다

외환시장의 변동성이
높아진 것을 두고
외환위기 도래
가능성이 높아진
것으로 해석하는 우를
범해서는 안된다

　　이러한 복잡한 세계정세 속에서 원화
환율의 변동성은 높아질 수 밖에 없다. 그
러나 이렇게 시장변동성이 확대된 것을 외
환위기의 도래 가능성으로 확대 해석하는
우를 범하지 않아야 한다. 외환보유액 이외
에 민간보유 외화자산이 증가하면서 세계
8위의 순 대외자산 보유 국가로 성장한 지금 과거에 경험했던 외환위
기 트라우마에 갖혀 있는 것은 어울리지 않는다. 다만, 중국경제가 저
성장 단계로 전환하는 과정에 발생할 수 있는 충격에 대비하기 위해서
는 중국 중심의 공급망을 재편하고 시장을 다변화하는 성장전략을 모
색하는 등 산업적 관점에서의 준비에 전념할 필요가 있다.

　　한편, 금융 및 외환정책의 관점에서는 우리나라 경상수지 구조가
어느덧 일본과 비슷해져 있다는 점에 주목할 필요가 있다. 우리나라의
경상수지가 그 중심이 상품수지에서 투자소득수지로 옮겨지는 조짐을
보이고 있고 이 현상은 앞으로도 뚜렷해질 가능성이 있다. 기업 주도
의 대외 직접투자와 금융기관 및 가계가 주도하는 대외증권투자 등의
증가세가 뚜렷해지는 반면 외국인들의 우리나라에 대한 직접투자는
둔화되면서 순 대외자산은 증가세를 이어갈 것으로 보이나 과거 일본
도 이와 유사한 궤도를 지나온 점에 주목할 필요가 있다. 다만, 일본의
경우에는 1985년 플라자합의 이후 일본엔화가 큰 폭의 강세로 조정되
고 일본금리가 큰 폭으로 하락하면서 해외투자가 본격화되었다. 이렇
게 누적된 대외투자에서 발생하는 배당과 이자소득에 의해 2000년 이
후 상품수지 적자에도 불구하고 경상수지 흑자가 지속되고 있다. 일본
엔화는 위기시에 홀로 강세를 보이기도 했다. 일본의 버블붕괴와 제로

금리의 영향으로 기업의 해외투자는 가속화되고 국내 투자는 공동화됨으로써 일본 경제는 성장 동력이 상실되는 결과를 낳았으며 결국 아베노믹스라는 괴물같은 정책으로 성장과 분배의 선순환을 모색하고자

앞으로 일본과 같이 해외투자가 급증하면서 나타나는 부작용에도 경계감을 늦추지 말아야 한다

애쓰고 있다. 여러가지 측면에서 일본과 우리나라는 여건상 차이가 있지만 이러한 일본의 경험을 반면교사로 삼아야 할 것이다.

외화자산이 최후의 보루이자 미래

외화자산은 최후의 보루이다. 그동안 우리는 앞으로 닥칠지 모를 위기의 방파제로서 외환보유액을 충분히 적립하기 위해 노력해 왔다. 이제 어느 정도 충분히 쌓았다면 잘 지켜야 한다. 국제금융시장의 흐름을 읽지 못하고 당장의 환율변동을 막겠다며 사용하다가는 그 정도에 따라 더 큰 어려움에 직면하게 될 것이다. 외환보유액은 가장 마지막에 의지할 수 밖에 없는 최후의 보루Last Resort임을 잊지 말아야 한다.

외화자산은 미래이다. 어떻게 운용하느냐에 따라 개인의 부, 우리나라의 부wealth가 좌우되기 때문이다. 공적 외화자산인 외환보유액과 국부펀드는 주어진 책무와 시장 흐름에 따라 안전자산과 위험자산의 비중을 조정해 나가는 한편, 미래 세대에게 넘겨줄 국부로서의 의미도 되새기며 효율적으로 운용해야 한다. 원화, 외화를 막론하고 수익성 극대화를 추구해야 하는 공적연금펀드 등의 경우 현재의 시장여건상 국내자산보다 외화자산을 선호하는 것이 자연스러워 보인다. 그동

안의 미국과 우리나라의 주가지수 상승률만 비교해도 쉽게 알수 있다.

그러나 앞으로 국내 투자자들의 외화자산에 대한 의존도를 낮추고 국제투자자들이 국내 금융 및 자본시장에 보다 관심을 가질수 있도록 정책적 노력을 기울여야 한다. 일례로 우리나라 자본시장의 구조적 문제들을 해결하여 국제적 정합성을 더욱 높여 나갈 필요가 있다. 모두가 외화자산으로 눈을 돌리게 되면 환율에도 부담요인으로 작용할 수 밖에 없다. 우리나라 자본시장을 선진화시키고 원화의 국제화도 지속시켜 나감으로써 원화 자산에 대한 투자매력도를 제고시켜야 할 것이다.

마지막으로 우리나라 외환 및 금융시장이 양적으로 질적으로 성장하는 만큼 우리 경제주체들의 가격변동성에 대한 인식도 더 업그레이드되길 기대한다. 특히 대내외 뉴스나 수급차이 등으로 변동성이 큰 환율에 대해서는 개별 경제주체들 스스로 위험을 회피하기 위한 헤징 전략에 매사 주의를 기울여야 한다. 환율이 크게 변동한다고 해서 정부나 한국은행을 탓하는 시대는 지났다는 것을 깊이 깨달아야 한다.

참고문헌

권태용 · 장용범, <국제금융 이론과 실제>, 한티미디어, 2018.7.

김경수 · 백승관 · 송치영 · 임준환 · 허인, "원화국제화: 현황, 이슈와 과제, 한국경제의 분석" 제21권 제3호 한국금융연수원, 115-184, 2015

김선경 · 이상원, "중국의 위안화 국제화 추진 현황 및 평가" 국제금융센터 www.kcif.co.kr 이슈분석, 2023.2

남재우, "공적연기금 ESG투자의 현황과 과제", 자본시장연구원 www.kcmi. re.kr 이슈보고서 21-20

대외경제정책연구원, "위안화 국제화의 최근 동향 및 전망", www.kiep.go.kr, KIEP 북경사무소 브리핑, 2022.12

문우식, "우리나라 외환위기시 선물환 시장개입의 효과분석", 대외경제정책연구원, 2001년 제1호

박준서, "중앙은행과 통화스왑: 과거와 현재", 한국은행 국제협력 조사자료, 2020.8

_____, "원화 국제화에 대한 소고", 한국은행 국제협력 조사자료, 2023.2

박해식, "우리나라의 적정 외환보유액 산정 및 운용과제", 상장협연구 제70호 2014/10

박혜진, "기후리스크와 자산가격의 관계에 대한 조사 및 분석", 자본시장연구원 www.kcmi. re.kr 조사보고서 23-1 2023.1

배재수, "세계화 후퇴의 한국경제에 대한 영향과 대응 방안", 송현경제연구소 www.shei. re.kr, 송현경제인사이트 제2023-1호 2023.2

송원호 외, "원화 국제화 추진에 따른 장단점 비교와 정책적 시사점", 대외경제정책연구원 www.kiep.go.kr, 2007.12

서문식, <우리나라의 외환관리>, 박영사, 2021.8

안병찬, <글로벌 금융위기이후 외환정책>, 한나래플러스, 2011.4

이승호, <환율의 이해와 예측>, 삶과지식, 2020.9

_____, "외국환거래법의 개편 필요성 및 방향에 대한 고찰", 자본시장연구원 www.kcmi. re.kr 이슈보고서 22-20

_____ · 김한수 · 현석 · 주현수 · 강현주, "위안화 국제화 가능성 분석 및 국제금융질서 변화에 관한 연구" 자본시장연구원 www.kcmi.re.kr 연구총서 15-05, 2015.12

이은재, "최근 글로벌 ESG 투자회복 동향 및 주요 이슈", 국제금융센터 www.kcif.co.kr, 2023.8

이창선, "해외증권투자 더 늘어날 필요있다" LGERI 리포트, 2013.6

임동원, "원천지주의 과세로 전환해야 하는 6가지 이유" 한국경제연구원, KERI Brief, 2022.12

정영식 · 김효상 · 문지영 · 양다영, "중국의 위안화 국제화 추진 경과와 우리나라 외환부문에 미치는 영향" KIEP 오늘의 세계경제, 2022.5

조석방 · 김동우, "중장기 국제통화질서 변화 전망" 한국은행 업무참고자료 2010-1, 2010.2

조윤제, "국제통화제도의 개혁과 세계경제지배구조", 2010.8

한국은행, "한국의 외환제도와 외환시장", 2016.1

─────, "연차보고서", 각 연도

─────, "한국은행 보유금 관리현황 및 향후 금 운용 방향", www.bok.or.kr, 2023.6

한국투자공사, "한국투자공사 10년사 2005-2015", 2015.7.

───────, "연차보고서", 각 연도

현석 · 이상헌, "통화의 국경간 거래와 환율변동성에 관한 연구", 국제경제연구 17권 3호, 91-111, 2011

황문우, "'19.2분기 우리나라 순 대외금융자산 사상 최대", 국제금융센터 www.kcif.co.kr 이슈브리프, 2019.8

BIS, "OTC foreign exchange trunover in April 2022, Triennial central bank survey", 2022.10

Bowley, T., Cook, V., "Beyond Crypto : Tokenization", Bank of America Institute, 2023.7

Chinn, M and J. Frankel(2005), "Will the Euro eventually surpass the dollar as leading international reserve currency?", NBER working paper 11510

ECB, "Trends in central banks' foreign currency reserves and the case of ECB", Economic Bulletin Issue 7/2019

Eichengreen, B., "Ukraine war accelerates the stealth erosion of dollar dominance", Financial Times, 2022.3.28

Eichengree, B., Hausmann, R., "Exchange rate and finanacial fragility", NBER working paper No. 7418, 1999

Fender, I., McMorrow, M., Sahakyan, V., and Zulaica, O., "Sustainable management of central banks' foreign exchange reserves" , THE INSPIRE policy briefing paper 06, 2022

Genberg, H., "Currency internationalisation: analytical and policy issues" , BIS Papers 61, 2012

Helleiner, E. and J. Kirshner, "The future of the dollar", Cornell Studies in Mone" y, Cornell University Press, 2009

IMF, "Sovereign Wealth Funds – A Work Agenda", 2008

IMF, "Balance of Payments and International Investment Position Manual", 6th ed, 2009

IMF, "Sovereign Wealth Funds: Aspects of Governance Structures and Investment Management" , working pape, 2013

Ishii, S., Ötker-Robe, İ., Cui, L., "Measures to limit the offshore use of currencies: pros and cons" , IMF working paper No.01/43, 2001

Ito, H., McCauley, R., "The currency composition of foreign exchange reserves" , BIS working paper No.828, 2019

Kenen, P., "Currency Internationalization: An Overview", Paper Presented at the BoK/BIS Seminar on Currency Internationalization: Lessons from the Global Financial Crisis and Prospects for the Future in Asia and the Pacific, Seoul, 19–20 March. 2009

Kumar, S., Suresh, R., Liu, D., Kronfellner, B., and Kaul, A., "Relevance of on-chain asset tokenization in crypto winter", BCG and ADDX, 2022

Lu, Y., Wang, Y., "Determinants of Currency Composition of Reserves: a portfolio theory approach with an application to RMB", IMF working paper

McCauley, R., "Internationalising a currency: the case of the Australian dollar", BIS Quarterly Review, December 2006

McKinnon, R., "Money in International Exchange : The convertible currency system", New York: Oxford University Press, 1979

Norges Bank, "Risk and Return of Different Asset Allocations", Discussion Note, 2016

OMFIF, "Global Public Investor", 2021, 2023

Patel, N., Xia, D., "Offshore markets drive trading of emerging market currencies", BIS quarterly review 2019.12.

Perez-Saiz and H., Zhang, L., "Renminbi usage in cross border payment system : Regional patterns and role of swap lines and offshore clearing banks", IMF working paper, 2023.3

Perks, M., Rao, Y., Shin, J., and Tokuoka, K., "Evolution of Bilateral Swap Lines", IMF working paper No. 21/210, 2021

Ramaswamy, S., "Managing International Reserves : How does Diversification affect Fiscal costs?", BIS Quarterly Review, 2008

Rhee, Chang-yong, "Asia needs a more effective financial safety net", Financial Times, 2023.3.23

Rodric, D., "The Social Cost of Foreign`Exchange Reserves", NBER working paper No. 11952, 2006

Schanz, "Reserve management in emerging market economies: trends and chanllenges", BIS papers No.104, 2019

Scheubel, B., Stracca, L., "What do we know about the global financial safety net? Rational, data and possible evolution", ECB Occasional Paper Series, 2016

World Bank, "Reserve Management Survey Report", 2023

Zhang, L., Tao, K., "The Benefits and Costs of Renminbi Internationalization", "ADBI Working Paper Series No. 481, May, 2014

Zhou X., "Reform the international monetary system", BIS Review 41/2009

에필로그

필자는 34년을 한국은행의 구성원으로 있었다. 그 대부분의 시간을 '외환보유액'이라는 단어를 떼고는 생각하기 어렵다. 그 사이 개인적으로 많은 성장을 했다. 외환위기 때는 사무실 단말기에서 무섭게 치솟아 오르는 환율을 보고 전전긍긍했던 딜링룸 말참 행원이었다. 2020년에는 4천억달러의 외자를 운용하는 조직의 최고 책임자를 맡았다.

지울수 없는 기억의 순간도 많다. 1997년 위기가 정점으로 치닫고 있던 그날도 어김없이 9시에 외환시장은 열렸다. 정각을 알리는 시계소리와 함께 환율이 멈춰섰다. 상승제한폭까지 올라 내려올 줄 모른다. 그 가격에 팔려는 공급자가 있을 리 만무했다. 온종일 달러를 구하러 찾아온 시중은행 직원들과 실수요 증빙을 일일이 확인하면서 피 같은 달러를 쪼개주는 일은 내 몫이었다. 소주 한잔 걸치지 않으면 잠들 수 없는 밤을 보냈다.

그로부터 10여년 뒤 2009년 어느 일요일 새벽. 미국 뉴욕 연방준비은행의 통화스왑 담당자 일행이 인천공항에 도착했다. 그동안 통화스왑자금 인출로 전화나 이메일은 자주했지만 직접 얼굴을 보는 것은 처음이었다. 반가웠다. 공항 마중부터 그 일행을 데리고 나는 이태원, 인사동, 경복궁을 구경시켜 준다면서 누비고 다녔다.

서울을 떠나기 전날 그들은 미 연준의 통화스왑계약을 연장할 것이라는 내부 방침을 공식적으로 전달했다. 그것은 내게 주는 작별 선물과도 같았다.

그로부터 다시 10년 뒤 2019년. 나는 한국은행 국제국장으로 부임하였다. 환율 및 외환시장 담당자로서 1997년 IMF 외환위기와 2008년 글로벌 금융위기를 겪었을 때 당시 바로 그 부서의 장이 된 것이다. 내겐 나름 의미가 깊었다. 환율은 내가 이전에 경험한 것과 비교해 보면 무척 안정되어 있었다. 이번만은 위기 없이 대체로 평안하게 부서 생활을 할 것 같은 막연한 기대감이 있었다. 그만큼 우리나라 기초경제여건도 좋고 외환보유액도 충분했으니까. 그러나 부임 1년도 안되어 코로나가 터졌다. 외환보유액이 무섭게 빠져 나갔다. 또다시 미국 연준과 통화스왑계약이 체결되었다. 이제는 국장으로서 2008년의 경험을 되살려 통화스왑자금을 인출하고 은행에 배분하는 총책을 맡았다.

아이러니하게도 나는 위기가 터졌을 때마다 그 현장에 있었다. 1997년 외환위기때 밑바닥을 드러내고 있는 외환보유액으로 외환시장개입 업무를 담당했었고 2008년 글로벌 금융위기때 미연준 통화스왑으로 시장이 반전되었을 때 그 자금의 인출업무를 담당했으며 2011년 유럽재정위기때는 한치 앞을 알수 없는 정치적 경제적 혼란 속에서 독일 프랑크푸르트 주재원으로서 남과 북이 갈라진 유럽의 상황을 가까이서 지켜볼 수 있었으며 2020년 코로나 위기때 또다시 미연준 통화스왑 관련 업무를 맡아 외환시장 업무를 총괄하였다.

나는 2020년 6월 외환보유액 운용을 책임지는 한국은행 외자운용원장에 부임하였다. 그해 코로나 발발에 대응하여 미국을 비롯한 주요국 중앙은행들의 발빠른 대처에 힘입어 다행히 얼마 지나지 않아 세계금융시장은 빠르게 회복되기 시작했다. 덕분에 나는 부임 첫 해에 채권과 주식시장의 쌍끌이 강세, 미달러화의 약세에 힘입어 전례 없는 운용 성과를 거둘 수 있었다. 그러나 코로나 팬데믹 상황이 지속되는 여건 하에서 외자운용 프로세스는 비상 체제로 유지될 수 밖에 없었다. 직원들의 재택근무 등으로 인한 리스크에 신경써야 했고 해외 전문가들의 방문이나 해외 컨퍼런스 참석 등은 모두 화상 회의로 대체되었다.

2021년부터는 국제금융시장에 엄청난 베어마켓이 찾아왔다. 미 연준은 2022년중 정책금리를 4.25%p나 올렸고 우리 외환당국은 원화 약세 저지를 위해 외환보유액을 대규모로 동원하였다. 이러한 여건 하에서 수익성을 높이기 위한 활동은 뒷전으로 물러났다. 외환보유액이 국내 시장에 적시에 투입될 수 있도록 유동성을 확보해야 했고 금리상승의 여파로 한국은행 수지가 적자가 나지 않도록 하는 데 주력해야 했다. 다행히 어려운 시기는 잘 지나갔다. 2023년 6월 14일 나는 동료, 후배들의 박수를 뒤로 하고 한국은행에서의 마지막 퇴근 차에 올랐다.

이 책은 한국은행 재직 시절인 내 삶의 제1라운드 기록이다.

< 찾아보기 >